2017年安徽省教育科学研究项目
"基于名师工作室'分层学习共同体'的教师发展研究"
（项目编号：JK17041）研究成果

# 从"分层"走向"共进"

## —— 一个教师团队的成长故事

余 姐 程晖云 王 飞 李 敏 吴海燕◎著

安徽师范大学出版社

·芜湖·

图书在版编目（CIP）数据

从"分层"走向"共进"：一个教师团队的成长故事 / 余姐等著. — 芜湖：安徽师范大学出版社，2020.4

ISBN 978-7-5676-4240-9

Ⅰ.①从… Ⅱ.①余… Ⅲ.①小学语文课—师资培养—研究 Ⅳ.①G623.202

中国版本图书馆CIP数据核字(2019)第123868号

从"分层"走向"共进" —— 一个教师团队的成长故事

余　姐　程晖云　王　飞　李　敏　吴海燕◎著

策划编辑：王一澜

责任编辑：盛　夏　　责任校对：舒贵波

装帧设计：丁奕奕　　责任印制：桑国磊

出版发行：安徽师范大学出版社

　　　　芜湖市九华南路189号安徽师范大学花津校区　邮政编码：241002

网　　　址：http://www.ahnupress.com/

发 行 部：0553-3883578　5910327　5910310(传真）E-mail：asdcbsfxb@126.com

印　　刷：江苏凤凰数码印务有限公司

版　　次：2020年4月第1版

印　　次：2020年4月第1次印刷

规　　格：700 mm×1000 mm　1/16

印　　张：18.25

字　　数：290千字

书　　号：ISBN 978-7-5676-4240-9

定　　价：54.80元

如发现印装质量问题，影响阅读，请与发行部联系调换。

# 分层学习  携手共进

转瞬之间，我们的小学语文名师工作室已经成立六年了。当工作室还是一棵小苗的时候，"依托团队、分层学习、携手共进"就成了大家彼此认同的专业成长关键词。六年来，工作室的伙伴们一路同行，坚守"农村小学习作教学课堂研究"这块阵地，以"分层学习共同体"的学习共进模式进行教师专业发展，培养了一批优秀的小学语文骨干教师。

其中，余姐、程晖云、王飞、李敏、吴海燕等几位"分层学习共同体"中的成员专业发展尤为突出。在团队中，他们甘于奉献，勇于走在教育教学的最前线，引领其他小伙伴开展送培送教、网上磨课、现场研讨等活动，提升工作室小伙伴的专业素养。

"分层学习共同体"是基于广泛学习共同体的专业建构，教师在认知结构、思维方式、个性特征等方面存在诸多差异，即使是教授同一内容，教师在教学内容的选择、教学方法的运用、教学设计的处理等方面也存在明显差异。通过加强教师间的教学切磋，相互启发，互为补充，彼此支持，协同发展，把差异变成一种宝贵的教学资源，在观念的碰撞与交流中，共同分享教学经验与成果，促进教师专业成长。诚如佐藤学认为，教师既是在复杂的知性实践中寻求高度反思与判断的"专家"，同时也是通过经验积累练就了经验与智慧的践行教育实践的"匠人"，只有"技"与"心"的结合方能绽放"妙花"。

根据工作室教师培养计划的总体发展目标，每个小组有两位高级教师作为组长带领小组成员单独开展活动，每学年由领衔人与教研员统领全体工作室成员举行大型活动不少于两次。工作室小组基本按照职称的层次进行划分，这样便于确定每一层成员的专业发展目标。

我们就每一层次的教师的具体专业发展目标和学习目标，提出了一些要求，包括教研能力和教研目标都给出了明确的标准，让成员们对自己有更清楚的认识,知道近几年需要做什么,也能够看到自己未来十年甚至二十年应该发展成什么样的教师。

表0-1 李亚玲名师工作室成员分层各项标准指标

| 指标名称 | 正高级教师 | 高级教师 | 中级教师 | 初级教师 |
|---|---|---|---|---|
| 年限 | 10年以上 | 6～10年 | 3～5年 | 0～3年 |
| 发展目标 | 专业引领 | 专业成熟 | 经验积累 | 角色适应 |
| 职业感知 | 享受职业 | 接受职业 | 感受职业 | 经受职业 |
| 关注点 | 关注学科 | 关注教材 | 关注教法 | 关注课堂 |
| 学习目标 | 学会提炼 | 学会研究 | 学会创作 | 学会操作 |
| 专业目标 | 有教学特色与教学思想 | 掌握学科教学本质 | 把握教学内容,进行学生研究 | 学习教学技能,积累实践经验 |
| 教研能力 | 梳理教学特色,发展教学风格,形成教学理论 | 撰写教学研究论文 | 撰写教学案例 | 练习教学技能,积累实践经验,规范教学行为 |
| 教研目标 | 撰写体式规范、证据充分的课例研修报告 | 撰写教学研究论文:机构化思考+概念化表达=理论梳理与建构 | 撰写教学案例:教学行为与教育教学理论 | 撰写教学设计:精准理解+规律探寻=科学设计 |

通过几年"分层学习共同体"的实践,成员们在自己的专业基础上分别获得了不同层次的进步。本书五名作者更是成绩斐然,在专业发展的道路上越飞越高。本书中,几位老师将会结合他们的成长历程,写出自己的成长故事,给所有走在专业发展道路上的读者一些启迪。让我们一起虔诚地带着热爱语文的初心,带着孩子一起去亲近语文,寻访语文之美,在探寻语文奥秘的路上彼此成长!

李亚玲

2019年7月

# 分层学习　携手共进

　　转瞬之间，我们的小学语文名师工作室已经成立六年了。当工作室还是一棵小苗的时候，"依托团队、分层学习、携手共进"就成了大家彼此认同的专业成长关键词。六年来，工作室的伙伴们一路同行，坚守"农村小学习作教学课堂研究"这块阵地，以"分层学习共同体"的学习共进模式进行教师专业发展，培养了一批优秀的小学语文骨干教师。

　　其中，余姐、程晖云、王飞、李敏、吴海燕等几位"分层学习共同体"中的成员专业发展尤为突出。在团队中，他们甘于奉献，勇于走在教育教学的最前线，引领其他小伙伴开展送培送教、网上磨课、现场研讨等活动，提升工作室小伙伴的专业素养。

　　"分层学习共同体"是基于广泛学习共同体的专业建构，教师在认知结构、思维方式、个性特征等方面存在诸多差异，即使是教授同一内容，教师在教学内容的选择、教学方法的运用、教学设计的处理等方面也存在明显差异。通过加强教师间的教学切磋，相互启发，互为补充，彼此支持，协同发展，把差异变成一种宝贵的教学资源，在观念的碰撞与交流中，共同分享教学经验与成果，促进教师专业成长。诚如佐藤学认为，教师既是在复杂的知性实践中寻求高度反思与判断的"专家"，同时也是通过经验积累练就了经验与智慧的践行教育实践的"匠人"，只有"技"与"心"的结合方能绽放"妙花"。

　　根据工作室教师培养计划的总体发展目标，每个小组有两位高级教师作为组长带领小组成员单独开展活动，每学年由领衔人与教研员统领全体工作室成员举行大型活动不少于两次。工作室小组基本按照职称的层次进行划分，这样便于确定每一层成员的专业发展目标。

　　我们就每一层次的教师的具体专业发展目标和学习目标，提出了一些要求，包括教研能力和教研目标都给出了明确的标准，让成员们对自己有更清楚的认识,知道近几年需要做什么,也能够看到自己未来十年甚至二十年应该发展成什么样的教师。

表0-1 李亚玲名师工作室成员分层各项标准指标

| 指标名称 | 正高级教师 | 高级教师 | 中级教师 | 初级教师 |
|---|---|---|---|---|
| 年　　限 | 10年以上 | 6～10年 | 3～5年 | 0～3年 |
| 发展目标 | 专业引领 | 专业成熟 | 经验积累 | 角色适应 |
| 职业感知 | 享受职业 | 接受职业 | 感受职业 | 经受职业 |
| 关 注 点 | 关注学科 | 关注教材 | 关注教法 | 关注课堂 |
| 学习目标 | 学会提炼 | 学会研究 | 学会创作 | 学会操作 |
| 专业目标 | 有教学特色与教学思想 | 掌握学科教学本质 | 把握教学内容,进行学生研究 | 学习教学技能,积累实践经验 |
| 教研能力 | 梳理教学特色,发展教学风格,形成教学理论 | 撰写教学研究论文 | 撰写教学案例 | 练习教学技能,积累实践经验,规范教学行为 |
| 教研目标 | 撰写体式规范、证据充分的课例研修报告 | 撰写教学研究论文:机构化思考+概念化表达=理论梳理与建构 | 撰写教学案例:教学行为与教育教学理论 | 撰写教学设计:精准理解+规律探寻=科学设计 |

通过几年"分层学习共同体"的实践,成员们在自己的专业基础上分别获得了不同层次的进步。本书五名作者更是成绩斐然,在专业发展的道路上越飞越高。本书中,几位老师将会结合他们的成长历程,写出自己的成长故事,给所有走在专业发展道路上的读者一些启迪。让我们一起虔诚地带着热爱语文的初心,带着孩子一起去亲近语文,寻访语文之美,在探寻语文奥秘的路上彼此成长!

李亚玲

2019年7月

# 目　录

## 余姐专辑

# 程晖云专辑

# 王飞专辑

# 李敏专辑

## 吴海燕专辑

　　余姐，汉语言文学本科学历，一级教师，肥西县小学语文兼职教研员。热爱阅读和写作，自参加工作以来，一直致力于语文教学的探索和研究。多次参加课堂教学评比并获奖，多篇论文、教学设计等获省市级奖项。现跟随特级教师李亚玲专攻作文教学，并主持1项市级课题。

## ►►► 分层分组　大道行远

### 初为组长

请了一段时间假后，我突然接到通知，让我担任工作室分层学习共同体第二小组的负责人，我有点儿不知所措。第二小组，有高我一届的师兄刘吉文，有上派学区中心学校的教导主任卞真银，他们在教育教学方面的经验和水平绝不在我之下；还有勤奋好学的郑文文老师，从广德考到我们这里的优秀的年轻老师舒畅，以及颇有几分主持人气质的年轻老师解丹丹。面对这些出类拔萃的小组成员，我忐忑又惶恐！唯一庆幸的是，习作教学，我研究得比他们早。

工作室领衔人李亚玲老师给我们各小组制定了本学期活动任务，我组建了本小组QQ群，直接把任务发布上去：第二小组送教两节习作课和一个微讲座，分别是郑文文执教的《童话故事中的对话》和卞真银执教的《糟糕的一天》，微讲座是我主讲的《让人物会说话》；要求两节习作课适当突出对对话描写的指导，微讲座重点阐述对话描写的重要性和方法。

伙伴们很快就把教学设计传到了网上。网上一轮磨课结束后，我把第一次磨课实践活动安排在珍珠路小学，由刘吉文老师负责。几天后，第二次磨课实践活动在桃花镇中心学校进行，由我负责。我感觉两节课都不太理想。郑老师的课在第一次磨课大幅改动的基础上，又做了一次大的调整，她的压力很大。卞老师的课我建议改成《糟糕的一件事》，这样教学目标就明确了，指导学生围绕人物的语言、动作、神态、心理活动、故事环境等方面把事情写具体，而不是像原来那样给学生"一波三折"的条框限制。

一磨，二磨，三磨，如此反复斟酌修改，大家毫无怨言，坚持一路走下来。在作文教学上，尽管我参与研究的时间长一点，积累的经验多一些，但与大家一起磨课、听课、议课，他们的专业精神仍值得我学习。以教学设计为例，接到任务的老师既能很快根据要求将教学设计编写出来，且内容详尽，又能接受大家的意见，拟好二稿、三稿。磨课活动也一样，大家匆匆赶到一所学校，踏进一个班级，马上就能组织教学。特别是年轻的郑老师，一进教室就能抓住学生，吸引学生，俨然一个教学经验丰富的"老教师"，这样的教学功底着实令人惊叹。

到菁菁小学送教为第一次小组活动画上了圆满的句号。关于对话描写的教学实践，菁菁小学的老师们兴趣浓厚，纷纷表示要在今后的课堂中尝试应用，我非常欣慰。郑老师也好，卞老师也罢，以及本小组的每一位成员，大家一个月来的辛苦准备终于有所回报。

活动结束了，我的思考却刚刚开始：小组内五六个成员关于习作教学的水平参差不齐，我的水平也有限，我能领好这个头吗？

李老师看出了我的疑惑，建议我以小组的课题研究为引领。我们的课题是"培养农村小学生对话描写能力的实践研究"，主要是在课堂教学实践中进行对话描写能力的研究，难点之一是习作指导课如何引导学生表达，包括书面表达和口头表达。书面表达靠的是学生的积累，实际效果往往比较理想；但口头表达往往难以预料，有的课学生妙语连珠，有的课学生张不开嘴。教学生会说话，会写人物说的话，摸索出一套行之有效的办法，正是课题要研究的内容。

对于小组成员来说，能在课堂上引导学生说好话、写好话，作文课也就成功了。不同老师的积累不同，方法策略不同，出来的效果也就不同。以本次的两节课为例：第一节课我们花的时间和精力更多一些，但最后呈现的效果还是不理想；第二节课我们磨过以后，卞老师就上得得心应手了，因为卞老师从教时间长，对学情把握得更准。

从课题情况和小组成员的成长情况来看，突破课题难点的关键是科学的方法，课题研究需要科学的方法，成员的成长也需要科学的方法。仅凭我一人之力，难以担此重任，我需要更多的帮助：一是帮助我厘清课题的研究方向，二是帮助我分担活动中的教学指导工作。接下来的工作需要组内的成员们贡献自己的智慧和力量，也需要组外的力量援助。

# 确定小组的研究方向

分层分组活动以后，我们各小组在习作教学研究的大方向下，还要确立自己的研究课题。我们第二小组究竟研究哪方面内容呢？

几年前我去昆山玉峰实验学校观摩学习，听到了著名特级教师贾志敏执教的一节作文课——《作文也要长大》。当时他老人家身体还健康，只是眼睛几近失明。课上，他用几句话讲了一个故事，重点指导学生根据生活经验把这几句话的故事变成一篇500字的作文。其中，贾老师对语言描写的指导令人眼前一亮，针对作文内容单薄的问题，他曾说："字不够，话来凑。"

后来我又听到上海师范大学吴立岗教授的现场讲座，提到目前我们的作文教学依附于阅读教学，缺少一个独立科学的作文训练序列体系。再读吴教授的《努力构建科学的小学作文训练序列体系》，对其中"发展儿童语言交际能力是小学作文训练的主系统"的观点深表赞同。

根据个人的作文教学经验，我还惊讶地发现：同样一份教学设计，同一个授课教师，在不同班级执教，效果千差万别。这种差别不仅体现在书面表达上，更体现在口头表达上。有一次，我送教《一次体验活动》的作文课，就陷入师生无法对话的困境里了。这节课有游戏活动，正常情况下学生的兴趣应该很浓厚。我让学生体验"独臂穿衣"的游戏，当时学生也热烈响应，玩得不亦乐乎。游戏结束后，我递出去的话筒却没有一个孩子愿意接。反思课堂活动，师生对话、生生对话无法进行，原因在于学生当众不敢说话，更说不好话。所以，这节课呈现出来的内容自然也不尽如人意。

为此，我萌生了以"对话"为核心的作文训练实践研究，因为"对话"是交际活动的一种，"对话"随时可能发生，"对话"的起点低、难度小，"对话"的内容丰富。

我们何不以研究"对话描写"作为小组活动的主题呢？与李老师沟通

后，就这样确定了小组研究的方向。同时，在合肥市教育教学规划课题申报时，我递交了课题申请书，很快，我们小组的课题"培养农村小学生对话描写能力的实践研究"被合肥市教科院确定为市级规划课题。

# 紧扣课题开展活动

在工作室领衔人李亚玲老师的计划和安排下，我们各小组都有自己的研究方向。分组活动时，我们这些组长可以围绕小组的研究课题分配任务。如此，小组活动的针对性强、目标明确，前后关联、自成体系。

可是，我的困惑又来了。我是第一次主持市级课题，该怎么做呢？李老师建议我邀请小组内刘吉文老师担任课题组副组长，让他协助我的工作，我欣然应允。刘老师的逻辑思维能力比我强，加之他工作认真负责，我们合作，一定能把课题做好。

在接下来的课题活动中，第二小组的成员们经常奔波于桃花镇中心学校和各自的单位之间，我们以桃花镇中心学校学生为主要研究对象，扎扎实实开展了许多工作，主要有以下几个方面。

## 一、搭建多种对话平台

课题开展以来，为了让对话表达的训练更高质高效，我们小组各成员利用课堂和课外活动搭建了多种对话平台。

1.阅读课是教学的主阵地，阅读课堂的师生、生生、生本对话变得更丰富了。例如执教《陶校长的演讲》一课时，文中列出观点："因为道德是做人的根本。根本一坏，即使你有一些学问和本领，也不会成为对社会有用的人。"教学中要求学生围绕这个观点联系实际，或提供论据，或质疑反驳，课堂很快变成正反两方辩论的场所，不少学生能站起来说"我补充""我赞成""我反对"之类的话，口头表达得到了训练。

2.口语交际课可以让对话表达落实到每一个学生身上，小组内对话，小组代表上台发言，台下学生再提问、点评，形式多样，内容丰富。解丹丹老师在执教《我有一个想法》时，先出示课本中的几幅图片，让学生针对图中现象分组说自己的想法，然后各小组推荐代表汇报，其他小组同学点评、补充，再引出生活中的现象，有条理地把想法表达清楚。

3.开展辩论会、讲故事比赛、读书交流会、演讲比赛等课外活动，增加学生参与对话的机会。小组课题开展以来，我们几位老师在各自班级开展了"《马提与祖父》读书交流会""讲水浒故事"等活动。这些活动均有半数以上学生参加，他们兴趣浓厚，准备充分，活动质量较高。

## 二、强化对话实践训练

1.绘声绘色，吸引学生听对话。倾听是顺畅沟通的前提，许多学生能积极发言，却不善倾听。通过一系列课堂实践发现，对话内容的趣味性和呈现方式的特别性能有效吸引学生倾听。我们在《马提与祖父》一书的读书交流会中播放录音，让学生听马提与祖父的对话，再复述故事，强化学生对对话这种描写形式的认知，提高口语的表达。我们还把文中对话制作成生动有趣的课件，吸引学生看和听。有的班级采取小游戏的形式训练学生听对话：老师把手放到学生的耳朵边，轻轻说出对话内容，再让学生重复出来。每节课前练习，久而久之，学生更会听了。

2.娓娓动听，带领学生读对话。语文课本中有多篇课文对话描写精彩，我们在执教阅读课时，为了突出对话内容，以读一读、说一说的形式内化对话语言。执教《小露珠》一课，我们范读小青蛙、小蟋蟀、小蝴蝶对小露珠说的话，让学生专注听，再学着老师去读、背，师生融入课文中，也把文中的语言内化到学生自己的语言体系中去。

3.惟妙惟肖，鼓励学生演对话。执教童话故事《九色鹿》时，我们安排学生分角色朗读课文，表演课文。学生戴上不同头饰，扮演国王、九色鹿、大臣等不同角色，模仿人物身份表演对话，激起他们极大的学习兴趣。

4.发散思维，要求学生编对话。执教《推敲》时，我们创设情境带学生走进唐朝，学生想象贾岛冲撞韩愈仪仗队后的场面，有的学生说："贾岛被人带到了韩愈面前，韩愈气得吹胡子瞪眼，用手指着贾岛大声质问：'大胆刁民！你为何冲撞我的仪仗队？'贾岛面对气势汹汹的韩愈，并没有被吓到，反而镇定地回答道："学生正在斟酌诗中的字眼，无意间撞上了大驾，求您宽恕。'"这段文字学生即兴表达，语言流畅，符合人物角色。这样的训练令学生思维活跃，兴趣盎然。

### 三、着力对话描写指导

1.通过读写结合指导学生描写对话。阅读课是语文教学的主体，我们小组通过阅读课文中的对话内容来指导学生描写对话。以苏教版语文三、四年级课文为例，我们在阅读课上以仿写、续写、改写等多种形式让学生模仿教材的对话形式和语言特色。

仿写较容易，有模仿对话形式的，有模仿人物语言的，学生基本都能达到要求。续写是用得比较多的训练，限定时间，当堂续写，训练学生自由变换提示语位置，根据人物身份设计合理的对话内容。改写的难度较大，我们在四年级上册《珍珠鸟》一课中也做了尝试，要求学生以对话形式描写珍珠鸟与它的雏鸟日常生活的一个片段。这需要学生根据课文内容展开想象，有的学生写得趣味横生，也有不少学生写出来的对话内容单一、贫乏，还需要多加练习。

2.通过课外阅读丰富学生储备。我们发现，读写结合策略可以提高学生对话描写的意识，教会学生运用丰富的对话形式。但如何让笔下的人物会说话，说话内容达到课题目标中清楚、生动、准确的要求，还是要靠课外大量阅读。李敏老师的第一小组研究绘本写话教学，我们借鉴她们的研究内容和方法，给学生推荐了大量绘本以及其他书目，包括：《了不起的狐狸爸爸》《我和小姐姐克拉拉》《大林和小林》等，其中，《大林和小林》深受学生喜爱；校本教材《晨诵 午读 暮醒》中，选入了包含对话的校园小说节选、名家散文等；鼓励学生参加"暑期读一本好书"征文活动，开展"寒假必读至少两本课外书"活动；邀请《小学生拼音报》编辑进校园，故事姐姐进校园等活动。

3.通过习作指导课提高对话描写能力。研讨习作指导课，是我们小组活动的主要内容。我们参考苏教版和人教版的教材内容安排，设计了《学用对话中的提示语》习作指导课。在送教过程中，根据课堂观察、现场听课教师的反馈，以及分析学生作品，我们惊喜地发现，这节课非常有价值。没上这节课前，不少学生没有意识到描写对话时可以在提示语上下功夫；上完这节课，平均每个班级约有一半学生能变换提示语的位置，对话描写形式更多样，内容更丰富。除此之外，我们开展的习作课《看图写话》《给他人画张像》等都是采取以说助写的形式，每节课给学生充分交流、对话的时间，在充分说话的基础上再作文。

4.通过送培送教扩大课题研究范围。2017年11月27日，我们前往肥西县菁菁小学送教，郑文文老师执教《童话故事中的对话》，卞真银老师执教《糟糕的一件事》，我作微讲座《让人物会说话》。2018年4月18日，我们前往肥西县铭传中心学校送教，解丹丹老师执教《我喜欢的水果》，刘吉文老师作微讲座《小学中段对话描写的教学内容和实施策略》。2018年5月12日，我在阜南县段郢中心学校执教《一次体验活动》。2018年5月16日，我们前往经开区莲花小学交流，我执教二年级写话课《颜色词是彩笔》，刘吉文老师作微讲座《绘本在中高段作文教学中的应用》。2018年9月26日，我们前往肥西县丽景小学送教，本次送教以《猜猜他是谁》为内容进行同课异构，体现对人物对话的描写指导，由卞真银、舒畅、储旭三位老师执教。2018年12月，我们前往肥西县集贤路小学送教，刘吉文老师执教习作课《揭示语的奥秘》，鹿建梅老师作微讲座《习作课堂小小策略》。

# 传记外的人生

在担任分层学习共同体第二小组组长的同时，我还是校内的语文教研组组长，教一个班语文课，并承担班主任工作。工作之余，我还要顾及家里的琐事。有时候，我觉得很疲惫，工作消耗了我绝大部分时间和精力。

一次，送孩子学琴，我随手翻开了包里的一本书，这是学校发的合肥市庐阳区杨立新老师的散文集《原风景》。书里记述的都是她身边的人、事、物。她是长丰人，从小生活在农村，许多经历读来让我倍感亲切，原来每一个教育前辈都是在平凡琐碎中成长起来的。

我一直很喜欢读人物传记，读得愈多，愈觉得身为一个人的渺小和无奈；也惊异于那些大人物的超乎常人的特质，但这些人物大多可望而不可即。身边的许多人，虽没有作传，可他们也把自己的人生活成了一本可以传世的书。

比如这位杨立新老师，我去南国花园小学上课，她当时是评委，课上到高潮，学生起身做"独臂穿衣"的游戏，我看到她也起身，露出灿烂的笑容，拿着手机给前后左右的学生拍照。下课后，她亲切地询问我是哪里的老师。从这些细节足见她是一个热爱学生、关心老师的教育前辈。现在翻看她的书，不少篇幅都是关于家乡、童年、亲人、自然的，年岁越长，阅历越丰，对生活的爱越浓烈，着实令人敬仰！

比如我们工作室的李老师，每天像陀螺一样转啊转，再苦再累也不抱怨。看到她的生活，我们自会明白，成功的人靠的是勤奋，是不计得失的付出。也有很多人不理解她为什么如此拼命工作，可是我能理解，有的人就是活得像太阳那么炽热，能发光发热照亮身边每一处黑暗，这就是她生命原始的状态。

还有桃花镇中心学校的刘校长，校园里几乎日日能见到他。尽管他的办公室并不在我们学校内，他还是早上来一趟，晚上来一趟，有时中午也来一趟。因为行政事务繁多，他没时间做教研，但他还是放不下语文教学，时不时来翻翻学生们的作业本，查查新老师的备课笔记，公开课几乎节节到。有时候，听到不满意的课，他就立刻准备一节上给大家看；有时候，为了激励老师们阅读，他就准备读书交流的演示文稿，在教研活动时与我们分享。

人无高低贵贱之分，却有境界优劣之别，向这些优秀的教育前辈学习！我似乎又有了奋斗的动力，又充满了前进的力量！

# 一起走，我们的脚步更轻盈

在做学期末工作室总结时，我突然发现，原来大家一个学期做了这么多事，并且是在不折不扣完成各自所在学校教育教学任务的前提下完成的。作为组长，我的成就感倍增，在我们小组合影的电子照片上方，我毫不犹豫地输入"像小蜜蜂一样勤奋的小组成员"一行字，大家的确是一群勤奋努力的"小蜜蜂"。

刘吉文是我们小组唯一的男老师，他是比我高一届的师兄，在学校还承担管理工作，但是他谦虚沉稳，任劳任怨地听从我这个小学妹的安排，在每一次团队活动中既要完成任务，又要担任司机。仅仅这一个学期，他就设计并执教了多节研究对话教学的习作课。令我感动的是，他不仅送教时上这些课，在市级课堂教学比赛中，他还是选择上这些课。众所周知，习作课教学难度大，课件难出彩，再受到比赛无生上课的限制，得奖的概率很小。作为一名教学经验丰富的老师，他还是选择挑战自己，把我们小组的研究成果在大赛中展示出来。我想，做教学研究，就需要这样的执拗。

怎样教学生写对话呢？怎样教我们当地这些阅读量小、语言积累少的农村学生写对话呢？刘老师探索了许多方法。例如，他运用多媒体技术，把学生感兴趣的影视作品带到课堂上，请学生给孙悟空和猪八戒的对话加提示语，学生的兴趣一下子被他调动起来了。为了增加课堂情趣，他还现场和学生合作表演，真诚热情地面对学生，毫无老师的架子，实属不易。

听了他的课，我的收获很大。研究对话描写的课题是我提出来并一直坚持做的，我深知这个课题的难度，有一段时间，我真的不知道该怎么继续下去了。在刘老师的课堂上，我又找到了灵感，看到了方向。接下来，我们还将继续探索对话描写的教学方法，像刘老师一样，在各种应接不暇的研讨、汇报、教研活动中，坚守自己的东西，如此，我们的课题才能往纵深方向进展。

卞真银老师是我的"老战友"，她爽朗而麻利，对分给她的任务从未说一个"不"字。她还是我们县最受家长欢迎的上派学区中心学校的教导主任，负责全校所有的学生活动。这学期，她要与舒畅、储旭完成《猜猜他是谁》的同课异构任务，执教的压力自不必说。恰逢我有一个市内展示课的任务，鉴于卞老师的教学经验丰富，她的这节课我几乎没有跟着磨课，她自己在几所学校之间来回试教，日程的安排、班级的联系等工作也全是她自己负责。回想起来，我深感抱歉，尤其是我不知道她当时已经怀孕。一个工作快二十年的老师，还能有如此拼搏的精神，实在令我动容，我也为自己的懈怠而惭愧！

舒畅是个年轻老师，工作才两三年，可是她才思敏捷、勤奋好学。给我印象很深的是在集贤路小学进行的这学期最后一次活动，交给她活动报道的任务在活动刚一结束就完成了。磨课、上课是她每学期都要做的事；每一次的小组活动，她从不缺席；写报道，拍照片，替我们这些人服务，她也是抢着干。

解丹丹也是个年轻老师，工作刚满两年。丹丹一开始对作文教学摸不到门路，分给她的教学任务，她从冬天就开始准备，直到第二年春天还在磨，最后去铭传中心学校送教，当地的老师们反应很好，说明她有了跨越式的进步。

中途我们又来了一个新成员——鹿建梅老师，她比我们的工作时间都长，在阅读教学上经验丰富，但她谦虚、认真，跟着我们研究作文教学。这学期，她有一个微讲座的任务，从初稿到定稿，磨了三四次，尽管有时台下只有两三个人在听，她还是端正大方地在台上认真演讲，她的语言优美，起承转合颇有讲究。从她的讲座中可以看出，鹿老师热爱学生，热爱教学，一直在教学实践中摸索前进，孜孜不倦。

作为这个团队的组长，我受益匪浅，反思我的工作，归纳如下：

## 一、成为组长的角色转变

作为小组长，我的任务不再像从前那样单一了。现在，我是小组活动的参与者、小组活动的引领者、小组活动的组织者、活动气氛的营造者，还是小组活动的服务者。对我而言，有很多挑战，以前，我很享受跟在别人后面做教研的状态，做好自己的事情即可。可现在，我要带领一个团队，我得找准前进的方向，并引领团队朝着这一方向前行。以前，我做的基本都是我个人的事情，磨课、上课、反思……现在，我做的大部分都不是我个人的事情，给别人磨课、听别人上课、教别人反思……

作为组长，我必须要负起责任来。我开始思考我的团队能走到什么高度。我很惶恐，也不得不焦虑。我的组织能力很差，一开始，我事事亲力亲为，网上磨课经常磨到凌晨。后来，我学会小组分工，把一些工作分给副组长和其他成员。现在，我们小组成员对作文教学已经不再是一片空白，再评课，应该可以互相切磋、激情四射，而非我的一言堂了。

当然，作为工作室学习共同体内的一个分组，工作室这个大家庭是我们最大的依靠，遇到解决不了的困难和问题，还可以回到工作室解决。

### 二、来自同伴们的积极与热情

我的同伴们，是一群热爱教研、活动积极、专业素质高的老师们。每一次备课、磨课活动，我制订好计划表，他们就从各自的学校准时来到我的学校，大家坐在一起观课、议课、备课。解丹丹老师在讲台上热情大方，教态亲和，与学生互动流畅，简直看不出来她是一位入职才两年的新老师。舒畅老师有一次接到活动任务时正生着病，她一个人打车到我这里，一边咳嗽一边跟我交流，课磨完后她就直接去医院了。后来我还发现，刘老师和卞老师在自己的学校都是领导，却在我的小组里被我"呼来喝去"，接受一个又一个任务，他们没有一句怨言。这些同伴们的集体意识和高度自觉性真是令我感动，感谢他们，也希望不负他们。

### 三、来自工作室之外的包容和赞赏

根据工作室的安排，我们各小组都有送教任务，每一次送教，我们都备受尊重和赞美，这是其他学校老师对我们的肯定。上学期我们小组去铭传中心学校和聚星小学送课，从听课活动开始到评课结束，铭传中心学校和聚星小学的两位校长全程参与，并且发表了非常专业的观点。现场参与活动的老师也有近三十位，我们所带的反馈表全都发完了，这令我们既紧张又兴奋。感谢这些学校为我们提供的活动平台，感谢这些老师对我们的包容和赞赏。

做教学研究以来，我去过不少学校，认识了不少一线老师。有些扎根在乡村的老师教学功力深厚，有自己的一套教学方法。我们工作室在作文教学方面有所研究，但我们小组不能代表工作室的最高水平，更何况有新老师送教，肯定存在这样或那样的问题。来听课、评课的老师没有一个吹毛求疵的，大家都带着学习的心态，把送的课当作一个案例来讨论交流。通过交流，我们相互学习，来更好地完善自己的课堂。送教学校领导的重视，更激发了我们教研的热情，为自己家乡的教育添砖加瓦，我们倍感自豪。

### 四、来自课题研究的导向和困惑

做教研需要有一个抓手，这样才能有明确的目标和方向。我们小组的主题是"中高年级作文教学之对话描写研究"，引领这个主题的是市级立项课题"培养农村小学生对话描写能力的实践研究"，我们设计的习作课、微讲座都要求围绕这个课题进行。

之前我一直做的是课例研究，磨课、上课我是内行，但课题研究需要科学的方法，需要持之以恒地做下去，需要敏锐的眼光和收集资料的能力，这些，我都没有做好。我们的研究不够规范，随意性大，所以得到的结果也是主观臆测的多。后期我们还需要阅读更多课题研究的书籍，边补充知识边做课题，尽量把课题做规范，做得有实践价值。

我们的教研可能起点不高，速度不快，但是我们坚持迈小步，结伴走，不止步。我想说：一起走，脚步更轻盈。祝愿我们工作室以及工作室中的每一位成员走得更远，走得更好！

▶▶▶ **分层教研　立心于行**

## 阜南行

五月中旬，天气转热，工作室此行要去阜南县送教。出了合肥，一路视野开阔，大片麦地分布在公路两旁。此次活动，阜南县教育局安排我们工作室在两个不同的会场上课，我们第二小组接到的任务是我去其中一个分会场上课，卞真银老师随行摄像、报道。

第二天一早，我从阜南县城的宾馆出发，去阜南县段郢中心学校。学校离县城有一个小时的车程，当地一位教育局领导陪同我们前往。等到了段郢中心学校，我赶紧找教室熟悉学生。

这里属于农村，但与我们肥西的农村学校不同的是，这里的学生数一点儿也不少。阜南县七小的一位老师和我一起去送教，她准备的是阅读课《雷雨》。我先在台下听课，听她的课我也学到不少，她的年纪比我小，可是阅读课却上得得心应手，我不觉地紧张起来。

习作课在这里好像还鲜有人尝试，我给自己定下的教学目标是能让全场的学生互动起来，有话可说，这个目标的设定主要是考虑到这里的学生没有习作课的基础，也缺少在大会场上课的经验。有很多人在正式发言的场合常常低着头，那其实是害怕发言的一种表现，学生们也一样。课堂上老师希望台下举起的小手如林，站起来的学生个个滔滔不绝，但常常事与愿违。

上课铃声响起来，我想先跟学生们进行简单的交流，以便了解学生的口语表达能力。想起一路上绵延的麦田，我问："你们割过麦子吗?"好几个学生举手，其中还有一个女孩子，我心里有底了，他们敢当众说话。整节习作课还算顺利，做"独臂穿衣"游戏时，会场上热闹起来，学生们在游戏中逐渐放松下来。有个学生，穿着带拉链的夹克，涨红了脸在那里甩衣袖，我不禁乐了。

记得以前我在一所偏远的学校执教这节习作课时，那些学生很随意，只要老师不叫他们站起来说话，他们相互间就一直有说有笑，当我把话筒递给一个学生时，他立刻摆手，并示意把话筒传到后面，我坚持递给他，他立刻捂着嘴。在段郢中心学校，没有出现上面的情况，这是平日老师的功劳。课堂上，有几句方言我没听懂，但有学生"翻译"给我了。一个小姑娘说了一大段表达连贯的句群，我狠狠夸赞了她。还有个活泼的小男孩不停地举手发言，尽管他说得并不流畅。我努力引导学生把一个词说成一句话，把一句话说成几句话，最理想的情况是可以说一段话。

铃声再次响起，陪同我们的阜南县教育局领导对我说："余老师，我们的学生课堂表达也还可以吧？"我使劲点头。

交流互动时，一位年轻老师向我询问习作教学的一些方法，她的问题一出口，我就知道这是一位语文素养较高的老师，从问题中可见她在教学上有思考，看来是我低估了这里的习作教学，这里的老师和学生都在努力前进！

# 南国花园行

第三届名师工作室优课展示，我被安排在上午第一节课，从我住的地方到南国花园和煦园校区有25千米远。早晨四点多，我就起床了，把车开到学校，天才微微亮。

等我赶到会场，也就来了几位听课老师，我就独自坐在主席台右侧的椅子上等待。不一会儿，参会的专家开始入场，有我认识的，更多的是我不认识的，他们的席位就在我左侧，我依据席位上的姓名牌一一辨识。很快，学生们入场了，话筒交到了我的手上，我忘了师生问好，直接就进入课前谈话了："同学们，你们喜欢小动物吗？喜欢什么小动物呢？"由于时间还早，我和每个学生都对话了一次，他们都能拿着话筒镇定自若地说上一两句话，要知道，台下有几百位听课老师呢，我暗自惊讶市区学生的素养和市区小学的教学水平。

这节课师生交流顺畅，我也逐渐放松下来，与其说是我带着学生编故事，不如说是学生带着我讲故事。老鼠见到电脑里的猫会怎么样呢？一个学生形容道："它一屁股跌坐在地上。"一个学生夸张地叫道："妈呀！"吴福雷老师课后点评说："这就是孩子的语言，时尚的语言，生活化的语言。"故事接下去会怎样发展呢？学生继续绘声绘色地编起来。突然有学生说："这只猫跑出来，伸出尖锐的爪子，一下抓住了老鼠。"我想起课前交流时，有一个学生说自己喜欢猎豹，因为猎豹躲在和自身颜色一样的草丛里捕食时，猎物就发现不了它，这是它在伪装自己。"原来屏幕上的这只猫也是伪装的呀，它是怎么伪装的呢?"在我的连续追问下，说一句话的学生能说两三句话，说两三句话的学生能说一段话，交流了二十分钟，大家还意犹未尽，我不得不中断口头表达，转到当堂写话中来。

遗憾总还是有的，学生的写话作品很好，可是没有投影仪，我无法展示，于是我挑了几篇学生的作品读一读，再简单评一评，这个环节就算过了。教研员朱红梅老师课后宽慰我:"没有一节课是真正完美的。"

回顾这节展示课的准备过程，真是有很多话要说。

关于优课展示的任务，是开学初接到的，要准备一节课去市里展示，要求是部编版教材里的习作课或写话课。我把二、三年级的语文教材翻来覆去地看，最后定下上二年级写话课《猫和老鼠》。

选定了课题，有很多想法，落笔成教学设计，又会有多处卡壳或矛盾。就像《猫和老鼠》这节写话课，从教学设想到成功实施，中间还经历了一段曲折的过程。

第一次用校内董霞老师的班级试教，效果还可以，有个胖乎乎的小男孩，滔滔不绝地讲着他编的猫和老鼠的故事，"从前，一只小老鼠……"当然，这不是我教的，课后一了解，果然，这个孩子是个故事大王，阅读量大，在班级像个"小博士"。

后来，我被安排去丽景小学磨课，接待我的刘主任正是我的同班同学，他教英语，也端坐在台下听我的语文课。学生思维敏捷，只是不太遵守纪律，老鼠见到电脑里的猫后究竟会发生什么?大家续编了许多故事，比如老鼠拔掉电源，老鼠衔来布帘盖住电脑屏幕，老鼠吓跑了。说着说着，有学生提出这只猫从电脑里钻出来了，这个想法多有创意呀!不过，学生都只能说一两句话，思路是发散的，语言表达却停滞不前，我还要改进我的教学设计。

我去肥光小学又试教了这节课，不知道什么原因，听课的老师睁大了眼睛，但什么高潮也没有出现，四十分钟就这么耗尽了。大家都很着急，忙着给我出谋划策，我心里一点儿底也没有。刘校长知道了我的烦恼，告诉我要教学生表达，因为我们的学生不会说话，不会写话;不会说精彩的话，不会写精彩的话。当学生说不出来或说得不准确时，老师要及时引导;

老师的课堂应变能力要强，要会用耳朵听，听完就要发现问题，发现问题就要想出对策。为此，他还举了贾志敏老师教作文的例子：

生：青蛙是庄稼的保护神。

生：青蛙是人类的好朋友。

生：青蛙是捉虫能手。

（老师把上述三句话重复了一遍，予以肯定。然后请一高一矮两位学生走到讲台前，一个站在贾老师前面，一个站在贾老师后面。）

师：我们三个这样站队好看吗？

生：不好看。应该按高矮个儿站。矮个儿站前面。（贾老师按同学说的，重新站队。）

师：这样站好看，是吗？那么，刚才同学说的三句话应该怎样排列呢？

（学生恍然大悟，纷纷举手。）

经过刘校长一点拨，我豁然开朗。刘校长的视角与我们都不同，我的小组成员们帮我改教案，大家的想法是怎么改得出彩；刘校长评课，是评我应该教学生什么。我们的课堂不能光追求新颖热闹，而应该真正教给学生知识。这节课，在有的班级试教效果好，是因为这个班学生的表达能力本来就强，我不教他们也能说得精彩纷呈。碰到有的班级学生表达能力差，我不教，他们就真的不会。

于是，我厘清自己的思路，这节课就是教二年级学生看懂图意，根据图片续编故事，重点关注学生的语言表达。学生发言后，我要做的不是点评好或不好，而是及时帮助学生把话说准确。

好文章是改出来的，好课也是磨出来的。在接触《猫和老鼠》之前，我从未花如此多的精力在一个教学内容上。这节课如果继续上下去，可能又会呈现出新的变化，教得会越来越深刻和到位。反观自己平时的课堂教学，常常迷失在浅尝辄止中。

# 莲花行

　　《颜色词是彩笔》这篇教学设计完全是我自己的创意。当时选择二年级写话内容，原因有二：一是低年级写话在课程标准中有要求，而我们工作室没有做过这方面的尝试；二是我当时正好教二年级的语文课，在写话教学上有一些自己的想法。每次的作文课，要想引导孩子们说好写好，过程真是非常关键，同一份设计，面对不同学校的孩子，效果完全不同，我能做的，就是在课上激发会说的孩子多说，引导不会说的孩子开口。

　　在课没有定型前，磨了两次，一次在自己学校，用的是同年级组邓老师的学生；一次在桃花工业园中心学校，用的是王飞老师的学生。两次课我想体现的教学目标是一样的，但教学内容只有导入部分相同，从颜色词入手，归纳已经掌握的表示颜色的词，体会颜色词在句中的作用。后面引导学生用颜色词说话写话，内容完全不同。第一次磨课自己感觉深度不够，想有些创新和深刻的东西表现出来，所以在第二次磨课时截了一段动画片让学生看，大家都说跑偏了，学生的注意力都被动画片吸引去了。之后，我又在自己学校找了一个班级试教，课件中的视频都去掉了，完全变成看图说话、看图写话，学生都被调动起来了，表达其为精彩。

　　反思自己的教学设计，还是"一课一得"的指导思想，中高年级的作文课我们可以把课本中习得的语言材料、语言形式拿来教学生写作文，低年级的写话课我们同样可以把文本中习得的语言材料、语言形式拿来教学生写话。只是在我们的语文课上，找不到这样的教学任务，我们总是习惯拿着教材和教参，没什么新意。怎么设计有价值的教学内容呢？想到用颜色词教学生们写话，是因为低年级接触了不少表示颜色的优美词语，而许多学生的写话还是干巴巴的，甚至到了中高年级，能主动在作文中运用颜色词的学生也不是很多，更谈不上用得自如了，所以很多孩子的作文读来味同嚼蜡。

　　从当时到严店中心学校送教的课堂情况来看，学生写得比说得好。导入结束后，我出示了一幅油菜花图，请他们说一说，他们的语言就显得贫乏了，只能说出"这是金灿灿的油菜花""春天来了，油菜花开了，是金黄色的"之类的。我又给出了一个对比：

"这是油菜花。"

"这是金灿灿的油菜花，远远望去，田野好像铺上了一层黄色的地毯。"

后面我又陆续出示了四幅图，有桃花、柳树、小鸟和风筝，出口就精彩的不多，如果我引导说春天来了，后面学生张口都是春天来了。一个学生说柳树的枝条像长辫子，后面几个学生都说像长辫子。不同的班级，学生的语言储备也不相同，如果遇到不会表达的孩子，我想教他学会模仿就是成功。

时隔三年，这节课又被我拿出来送教，送教地点是经开区莲花小学。之所以选这节课，是我对课的设计比较满意，既有创意，效果也好。送教之前，我对学情的把握是市区的孩子不愁说不出话来，因此课堂要挖掘一点深度出来。我的课被安排在下午，我上午又在自己学校的一个二年级班试了一下，设计有所改动。令我欣慰的是学生不仅能说一个完整的句子，还能说优美的句群，且词汇丰富，听课老师也认为这个设计孩子有话说，能写好。考虑到城里孩子不熟悉油菜花，我在出发前把课件中的油菜花图片换成了桃花图片。就这样，我自信满满地去了莲花小学。

结果出人意料，随着课的推进，课堂举手的学生屈指可数，表达也多重复单一。课后我才意识到，这个班级的孩子写话训练是空白，我应该在课上及时调整自己的设计，针对学生实际情况进行教学。而我不仅没有从起点出发，还加大了难度，也没有采用一些激发学生发言的手段，导致课堂没有达到预期的效果。

这次失败的经历告诉我，习作课堂的展示对学生依赖很大，遇到一批新学生，我们必须在开课前了解学生的表达能力，并及时调整自己的教学设计，而非不着边际地自说自话。毕竟，课堂是师生相互对话的过程。

# 长丰行

之前设计过运用颜色词表达的写话教学课，当时纯属一时兴起，因为恰逢草长莺飞、柳绿花红的季节，室外的色彩实在太诱人。不料工作室要去长丰师范附小与赵淑萍名师工作室举办联合活动，安排给我一节习作课的教学任务，于是，我就考虑能否做一个系列的习作课出来，这才有了《学用动作词》一课。与上次不同，这次大家对我很放心，从第一次磨课到最后定型，主要的设计基本都没有动，只在细节上做了一些修改。设计的问题不大，我想是有了经验，所谓"万事开头难"吧，后面就有方向和方法了。

去长丰师范附小送教，李老师还是相当重视的，要求我一而再再而三地磨课。表达类的课和阅读课不同，我想只要能引导学生说出来、写出来就行，所以磨课的经历倒也不觉得痛苦，但是磨着磨着，我还是自己否定了一些东西。我设计的游戏"贴嘴巴"不算新，不少学生也玩过，但与我之前设计的"独臂穿衣"游戏不同，这个游戏不能全员参与。听了长丰师范附小范薇薇老师的作文课《有趣的游戏》，就发现我们虽然同样设计游戏为学生提供写作素材，但出发点和目的都不同。《有趣的游戏》就是写"撕名牌"游戏的过程，我的游戏虽然也是让学生说、写"贴嘴巴"，但目的不是写游戏场景，而是生动具体地写在游戏中使用的动作词。为了达到教学目的，在第一位学生玩游戏时，我要求台下学生边观察边记录看到的动作，我发现有的学生一口气记录了八个表示动作的词语。给学生一个具体的观察点，这样的指导果然更有效。

为了体现教材和阅读课的价值，继续实施"以读助写"的教学策略，我结合长丰师范附小使用的教材，备课时在人教社的网站上一篇一篇地翻看人教版语文的电子课本。一开始我选择《触摸春天》一文中安静抓蝴蝶的一段话作为习作例文，试教后总感觉不够好，当时板书的内容叫"看得见慢动作"，意思是多用一些表示动作的词，可以把场景写具体。还归纳了

"用得准动作词",意思是词语使用要精准。但这样归纳出来再指导写作,难度太大,尤其是"用得准"这个目标难以实现,学生能多用就不容易了。经过反复试教,我最后选定《自然之道》一文中的一段话作为例文,这段话中的动作词用得很典型,而且课后练习题有"体会动作词前修饰语作用"的训练,这正是这节课读写结合的训练点。

我的课被安排在第二节。第二节上课铃响,我调整好心态,课堂依据准备的环节徐徐展开,我悉心指导,梯度推进,循循善诱,遵循"一课一得"的理念,最终受到长丰师范附小老师们的肯定。

# 助海燕"起飞"

吴海燕老师是我们工作室的小妹妹,在分层分组学习后,她已成长为能独当一面的组长了。在这之前,我们一起送教、磨课、做课题,她虚心学习,我倾囊相授,合作得非常愉快。

由于她刚刚尝试习作教学,接到送教任务后,她不知道选什么内容、怎么设计教案。我想我有责任助海燕"起飞"。

最初萌发采取读写结合策略指导写话的思想,源于暑假听管建刚老师的《指向阅读的写作课》。从写作角度指导阅读课,在我们这里还是非常新鲜的;在全国,持反对意见的也不在少数。海燕和我承担了工作室国家级子课题中以读促写的部分,这次她刚好有外出送教任务,我们就决定准备一节立足教材、以读促写的课。管建刚老师的课例中并没有当堂写的部分,他完全是从写的角度去解读课文,我们不能照搬照抄,我们的初衷是想挖掘教材中表达特点明显的内容,悟写法,借鉴写,读写结合。海燕现在教的人教版教材里有不少对话描写,大家就建议教对话,海燕很茫然,怎么读对话、写对话?

后来,她传给我的《陶罐和铁罐》的教学设计还是在做阅读教学。李老师说《陶罐和铁罐》在教材后面的单元,教学进度到哪儿就从哪儿上吧。于是我们重新选择三年级上册"语文园地二"中的"我的发现"作为教对话的教材范例，舍弃了《陶罐和铁罐》一文。

磨课的地点是桃花工业园中心学校，海燕从金桥乡过来，途中修路堵车，赶到学校已过了上课时间。她风尘仆仆直接走进课堂，一节课上，一节课改，再一节课上，满满一个下午，甚为辛苦。

接下来先去高店中心学校送教，送教回来，李老师说这节课要修改。我们就在课中设计一个上厕所的情境：

"老师，我要上厕所。"

"不行，现在是上课时间，刚才下课怎么不去？"

"下课时间这么宝贵，用来上厕所多可惜呀！"

李老师认为上述情境不够真实，因为没有学生敢如此与老师对话。课后作业又太简单，写几句人物对话并加提示语，二年级就可以做到，三年级应该写片段了。

于是，一个周五晚上九点后，我和海燕相约在 QQ 上交流，一直忙到午夜。

磨课的过程很痛苦，但又好似化茧成蝶，结果是美丽的。海燕的课最终在肥东县八斗镇中心学校展示，教学目标和内容完全原创，这是我们的研究成果。

## 站住课堂的程老师

程晖云老师现在也是肩负重担的小组长，她初次送教作文课的场景我还历历在目。她接到的送教任务要求从教材出发，以教材为本，人教版二年级上册"语文园地四"有一个看图写话训练，于是程老师就把这个看图写话设计成题为《看猴子》的写话课。

我们的写话课设计宗旨是"一课一得"，不求面面俱到，不要无懈可击，关键是一定要教给学生东西，并让他们通过训练习得内化。教材中的插图绘的是动物园的猴山上，一只只猴子在游戏玩耍，右侧大人孩子们正

23

在围观。这节课的设计不是教学生描写一幅全景图，而是把视角集中到假山上的猴子身上，从猴子的样子、观察的顺序这两个角度指导说话写话。囿于农村学生的写话水平，程老师设计了"有的……有的……还有的……"的句式，只要能把这个句式写好就算目标达成。从学生的写话作品来看，一半以上的学生能较好地完成。

评课中，有的老师提出课的目标可以定得更高一点，添加训练想象力的指导，添加对周围游客的描写，等等。就这节课的设计，我觉得写话指导细致入微。例如：

（1）导入课题后，引出汉字"猴"，师生一起写这个字。指导学生说清楚猴子的状态，并给了句式的对比示范：

猴子正在吃苹果。

山顶上坐着一只可爱的猴子，双手抱着大大的苹果，有滋有味地吃着，嘴里还发出"咯吱咯吱"的声音。

（2）讲解观察顺序时，精讲图中假山左侧的猴子，从上往下逐一显示不同位置不同状态的猴子，引导大家注意山脚下一只小猴给一只大猴挠痒痒，利用图片教学生说完整，说生动。以"有的……有的……还有的……"句式自由说说假山右侧的猴子。

看图写话，写作顺序是必须要指导的。有的老师提出可以让学生自由观察，再探究按什么顺序表达，这也是一种好方法。实际遇到的问题是，学生的词汇量太贫乏，无论是口头还是书面的语言表达都太干巴，好似一棵光秃秃的树，没有一点儿枝叶。以本节课为例，尽管老师设计了句式引导，但学生写的句子有修饰语的只有一篇：

有一只小猴子在山上跑来跑去，真可爱，有一只可爱的小猴子在山上观看风景，还有一只顽皮的小猴子正在挠痒痒，真是有趣的猴子啊！

这名学生知道在小猴子前加上修饰的词语，也许他是无意识的，同时他连用两个"可爱"，还是词汇量小了。联想我们日常的课堂，问学生什么心情，从一年级到六年级，大部分学生的答案可能都是"开心""高兴"之

24

类，这是词汇的贫乏，也说明语言积累的重要性，要指导学生写出好作品，非一时一课就能成功。

送教的准备过程中，程老师焦虑许久，好在任务总算完成了。经过这次活动，程老师已经能真正站到大会场上啦！

▶▶▶ **分层学习　勤思善问**

## 以全部生命工作

### ——记工作室领衔人李亚玲老师

我应该是工作室最后一个拿到《一路走来，春暖花开》这本书的，当时我就急切地翻了一遍，所幸很多内容是我熟悉的。当我再细细阅读里面的文字时，我是把它当成人物传记来读的。因为从没有这样一本书，讲述的就是我们身边的故事；从没有这样一个人，令我如此熟悉又如此敬仰。

有一段对作者的简介我认为非常中肯："从作者李亚玲的入职后学习写起，描写了作者如何在学习的过程中确定专业发展目标，在学习的过程中获得专业导师和人生导师的引领，从而坚定地走上专业成长的艰辛之路。作者在专业发展的过程中，立足于课堂教学，立足于班级管理，不断为提高孩子们的语文核心素养改变教学方式，让孩子们在小学六年里带着一本书上路，带着一支笔上路，带着能够质疑思考的大脑上路，在班级管理中'守住自己的一亩三分地'。作者在家庭与专业发展两不误的过程中，作为一名女教师，她的付出不是一般人能够体会的。当所有的付出最终换取一本'特级教师'证书的时候，回望过去，各种心酸与幸福包含其中。"跟随李亚玲老师学习快五年了，我熟知她在专业发展过程中的付出与艰辛。

**、为人师，呵护每一个生命**

翻完全书，我想起李老师在桃花镇中心学校做的题为《带着一支笔上路》的讲座，当时她就提出，小学六年，要教会孩子带着一支笔上路，要会用笔倾诉。她的讲座总是激情澎湃，感染力强。恰如她自己所言，她是一个热爱生活、心态年轻的人。无论是工作还是生活，她总是创意无限，跟着她读完小学六年的孩子是幸运的，撇开老师的语文教学能力不说，单是她的信念、状态、言行，就可以影响这些孩子一生。更何况，她对语文教学情有独钟，一直孜孜不倦地追寻着。在当时的讲座中，她就详细地叙述了怎样克服重重困难，坚持每个学期带全班孩子出去一次的故事。前几年还没有"研学游"这样的活动，她坚持要给学生最好的教育，在承诺出了问题自己全权负责的情况下，她才能带着学生出门。这本书中，有对学生的要求，有对学生的忧虑，有对学生的鼓励……这些文字的背后，是一位满怀师爱的老师。工作近二十年，我认为当老师的先决条件，应该是对学生的爱。这种爱，是对鲜活生命的珍惜与呵护，是对人格尊严的尊重与保护，没有这种爱，老师只能算是教书匠。

但是，我们大多数老师，常常因为职业倦怠，对学生越来越没有耐心，越来越吝啬付出自己的爱。记得我工作的头几年，尽管工资微薄，可是工作热情高涨，学生的一切表现在我的眼里都是新奇的、有趣的、童真的……我语重心长地教育他们，舍不得说一句重话，下课跟他们一起游戏，给他们梳头发、穿衣服……随着自己社会生活的丰富，我放在学生身上的时间和精力变少了，下课在办公室和同事们聊天，遇到问题学生开始反感，很少单独跟个别学生交流……每天都很忙，陷于工作的烦琐和生活的重负中，果真是"走得太远，却忘了为什么出发"。读李老师书中班级管理的故事，令我寻回年少时的理想：为人师表，做一名好老师，从爱孩子开始。

## 二、真教研，立足每一节课堂

李老师似乎一直有些遗憾，她在课堂教学中没有获得大奖，每次工作室活动，她都谦虚地说自己的课没有哪位老师上得好。我想说，她是一个可以站得住课堂、专业能力强的特级教师，她的教学智慧尤其表现在作文教学中。我们能看到，李老师没有在课上教学生怎样写人，怎样抓住人物特点，以具体事例表现人物形象等，这些写作知识与技巧一句也没提，她只是不停地"逗"学生说话，以身边同学为例，大家都有话可说，且说得精准形象，你一言我一语，人物特点找准了，一篇文章就出来了，写作竟是如此轻松有趣。

事实上，她的课堂总是创意十足、趣味十足，没有一板一眼对知识点的罗列和传授，学生在这样的课堂上敢于表现自我，语言表达、思维逻辑、情感态度等都得以提升。

同样，她对我们的专业指导也是从课堂开始的。我们工作室的绝大多数活动都是同样的内容——磨课、上课。我常常自嘲，我辛辛苦苦做的一份教学设计，磨课过后往往只保留一个导入环节了。她的作文教学理念是首先要有趣，有趣才能吸引学生、激活课堂。但是，这个"趣"是来自教学内容，来自师生对话，而非执教老师的刻意表演。乡村学校教研起点低、平台少，而她对语文教学的本质领悟和深入浅出的教学思想实属难能可贵，这源于她对专业素养孜孜不倦的追求。

在李老师的带领下，我们的作文教学研究没有一点儿虚假，我们的作文课完全原创，我们向全县老师推广作文教学方法，希望我们设计的课可以给大家一些启发和引导：作文课可不可以这样设计？作文课能不能这样上？我自己能不能单独设计一节作文课，有针对性地指导学生？

### 三、领衔人，感染每一位成员

收录在《一路走来，春暖花开》这本书中的都是我们工作室的纪实故事，作为这些活动的参与者，我读来倍感亲切。我可以自豪地说，这些语言没有渲染浮夸，完全是当时状态的真实记录。

一开始，我们的工作室才七八个人，虽然名曰"名师工作室"，但我们这些成员都是无名小卒，教育教学上并没有什么成果。因为李老师的个人魅力，我们甘愿跟在她后面学习。时间证明，她真的有化腐朽为神奇的能力。现在，我们工作室的活动开展得风生水起，在县内、市内众多工作室中脱颖而出，也培养出了几个在高级别的赛事中获奖的老师，对乡村学校而言，这不得不说是个奇迹。

工作室刚成立，李老师就把研究方向确定为作文教学研究，足以证明她有敏锐的洞察力。后来我们参加课堂教学大赛发现：阅读教学，市区的学校已经走在我们前面；而作文教学，大家的起点几乎是一样的。在一开始的研究中，每个人送出去的课皆需一磨再磨，李老师教我们突出重点、体现特色。在她的带领下，我们形成了一个教研团队。

这些经历留给我们的是美好的回忆和珍贵的财富。作为工作室的领衔人，李老师在承担学校的教育教学任务之外，还有许多工作等着她，尽管她每天像陀螺一样转啊转，但再苦再累也不抱怨。她坚持与我们一起磨课、议课，与我们一起参加活动，她对教育的坚定信念和执着追求，对我们的满怀期待与无限信任，激励我们不断进步。她影响着我们每一位有幸加入工作室的老师。

读着熟悉的故事，眼前浮现的是亲切的面孔，当我们完整地读完这本有关一个特级教师成长的故事后，我们自会明白，只有勤奋、专注与坚守，才能引领我们迈进科研的殿堂。

# 会表演的老师有魔力

陈金龙，安徽省淮北市名师。

一天的展示课，他上的是最后一节，竟也是最高潮的一节。

他上的课是《鹬蚌相争》。先学词语，后读课文，再拓展写话，最后有一个故事演绎。之所以这节课高潮迭起，台上学生卖力展示，台下老师赞不绝口，我想是因为陈老师自身的表演魅力。一直以来，我只喜欢清简风格的课，可是，听了陈老师的课，我改变了观念。

陈老师一开课就给学生讲了一个猫狗争肉吃的故事，他有相声演员的才能，在台上手口并用，用多种声音扮演多个故事角色，学生立刻被吸引住了。由此，陈老师书写板书：听是一种享受，讲是一种奉献，读是一种修养。

词语学习部分，陈老师出示"啄肉、夹住、威胁、毫不示弱"，从此处开始，笑声就一直从台上飘到台下，再由台下回荡到台上。什么是"夹住"

呢？陈老师和一个学生分别用手扮鹬的嘴和蚌的壳。演绎"威胁"一词时，学生读得不好，没有威胁的意味，陈老师和学生互换角色，亲自示范："松开！"他声调不高却有一股杀气，台下老师禁不住乐了，学生们也竞相模仿这威胁的语气。

学课文的部分，他还是立足于读。二、三自然段，内容很长，他没问这两段主要讲什么，而是问可以概括成哪个词，概括成哪个字。台上学生分两边坐，他顺势把学生分成鹬蚌双方，一边读鹬，一边读蚌。他的指导重点是读，读出关键词如"用尽力气"等，给故事角色合理的语气语调，表现出鹬的筋疲力尽及对蚌的威胁，蚌的不甘示弱及对鹬的反击。

后面是拓展写话的部分，陈老师设计情境："几千年过去了，鹬和蚌都进化了，它们不争吵了，鹬苦苦地哀求蚌说：＿＿。河蚌想了想说：＿＿。"要求两组学生分别写话再表演出来。

最后还有一个故事演绎，介绍人物苏代和他给赵王讲鹬蚌相争的故事的背景，师生合作表演，老师扮演赵王，学生扮演苏代，巧妙地把讲故事的训练落实了。

陈老师在语言方面的天赋和才能很高。他会表演，语言和肢体并用，关键还很幽默，这些都是让学生无法抗拒的魔力。当陈老师宣布下课时，学生依然沉浸在课文中，久久回不过神来。

## "新体系作文"进校园

我们早上六点不到就出门了，午后近一点才赶到薛法根老师的学校——吴江区盛泽实验小学。当车子在南浔窄旧的街道里缓慢穿行时，我们真是焦急，奔波五百千米的路程，就是为了下午的课啊，千万不能耽搁。像我们这些入行十几年的"经验型"老师，已过了冲动的年纪，还能摒弃功利，只为理想，实属可贵。这些都源于我们有一个热情真挚的领队——李老师，她以独创的分层学习共同体带动团队前进。

这是"'新体系作文'进校园活动"的第二站，走进吴江区盛泽实验小学。薛老师上了一节作前指导课，周菊芬老师上了一节作后讲评课，最后是与会专家们的交流。

听薛老师的课，像是欣赏一幅素描作品，没有绚烂繁杂的色彩，全凭一支粉笔，构图，刻画，调整，于平淡无奇中一节课就完成了。整节课似乎并没有让听课人有深刻的情绪体验，没有多少个人风采的展示，可回味起来，却令人感慨。薛老师从开课第一句话，到结课的最后一句话，都是在引导学生学习，引导的过程是最见功力的过程。

盛泽实验小学作文教学的主题是"生活作文"。薛老师展示的课缘于他前一天晚上接到本校老师打来的电话，没有磨课过程，第二天下午就把课呈现出来了，这是我们难以想象的。课上，他引导学生根据材料厘清事件的来龙去脉，分析事件的前因后果，最后，决定处理事件的方法步骤。整节课恰当体现了他的教学思想，即生活作文素材来源于生活，思维品质决定表达品质，作文课要培养小学高年级学生的推理判断能力。语言是思维的外壳，初听薛老师的代表作《桂花雨》就发现，他的思维能力极强，他训练学生表达，全靠语言引导，没有我们惯用的辅助教学工具，这种语言能力值得赞叹。

尽管这节课有许多争议，但我觉得，大师的思想，大师的风范，大师的水平，通过这节课已经展示出来了。

听周菊芬老师的《一次实验活动》作后讲评课，我的感受更深，因为之前我也上过一节类似的作文课。周老师在课堂上做的是"吹泡泡"实验，我在课堂上做的是"独臂穿衣"体验。周老师和学生一共做了三次吹泡泡实验，第一次请的是两位名字特殊的学生，第二次请的是两位作文题目拟得好的学生，第三次是老师自己吹泡泡；我的课上请学生做了两次独臂穿衣体验，一次是请一名同学上台体验，一次是请全体学生台下体验。后面我们都安排了说和写环节。感谢工作室伙伴们的帮助，我的课与"'新体系作文'进校园活动"展示课设计思路不谋而合。

# 初识管建刚

到吴江就听到管建刚老师的名号了，听他的课还是第一次。这次他执教的课题是《水——指向写作的阅读教学》。前半节课并没有太多新意，初读抓大意，再逐段精读。到了后半部分，他的教学理念开始慢慢凸显，所有的阅读都指向教学生写作。

《水》是苏教版五年级语文下册中的一篇课文，薛法根老师也教过，两位老师的教学理念不同，课上得自然也不同。管建刚老师的这节课，主要把课文归纳成两件事："下雨天洗澡"和"一勺水洗澡"。抓住这两件事进行比较研读，引导学生发现：课文写事有详略，独特的突出中心的事详写。引导学生发现课文的特写："从头顶倾注而下的水滑过了我们的脸，像一条小溪流，顺着脖子缓缓地滑过了我们的胸和背，然后又滑过了我们的大腿和膝盖……"此处三个"滑过了"和七个身体部位就是特写。引导学生发现特写后的内心感受："我听得到每个毛孔张开嘴巴的吸吮声，我感觉得到血管里血的流动在加快"，这样独特的表达就是作家的语言。

一篇课文教什么，管建刚在报告《写作意识：一种被忽视的阅读思维》中明确提出，阅读教学，准确说是课堂阅读教学，要教学生学习书面语言的表达形式和技巧，阅读教学要指向写作，利用文本教学生谋篇布局、遣词造句。读写结合，是这几年颇为流行的理念。管建刚的"读"完全为"写"服务的理念，真是大胆，特色鲜明。

此刻我还清晰地记得个子不高、皮肤不白的管建刚站在沈家门小学报告厅的台上滔滔不绝演讲的情景。与其他几位到场的专家相比，管建刚的演讲给我印象最深。他说得极致又激昂，质朴又幽默。他说语文不需要教意思，这是从弟弟管小刚身上发现的，因为管小刚初中没毕业就回家了，翻报纸却翻得很快，意思都看懂了，所以意思不需要教，识字的孩子就可以看懂。他从农村小学教师成长起来，没有雄厚的传统理论的底子，他就是自己在那儿琢磨怎么教好语文课，怎么教学生会写作文。因此，他能从束缚在我们身上的套子里钻出来，打破基于道德教化的阅读教学，完完全全朝着基于写作的方向走。要是拿出来给专家点评，恐怕要被指摘一二了；但在我们看来，却觉得这主张实用、操作性强。尤其是我们的学校条件差，我们的学生起点低，学生的课外没有阅读和写作，管建刚的方法就显得很实用了。

我只想说，在他力所能及的范围内，他做到了最优秀。

# 再听薛法根

在舟山，拿到的会务资料上是这样介绍薛法根的："全国著名特级教师，江苏吴江区盛泽实验小学校长，新一代小语领军人物。他提出的组块语文教学因其简单、实效得到广大语文教师的好评，其简约、轻松、幽默的教学风格受到很多老师的喜爱。"

这是第三次在现场听薛老师的课了，上一次在盛泽实验小学，《小学语文教师》的陈主编幽默地说，他们来盛泽前曾在上海一带做了一项调查：当代的小学语文名师中，你最喜欢谁？结果薛法根排名第一。我们学校的刘校长也曾经意味深长地教导我，要学薛法根。薛老师这次执教的是《黄河的主人》，课后他幽默地说："当了校长课就不能随便试教了，这是我第二次上《黄河的主人》。"想到上次他在自己的学校倡导生活作文，竟然没经磨课直接拿来上课，这是大师的气魄！

《黄河的主人》是作家袁鹰的一篇散文，薛老师以组块的理念上这篇课文。交流预习时，他和学生一起拎出几个概括文章的关键词语：筏子、艄公、黄河、乘客，然后分别以这些词语为中心分段学习。这正体现出他教学方法的简单实效。我们一般会要求学生概括段落意思，以句子的形式把握各部分内容，显然更容易。他的词语教学还是采取直接与学生交流的方式，学生知道意思的他一带而过，学生不知道的他引导学生联系熟词、生活经验来解释，例如：

师：什么是筏子？你看"筏"这个字是竹字头，是什么做成的？

生：竹子做的，可以在水上划的工具。（表示见过）

师：羊皮筏子呢？（引导学生把羊皮与筏子连起来理解）

师："浊浪排空"不明白？"排山倒海"知道吗？

师："惊涛骇浪"中"骇"是什么意思？"涛"就是"浪"，"惊"就是什么？（这是用找近义词的方法理解词意）

反思自己的词语教学，却把简单的事情复杂化，把丰富的词义单一化了。举个例子，教"绿草如茵"，我可能会呈现一幅图片，告诉学生这就是"绿草如茵"，图片怎么能等同于文字呢？我以为这样直观，但我把学生对"绿草如茵"的各种想象都抹杀了，更没有准确给出文字解释。仔细听薛老师的课，发现他重视字词意思的准确教学，不让学生模模糊糊、一知半解。

散文要有散文的教法，这是薛老师在《黄河的主人》一课中体现的教学理念。我感觉他极善于教散文，他的成名课《桂花雨》就是散文，那节课给人的感觉是韵味悠长，回味无穷。这节课从四个方面教孩子读课文："黄河"给"我"感觉险恶、胆战心惊，"筏子"令"我"感觉小、提心吊胆，"艄公"撑篙让"我"敬仰和赞叹，"乘客"却谈笑风生，归纳出文章运用衬托的方法写艄公是黄河真正的主人。怎么让学生明白散文形散神不散呢？他也是与学生交流：我们写人怎么写？学生说写外貌、写事情……这篇课文怎么写呢？写黄河、写筏子、写艄公、写乘客，还写"我"——岸上的看客，是不是随性而写呢？老师慢慢引导，学生明白了，没有一处闲笔，处处皆是衬托黄河的主人"勇敢和智慧""镇定和机敏"……

就课堂阅读教学而言，与会名师中，我认为薛老师做到了最好。他在课后报告中提出阅读教学理论，我照搬如下：

教学内容怎么定？初读80%以上都会读了，有三处要注意：一是根本读不懂的地方；二是自以为懂其实没有懂的地方；三是没有注意的地方。

# 聆听王崧舟

王崧舟的课，是要仔细聆听的，他出口成章、滔滔不绝、引经据典，又颇有些"大珠小珠落玉盘"的韵味，没有一定的中国传统文化底子，不一定能听太明白。

他教的是《孔子游春》，课不算新，我看过网上的设计和实录之类，但与在现场听是两个感受。开始王老师的声音轻轻的，提一些看似与文章不搭边的问题，绕得很远，我们也不知他意欲何为。接着，屏幕上接连出示了三个句子，请学生读，句中还把"老师"二字放大加粗，他问学生：从句中发现孔子的身份是什么？原来这是导入。在课后报告中他表示，孔子最原始的身份是老师，《孔子游春》就是从这个角度切入，凸显孔子思想的精神、灵魂价值。他从多个方面与学生探讨孔子的思想，孔子的课堂是："阳光普照着大地，泗水河边桃红柳绿，草色青青，习习的春风像优美的琴声，在给翩翩到来的春天伴奏。大自然多像一位伟大的母亲！广袤的大地是她宽广的胸怀，茂盛的森林是她飘逸的长发，温暖的太阳是她明亮的眸子，和煦的轻风是他甜蜜的絮语……"

孔子的课文是："水奔流不息，是哺育一切生灵的乳汁，它好像有德行。水没有一定的形状，或方或长，流必向下，和顺温柔，它好像有情义。水穿山岩，凿石壁，从无惧色，它好像有志向。万物入水，必能荡涤污垢，他好像善施教化……由此看来，水是真君子啊！"

由孔子对水的言论，得出孔子的精神、灵魂价值：有德行、有情义、有志向、善施教化的真君子。对应的品质分别是：有目标、不表功不求利、很谦卑、宽宏大量等。最后拓展延伸，说说水还有哪些特质，可以对应人的哪些品质。

就王老师提出的这篇文章的精神、灵魂价值，竟然可以把小学生学习语文的高度拔得这么高，在我看来，即使面对初中生，我都不一定能教得明白。对于小学生，想传递给他们上善若水，想传递给他们社会大同，想传递给他们"浴乎沂，风乎舞雩，咏而归"的人生理想，这不能不说困难。然而，他却乐此不疲，他说《孔子游春》承受了它不能承受的价值，他想努力让孔子回到杏坛，让孔子回到他最原始的身份，整个课堂是对当时场景的不断还原、不断去伪存真的过程，他要带学生走进那个可亲可敬，让人愿意拥抱的老师，进而找回人们的精神家园。尽管学生并不能完全深入孔子的精神、灵魂里，但我想学生是切实受到了此种精神的熏陶和感染。除去课文以外，王老师自己就是文章精神、灵魂价值的最好诠释，课文常常没有他讲得好。

当然，语文课不是道德教化课，他的另一个价值定位是语言形式。他说语用是什么？说出来、写下来是语用，纯粹的阅读也是语用。为此，他还提出了一套"冰山理论"：冰山有角、腰和基座，冰山之角是直接之用，冰山之腰是储备之用，纯粹的阅读是冰山基座，是无用之用。于是在这节课上，我们看到了反复的朗读、配乐读、师生对读、诵读……

没有厚实的传统文化底子，没有传统知识分子的情怀，这样的课，学是学不来的。

# 坚定研修之路，谱写生命华章

为期近一周的华中师大研修培训已结束。本次培训内容丰富，有学科教研，有学校管理，有心理学、教育学知识，有试卷命制知识……为我们培训的讲师也是各有特点，有大学教授，有中学校长，有中学教研员，也有小学教研员……他们在各自的岗位上均取得了骄人的成绩。

回忆几天的学习，我的收获可以浓缩为武汉中学杨定成校长的一句话——教师的优秀源自持续的研究进步。杨校长引用心理学家米尔顿·埃里克森的"一万小时定律"，提出：优秀的教师并不是与生俱来的，而是通过不断的学习、研究和实践一步步发展而成的，在这个过程中，教育工作者就必须担负起自我成长的使命。

成为优秀教师，是我们参与培训的所有老师的共同目标。在听专业讲座的同时，我对主讲人的个人经历和成就非常感兴趣。

作题为《新课标赋予备课的新理念》讲座的张婷婷老师，原本也是一线语文老师，从她现场授课的语调、情绪上就足见她是一位激情飞扬、干劲十足的优秀老师。无论是当老师，还是做教研员，她都能把自己的工作做到极致，摸索出一套方法，取得显著的成绩。她背后付出的努力，恐怕也是常人无法企及的。

做命题培训的王后雄教授，更是深得同行们的尊崇，讲座结束，与他合影留念的学员络绎不绝。王教授的个人经历也极富传奇色彩。他1981年毕业于黄冈师范学校，在中学教化学，取得了不俗的成绩；2006年他考入华中师范大学并获得博士学位，成为华中师大的一名教授。他为高考编制的一些教辅书籍，在全国高中生中备受欢迎。

我发现，这些老师一直坚持持续的、自主的专业研修。我觉得自己目前依然对职业生涯缺少规划，对专业成长没有目标，更多依赖外力的推动。

相比较我刚入职时，现在的学习机会很多。近几年，我跟随工作室观摩了全国不少专家的现场教学，领略了薛法根、王崧舟等小学语文界名师的教学风格和个人风采，应该说接受的培训既丰富又有高度。遗憾的是培训归来往往只能保持两三天热度，时间一长，我的教学依然是按部就班完成任务，在教学之余疲于应付各种教学之外的事务，有点儿闲暇还想着休息一下，完全没有时间和精力沉下心来反思和研修。另外，作为小学老师，我身边的很多人普遍认为做科研与我们无关。目前为止，我做得最多的研究仅仅是具体的案例研究，或许根本称不上"研究"，因为没有进行过总结和提炼，也不成体系。我的有限的教学理论，以及随波逐流的教学心态都不足以让我对上过的课例进行有价值的反思。

此次培训，我了解到更多关于校本教研、课题研究、集体备课等方面的操作方法，对我们普通的一线老师而言，大师们的课固然高潮迭起、引人入胜，这些成体系的教科研方法更具实效性。我想，我们不需要把教科研看得多么高不可攀，在自己的岗位上，坚持日日反思，坚持动笔记录，这就是教科研。回到杨校长的观点中，只要能坚持一万小时的持续研修，定能有所成就。

培训的第三天下午，我们参观了武汉市棋盘街小学，聆听了几位老师的报告，其中语文老师万康的讲述令我们感动不已。她带领她的班级从一首歌、一本书、一次分享、一粒种子、一个主题、一组书架这"六道小菜"中做课外阅读，带领孩子们去敬老院献爱心，带领孩子们外出实践……从她身上我懂得了职业追求的最高境界——无私奉献。可能万康老师并不觉得自己是在无私奉献，她理所当然地认为自己应该那样做，为了她班级里的每一个孩子。联想到我们工作室领衔人李亚玲老师，她也在这样工作着，不知疲倦、不计得失、不求回报地为每一个孩子着想，完成教学任务之余带孩子开展丰富多彩的活动，为他们的人生奠基。这样的老师犹如太阳那么炽热，她能发光发热照亮身边每一处黑暗，她们没有太多的功利心，就是全心全意投入工作。因此，作为一名教师，爱学生会让我们的研修之路更坚定，更耐得住时间的考验。

千言万语化为一个词——行动，有系统的教科研方法指导，有优秀的榜样示范，接下来，我想我的研修之路会走得更快捷，更顺畅！生命会变得更丰盈、更精彩！

## ▶▶▶ 分层展示　且悟且进

### 我的作文教学体验

2013年年底，肥西县李亚玲小学语文名师工作室成立时，我被领衔人李亚玲老师选入她的团队。一开始，我们的人数不多，对于习作教学，也处于懵懂状态。但是，我们带着开创未来的豪情和对肥西教育的热情出发了……

机会总是留给有准备的人。在我们研究习作教学后不久，2014年合肥市青年教师课堂教学大赛开始了。本次比赛，小学语文学科选的内容竟然全是表达课，这对我们而言，真的既是挑战又是机遇。

整整一个春天，我都在忙着比赛。第一轮教研片内比赛，人数比较多，采用说课的形式。记得我准备的是苏教版三年级语文上册习作课《猜猜我是谁》，刘校长亲自送我们去比赛。上课过程已经记不清了，好像只用了12分钟就把课上完了，出来后自认为晋级无望，和另一位参加音乐课比赛的同事赶紧回学校，心里难免失望与自责。不料下午突然接到通知，要我准备下一轮比赛，我深感意外。

第二轮全县比赛，人数也不少，赛程有三天，我排在第一天上午的最后一节，抽到的题目是人教版三年级语文上册习作课《写日记》。这次课堂上学生表现很好，师生互动很顺利，但在写作指导上依然有欠缺。幸运的是，仅有三个名额去市里比赛，我获得了第三名。

第三轮全市比赛，人数更多，分两个会场进行，比赛内容均为习作或口语交际。我抽到的是苏教版四年级语文下册习作课《一次体验活动》，排在赛程的第三天上午第一节。"体验活动"安排在课外还是课内？为此我纠结了两天，我打电话请教团队的伙伴们，都说应该在课堂现场组织体验活动。记得是周四下午抽的课题，周日的晚上，我独自趴在电脑前对着屏幕发呆，体验什么呢？比赛规定课前几天有一次与学生见面的机会。我思来想去，无法让学生准备什么，也很难准备道具现场发给学生。我想了一个不要任何准备的体验活动——画方圆，即左手画方右手画圆，体验一心二用的难度。很快这个想法被推翻了，因为画画的活动太安静，可观性不强，毕竟是比赛呀。最终体验活动被确定为"独臂穿衣"，主要考虑"独臂穿衣"可以让学生在课堂上动起来，比画方圆的观赏性强，可供学生观察表达的内容也就更多。

备好课后，我四处去磨课。先在校内找了一个班试教，很意外，没有想象中的效果，恰恰相反，学生们都不大理我。课后，我觉得是他们没看清楚活动中的场景，于是拿相机拍了许多学生独臂穿衣的图片，准备插到课件中用。

比赛前一天上午，我在李亚玲老师的班上又上了一节课，效果依然不好，学生的积极性没有调动起来。李老师和几位团队的小伙伴一直坚守在教室里，她们建议我的教学要更放开，不要给学生设置那么多条条框框。修改好教学设计和课件，我在程晖云老师的班上又上了一节，这次的效果好很多。

比赛当天有两位同事陪我一起去，我们的教研员朱红梅老师是评委。见到她，我踏实了一点。城区的学生果然比农村学生表达交流能力强，我的整堂课气氛非常活跃。恰巧学生的校服是小西服，衣襟上有两粒扣子，这令"独臂穿衣"的活动开展得一帆风顺。下课后，犹记得一位评委笑盈盈地询问我是哪个区的老师，我很骄傲地告诉她我来自肥西县。朱老师也给了我极大的肯定，终于可以放下心了。

可能是我的教学风格还不够成熟，这次比赛没有获得一等奖，但这次比赛给我们刚开始研究习作教学的工作室带来了信心和力量，证明了我们的方向是正确的。

## 李老师的课堂

李老师要求我们每位成员都要上习作课，都要去其他学校送教。

程老师是我们的大师姐，她是"70后"，出去上课对她而言应该是一大挑战。她接到的第一个任务是去上派学区中心学校西校区送教习作课《我喜欢的水果》。程老师磨过几次课后，李老师让我去给她鼓鼓劲。

上课铃响了，我们准备好课堂需要的石榴，程老师却找不到U盘了。她只好就这么上，效果却不太理想。李老师召集我们讨论了半节课，看到还剩下些石榴，她突然说："我去试试。"就这样，李老师提着小半篮石榴往教室去了。学生正在上数学课，秩序井然，她推门进去和数学老师商量，学生很是喜悦，等看到篮子里的石榴时，更是抑制不住地兴奋起来。

李老师的课堂，从导入开始就是激情澎湃的状态。她拿着石榴问："我们对石榴一点儿也不陌生，为什么？"台下的应答声接连不断，几乎不用思考的时间，学生就能说得头头是道。关于表达，他们是训练有素的。当然，老师的任务是教导，我自己上课常常只导不教，把问题一个一个抛给学生，学生答得不理想时，我自己心里也没底，不能立即反应过来该怎么教，只能再找下一个学生。李老师的学生也有答得不好的，但是她反应非常快，能立刻引导学生把说不好的话说好，在作文指导上，这应该是最见功力之处。举个例子，一名学生说石榴籽聚在一起，表达得不够生动。李老师马上联系课本上学过的句子"青的草，绿的叶，各色鲜艳的花，都像赶集似的聚拢来"，告诉学生此处也可以说"掰开石榴，看到石榴籽像赶集似的聚拢来"。这节二十分钟不到的课，像一首歌曲的副歌，处处是高潮，可见李老师对学生精准的说话指导。

按照我的理解，这小半节课可以整理成忆石榴—看石榴（外）—看石榴（内）—尝石榴—写石榴的顺序，没有教学设计和课件，没有准备，只有水果篮里的一点儿切开的石榴，居然也可以上得这么环环相扣，着实令人佩服。

"台上一分钟，台下十年功"，这句话拿来形容老师也是很贴切的，李老师在作文教学方面的探索和研究已颇有成效，因此才上得出这轻轻松松的半节课。相比于"字如其人"，我想也有"课如其人"，李老师的课和她的人一样热情，直率，充满气魄。

# 给阅读一点深度和厚度

听身边名师的讲座，总是给我很大震动，同样的工作环境，他们凭借自己的好学和敬业，能让三尺讲台的工作变得异常精彩。在名师工作室的活动中，听到我县名师刘晓阳的报告《追求真实有效的语文课堂》，感触颇多。联系我们平常的语文课堂，在电子白板的辅助下，语文课看似精彩纷呈，从音频、视频的播放，到图片、文字的呈现，应有尽有，但从语文学科的角度来看，大多数的语文课堂都是在多媒体课件的带动下按环节推进，完成教学任务，涉及的知识点、关键词句等都是点到为止，没有深刻的阅读，没有全体学生的参与，更谈不上读出课文的厚重。

在执教《风筝》一课时，我想有所突破，正如刘晓阳老师报告中所说，

"深刻挖掘文本，关注语言文字"。《风筝》改编自贾平凹先生的作品，拿到课文一读，是我喜欢的类型。文章看起来是写童年的"幸福"或"快乐"，作为语文教师，不难读出"风筝"背后诠释的生命现象：生命的开始总是怀着美好的愿望，在编织梦想和希望，然而人生常常似飘忽不定的风筝，命运难以把握。这样再读起来就有一股莫名的怅惘与失落，面对三年级的学生，该怎么上？

我找到贾平凹的《风筝——孩提纪事》，发现原作中并非秋天，而是初春，做风筝、放风筝部分很简略，找风筝部分却是重点，应该说原作更想表达的不仅仅是孩子们对幸福的憧憬，更是一种对幸福的理解！入选教材被修改，一定是编者考虑到三年级学生的阅读能力。但名家名篇，文本的语言形式是经典的，表达的思想意境是深邃厚重的，虽然不能完全引领学生走进其中，但如果感受不到一点深刻就太可惜了。

课堂上我的课件很简单，多半是关键语句和几幅图片，意在重点引导学生体验两种心情：做风筝、放风筝时的快乐和找风筝时的伤心难过。我想让学生在两种心情的对比中或多或少领悟一点生命的无常与幸福的难得。我希望每一张幻灯片都能激起学生与文本的深入对话，都能碰撞出学生情感上对幸福的更深层次体验。

在"体会快乐的心情"部分，我插入了一段孩子们在草地上放风筝的视频，这对农村学生而言，亲切熟悉。在看完视频后，我做了如下引导：

师：看图，这是一只怎样的风筝？把你最美好的词语献给它。

生：这是一只五彩的蝴蝶风筝。

生：这是一只颜色漂亮的风筝。

师：风筝飞上了天空，假设你就是课文中的孩子，你会喊出什么？是什么心情？

生：我的风筝飞到天上喽，它越飞越高喽。

生：快看，快看呀，那是我们的蝴蝶风筝。

生：噢，风筝飞起来喽，风筝飞起来喽。

从学生对情感的体验来看，把握还是比较准确的，这为后面体验找风等的伤心难过奠定了基础。当读到我们朝水磨坊跑去时，学生的心中充满了美好的期待和祝愿。尽管他们不理解幸福美好多么弥足珍贵，但从快乐与伤心的对比中学生体会到了一丝难过，许下了能找到"幸福鸟"的愿望。

想起薛法根老师教的《桂花雨》，也是名家名篇，接触课文时薛老师请学生用一个字概括课文内容，再围绕学生用的字展开教学。结尾处请学生仿照"桂花还是故乡的香"写几个句子，整理出来就是一首《乡愁》小诗。薛老师的课堂用的课件简单，阅读却有深度、有厚度，学生融入了课文，跟着琦君一起忆起故乡的桂花，萦着淡淡的乡愁。如果没有时间的限制，本课的结尾也可以请学生围绕童年写一两句话，或者用"童年是……"的句式来写，连起来必定也是一首小诗，也给学生留下一点淡淡的忧愁。能引领学生感受一点名家名篇的韵味，不正是我们语文老师追求的诗意栖居吗？

# 教对话，也要用好教材这个例子

习作课是我们小组活动的主阵地，我们准备好好利用占据最多教学时间的阅读课，让它为习作教学服务。《小学语文新课程标准》（2017版）中明确提到："阅读教学是学生、教师、文本之间对话的过程。"每节阅读课，都可以生成许多对话内容，成为作文素材。在小组成员的共同探索下，我归纳了如下教学方法：

## 一、深入文本，即兴对话

每学期的课本中都有许多人物出现，与这些人物对话，是非常受学生欢迎的一种训练。以苏教版五年级语文上册为例，教材中出现了迷恋昆虫的法布尔、舍己为民的嫦娥、认真严谨的贾岛等，给人物写颁奖词或类似"你想对某某说些什么"的练习也经常在课后出现，学生与文本中的人物对话，跨越时空，或点评，或赞美，即兴说话得到了训练。

但这样的对话如果不加以指导就会流于形式，或人云亦云。仅仅一句

"你真了不起"，就可以适用所有的人物评价，这样的训练就是流于形式。课堂上，我尽量要求学生联系人物经历，抓住人物核心品质评说。有时候，我化身为书中人物，与学生对话。以苏教版五年级语文上册《师恩难忘》为例，结尾有一段如下：

有一年我回家乡去，在村边遇到了老师，他拄着拐杖正在散步。我仍然像40年前的小学生那样，恭恭敬敬地向他行礼。谈起往事，我深深感谢老师在我那幼小的心田里，播下了文学的种子。

课堂上我们进行了对话：

生：田老师，谢谢您在课堂上讲故事，让我喜欢上语文课，并走上写作的道路。

师：不，是你自己勤奋学习，才成为一个大作家。

学生不知如何作答时，我请他们联系课文主题，想想该怎样表达对老师的感恩之情。

生：田老师，您太谦虚了，我们小时候读书条件差，几乎看不到课外书，我对写作的喜爱全来自您每节课所讲的故事。

生：小时候，是您的教诲给我带来希望。我永远感谢您！

这样的对话既深化了课文阅读，又训练了学生表达，课后记录下师生对话，就是一篇有趣的小练笔。

## 二、文本拓展，生发辩论

对小学生而言，辩论是难度极大的一种对话形式，既要思维敏捷，又要准确表达。学习《火星——地球的"孪生兄弟"》时，我们班掀起了一股"探索宇宙热"，围绕"火星上有没有生命"，全班又分成正反两方进行辩论。这次辩论双方准备充分，正方拿出论据："从火星上带回来的土可以种植马铃薯，且马铃薯生长得很好。"反方咄咄逼人："那是因为在地球上种植，地球上有水、阳光、空气。"学生的知识储备和口语表达都可圈可点，课后习作《记一次辩论活动》也水到渠成，没有参加辩论的学生也记录下了别人充满思辨的语言。

### 三、文本创编，发散思维

教材改编，需要学生有创造性的思维，这样的训练极富挑战性，课堂生成往往精彩纷呈，最能体现一个班级学生的思维水平和语言积累。执教苏教版五年级语文上册《推敲》时，我先补充了一些唐朝时期的社会风气等文化背景知识，为文本创编营造情境，再请学生想象贾岛冲撞韩愈的仪仗队后的场景，分角色扮演贾岛和韩愈进行对话。于是，在小组汇报中，出现了下列精彩演说：

一生：贾岛被人带到了韩愈面前，韩愈气得吹胡子瞪眼，用手指着贾岛大声质问："大胆刁民！你为何冲撞我的仪仗队？"

一生：贾岛面对气势汹汹的韩愈，并没有被吓到，反而镇定地回答道："学生正在斟酌诗中的字眼，无意间撞上了大驾，求您宽恕。"

附上原文内容：

两个差人将贾岛带到韩愈面前。韩愈问："你为何冲撞我的仪仗队？"贾岛回答道："我正在斟酌诗里的一个字眼儿，无意间冲撞了大驾，求您宽恕。"

比较两段文字，学生改编的引语冲突意味更浓厚，语言更夸张。

原文中省略了贾岛与韩愈斟酌用字的对话，在对话描写训练中我也一并要求学生想象描写出来，不少学生能合理想象二人对话，完成一篇内容丰富的小练笔。

吴立岗教授认为，作文教学培养的是用语言文字进行交际活动的能力。那么，课堂教学中，我认为可以把口语表达和作文表达结合起来，相互促进，仅仅是课堂对话训练，就大有可为。

# 让人物会说话

自从工作室开展分层分组活动以来，我们第二小组进行了多次送教活动，均以培养学生的对话描写能力为主题。

在菁菁小学的送培送教中，我作了《让人物会说话》的微讲座。讲座内容可以算作我们课题一个阶段以来的研究成果，重点分享在阅读课堂上的读写结合教学实践。

### 一、谈一谈教材给我们的启示

以下语句节选自苏教版语文三、四年级教材：

一群杂草把小稻秧团团围住，气势汹汹地嚷道："快把营养交出来！"

这时，一个洪亮的声音响起来："这不是雨，而是除草剂，是专门用来收拾你们的！"

沃克医生不禁失声喊道："了不起，你是一个真正的男子汉，一块会说话的钢板！你是一位军神！"

小孩子伸出小手指念叨着："……八枝，九枝，十枝。"

他故意站在蝉的对面，赞叹道："您的歌声多么美妙！您真是个天才的歌唱家！您能下来让我见识一下您那动听的歌喉吗？"

从以上内容中我们可以得到两个启示：

1.表示"说"的词语有很多，不是一写人物语言就是"某某说……"还有呼、喊、斥、责、骂、吼、劝、告、评、议、赞、论、述、夸、辩、叫、撒谎、直言、说服、评说、怒斥、劝说、劝告、解说、讲解……

2.提示语和引语的位置可以变换，不是千篇一律地先写提示语，后写说话的内容。提示语和说话的内容可以做以下安排：

（1）提示语 + 说话的内容。

（2）说话的内容 + 提示语。

（3）说话的内容 + 提示语 + 说话的内容。

（4）提示语和说话的内容各占一节。

（5）省略部分提示语。

## 二、重点分享对话描写的秘诀

我们第二小组曾经和程晖云老师的小组合作开展"同课异构"的教研活动，执教的内容是部编版三年级语文上册习作课《猜猜他是谁》。我们小组安排舒畅和卞真银老师上课，在磨课过程中，我们交流了对话描写的指导方法，我的设想是用人物对话的方法来树立人物形象。为了易于学生接受，我拟定了以下四个有关对话描写的秘诀，并制作了一节微课。

秘诀一：写人物对话要体现人物身份。所谓身份，包括说话人的职业、年龄、文化水平等。以苏教版四年级语文下册《公仪休拒收礼物》一课为例，作为鲁国宰相，公仪休说话谦逊有礼，表明他为官清廉。作为学生，子明听了老师的话困惑不解，提出疑问。管家自称小人，语言偏口语化，体现了他仆人的身份。公仪休、子明和管家所说的话就恰当地表明了他们的身份。随着阅历的增长，我们熟悉了身边的同学、老师、邻居等，也渐渐认识了交警、护士、建筑工人等不同职业，他们都是怎样说话的呢？只有抓住每个人物说话的不同特点，写出符合他们身份的语言，才能使人物真实鲜活。

秘诀二：写人物对话要展示人物个性，也就是说话人的思想、性格特点、精神面貌等。例如陶罐和铁罐对话时，铁罐咄咄逼人，陶罐谦让有礼；铁罐神情嚣张，陶罐态度忍让。两个罐子不同的个性特点通过它们的对话语言展露无遗。创设情境，假如上课时，老师迟迟不来，那些幽默的同学会说些什么？那些调皮的同学会说些什么？那些学习认真的同学又会说些什么呢？一般而言，性格豪爽的人说话直率、干脆，慢性子的人说话慢慢腾腾，幽默的人说话诙谐、风趣……

秘诀三：写人物对话要形象生动。这往往要借助提示语来描写人物说话时的神态、动作、表情等。以人教版三年级语文下册《卖木雕的少年》为例，"我"与非洲少年的对话就加进了许多提示语，这些提示语有提示说话人动作的，有提示说话人神情的。在提示语的帮助下，我们仿佛看到了双方对话的样子。

秘诀四：写人物对话要简练集中。如果听见什么写什么，不加选择地一股脑都写出来，人们读了以后就会感到抓不住重点。要学会分析，提炼生活中人们的对话，选择准确生动、富有表现力的对话语言。苏教版四年级语文下册《第一朵杏花》中竺可桢爷爷和孩子之间有几行对话，这些对话语言简洁，连提示语都没有，同样准确传达了信息，更符合竺可桢爷爷作为科学工作者说话简洁、准确的特点。

这几点秘诀得到了大家的肯定，课堂上，她们也以此指导学生的对话表达。因为是同课异构，舒畅和卞老师的引导方法不尽相同，在教态、课堂语言、评价方式上也各有特色，可是又都展示了对话描写这一课题研究的成果，在人物语言的指导上，或多或少运用了上述四个秘诀，凸显人物形象，受到听课老师的一致好评。

几次送培送教活动，我们紧扣课题研究，在自己的小组中，或几个小组合作，以课例为抓手，展开研讨，展示成果。我们小组的研究重点，就是在习作教学中指导学生如何"让人物会说话"。

# 刘老师的妙招

《小学语文教师》杂志上刊登了一篇《〈写好对话有妙招〉教学实录与点评》的文章，这令我想起了我们小组刘吉文老师的习作课《提示语的奥秘》，教对话，他也有妙招。

担任课题研究副组长一职后，刘老师就开始专注对话描写的教学研究。《提示语的奥秘》这节课是他在"信息技术大练兵"活动中设计的参赛课，由于比赛时无生上课，他无法知晓这节课的真实效果，所以，这次他就带着这节课到我的学校来实践了。

回忆起来，刘老师的妙招细数有三：

一是截取影视作品片段教提示语。提示语的写法属于习作知识，怎么令学生学起来兴趣盎然呢？刘老师在课堂上播放了《西游记》中孙悟空与猪八戒的一段对话，画面一呈现，学生全乐了，还有学生小声嘀咕："这个老师真好。"我在心里暗笑：这节课可不是让你们看电视来了。果然，视频结束，屏幕上就呈现出孙悟空、猪八戒二人的对话，刘老师问："这些对话缺了点什么呢？""提示语"三个字应声而出。刘老师的高明之处在于，不是教学生写人物对话就一定要加上提示语，而是教学生怎样通过提示语体现人物个性特点。孙悟空与猪八戒的性格大相径庭，这两个角色又都是家喻户晓的人物，这个巧妙的设计使加提示语的训练水到渠成。刘老师重点在遣词造句上做指导，不断强化以提示语表现人物个性的写作方法。

二是选择学生熟悉的生活情境对话作为习作素材。课上，刘老师和学生合作表演了一段对话。老师面带怒色，生气地询问叫余学志的学生，是不是他打碎了玻璃。余学志回答说不是他，是另一个学生。这段对话在校园里似乎经常可以听到，学生太熟悉了，师生在对话时各自的神情、心理等，学生也能揣摩出来，给这段对话添加提示语不仅令学生有话可写，还能让他们有创意地写。例如余学志说话的神态动作，有写"慌慌张张"，有写"面目紧张"，有写"连忙往后退，摆了摆手"，有写"无奈而大声地回答"……生活中对话无处不在，家庭、学校是学生的主要生活场所，对于说话人的表情、动作、心理等，学生都有经验，把这些场所发生的对话提炼出来，进行提示语训练，让他们有话可写，并且写得丰富、出彩。

三是及时巩固，修改习作。习作知识教学的目的在于运用，和数学课的巩固练习一样，习作指导后应及时进行片段练习，即学即练，即学即用。刘老师在课堂安排了两次添加提示语的练习，时间合计有12分钟左右。在练习后又立刻反馈，点评哪些提示语加得恰当、精彩；哪些描述不够准确，没有抓住人物特点。习作知识在边练边改中被孩子们吸收，内化为习作能力。

尽管如此，午间评议时，我们还是给刘老师提了不少改进建议。

# 习作课要教点儿干货

　　部编版三年级语文上册第三单元的习作课叫《我来编童话》，这和人教版教材三年级上册的习作安排大致相同。我们在送培送教时，有多位小伙伴尝试执教这类习作课，也积累了一些教学经验和方法。

　　《小学语文教师》上刊登的《〈我来编童话〉文本教学解读及教学活动设计》一文中，施黎明老师分六个版块进行教学活动设计，这六个版块分别是：创设表达情境，激发习作热情；交流优美摘抄，拓展想象空间；赏析课文片段，学习写作方法；揭示习作内容，尝试编写童话；读改自己习作，分享童话故事；展示优秀习作，总结习作秘籍。六个版块相辅相成，充实详尽，有许多值得我们学习借鉴之处。

　　版块二"交流优美摘抄，拓展想象空间"，这个环节是我没有想到的设计。叶圣陶先生有一句名言："艺术的事情大都始于模仿，终于独创。"在习作起始阶段，模仿是打开写作思路的有效途径。把学生摘录的童话书中的句段拿来分享，再改编创造，这个版块的设计看似与编童话的习作教学没有直接联系，是可有可无的教学活动。但事实上，这就好比竞技比赛前的热身运动，是给学生的思维做热身，学生相互交流、分享自己的改编，为后面童话故事的独立创编奠定了基础，真是画龙点睛之笔！

　　版块三"赏析课文片段，学习写作方法"，属于习作知识的教学。童话的特点是什么？怎么写才叫童话故事呢？这个版块不是硬生生地抛出概念，而是巧妙复习本单元课文，呈现课文片段，学习童话故事中动植物角色被赋予人的思想、语言和动作的方法，从课文中悟出写童话要用拟人手法。教材以主题安排单元内容，读写结合，在习作课上回顾阅读课的学习内容，以读促写，这是非常高效的教学方法。我们第二小组在教学创编童话时，过于专注课堂师生交流对话，相关童话的写作方法反而被淡化甚至忽视了。

　　版块四"揭示习作内容，尝试编写童话"，这才开始真正编写童话教学。部编版教材中的这篇习作安排了关键词："国王、啄木鸟、玫瑰花、黄昏、冬天、星期天、厨房、森林超市、小河边",这些词语被排成三行,分别表示童话故事的角色、时间和地点,这是部编版教材的完善之处。为了易于指导和写作,我建议在教学中也给学生呈现一些关键词,不同的是,我们的老师带领学生以这些关键词为抓手,师生合作创编故事的起因、经过、结果。这是一种更具体、单一的教学方法,最核心的教学内容是师生共同编一个童话故事。与文中的活动设计相比,我们的教学要低效得多,课堂容量要小得多,学生习作还容易犯千篇一律的老毛病。

我们不能仅仅满足于一节课上师生对话交流的精彩,认为让学生都开口说话,会说一句话或一段话,那就是成功的课堂。真正高效的课堂,还应该教给学生一点儿干货,令学生习得方法、掌握技能。我们工作室有一个非常好的教学思想,即"一课一得"。不贪多、不求全,每节课扎扎实实给学生一个实实在在的收获,如果我们真能做到如此,学生的习作能力和水平当日益精进。

"一课一得",来点儿干货,愿我们的教学时刻铭记这一条。

# 也教看图写话

看图写话的训练,苏教版二年级语文教材里就编排过。三年级语文上册再次编排了看图写话,不同的是这次要写一篇完整的作文,并且要求发挥想象,添加一种或几种动物到图上。三年级的看图写话该怎么教?我着力于以下两点:

第一点,关于景物的描写。教材中是这样描写拉萨的天空的:

那里的天空总是那么湛蓝、透亮,好像用清水洗过的蓝宝石一样。

我把这个句子作为范例,要求学生仿照上句描述图画中的小河、草地、树木、山峦、云朵,就不至于出现干巴巴的"我看到了小河"这样的句子。实际教学中,学生说出了许多优美精彩的句子。

第二点,关于动物的描写。为了让学生说清楚,我在课件中插入蝴蝶、鸭子和小鸟的高清图片，根据图片交流每种动物的描写方法。模仿例文时，一个学生迅速地说："几只鸭子在清澈的小河里游泳。"他说不出下文了，我又找另一名学生接下去，他说："有的鸭子歪着脑袋，仔细地梳理羽毛。"再请学生接："有的鸭子浮在水面上打瞌睡。"他们的话连起来就是一段优美的话。

从学生作品来看，出现的问题主要集中在描述不清楚画面和观察顺序零乱两方面。还有一个没有考虑到的问题是部分学生偏题，写成了关于动物的童话故事。编故事是学生喜欢的写作方式，且容易写得长，于是不少学生展开想象的翅膀，习作中出现的动物有老虎、狮子、狐狸等，还有类似龟兔赛跑的故事。严格来说，这样的习作属于离题作文。

低年级的看图写话中经常有写景物的训练，三年级的写景文应该与一、二年级要求不同，差别在于：一、二年级写片段，三年级写全文；一、二年级把话写通顺，三年级要体现遣词造句的水平；一、二年级写作顺序可以不明显，三年级要谋篇布局。

我在实际教学中还发现，不同学生作文能力差别很大。有的二年级学生能写出三、四年级学生才写出来的作文，有的中高年级学生下笔还是大白话，书面表达能力较差，积累的词汇量小，思想情感贫乏。

反思我的习作指导课，采用的都是以说助写的方法。观察景物，你一言我一语，集思广益，会表达的学生在交流中提升，不会表达的学生在交流中倾听、模仿。以写一处秋景为例，课堂上，师生一起合作进行口头作文，内容就是校园里的秋色。这是学生最熟悉的一处景色，校园里有十二棵银杏树，也是秋天极富特色的标志之一。怎样写这一处景色呢？我先给学生一个观察的顺序——由远及近。有的学生马上说："远看，银杏树像一朵朵黄色的云。"这是模仿课文《做一片美的叶子》中的语句，无论贴切与否，都应及时肯定，习作就是从模仿开始的。类似的说法很多，问题是大家都只能说一两句，这时就需要指导学生怎么说长句子。说长句子的前提是观察具体，我提示学生先远看，观察大树生长的环境和周围的景物等，相互补充，就能口头作出一段话了。近看，能写的东西更多了，树叶的颜色、形状，雨天的树，树下的小草、盆栽，再想象可能飞来的小鸟、各类昆虫等。经过指导，不少学生已经能写出颇美丽的句段，可见交流是一种好方法。

写景的口头表达指导中还有很重要的一点：教学生说有水平的话。以写银杏叶为例，有些描述语言就是口语式的大白话，如："金黄的树叶像一把把小扇子落下来。"我不断要求学生说有水平的话，用上优美的词语，有的学生会把"金黄"换成"金灿灿""满目金黄"，有的学生会把句子变成："秋风一吹，金黄的叶子宛如一把把金灿灿的小扇子，飘呀飘呀，飘落到院子里的各个角落。"

# 着眼于片段的说话训练

片段练习，是写好作文的有效方式。一节习作指导课时间极为有限，我经常采取指导学生说片段、写片段的方式，以期提高作文教学效率。李素环老师在《让作文更轻松——小学作文高效教学36锦囊》中说："作文就是用笔说话，要学好作文，必须学好说话。"在习作片段练习中把说话和写话结合到一起，可以更有针对性地指导学生"以说助写"，说好片段，就能写好片段；写好片段，也就能让整篇习作具体丰盈起来。在习作片段练习中，如何指导学生以说助写，教学生有话说、会说话、说好话呢？我整理了一些习作教学案例，总结如下：

## 一、在片段训练中激活学生说话愿望

农村地区的不少学生都有这样的共同表现：课堂上一言不发，课外的非正式场合却滔滔不绝。这种现象说明学生缺乏的是当众发言的能力，不敢当众发言是因为训练太少，学生在课堂上习惯于倾听、接受。对学生而言，听、说、读、写的能力缺一不可，说话训练有必要被重视起来。

1.营造情境，在乐中说。

片段练习，取材相对容易，课堂上即兴创设情境，可以生成许多写作材料。我在习作片段训练中，经常设计一些生动有趣的活动，学生在活动中动一动、玩一玩，有了活动情境，不愁学生不说话。以苏教版四年级语文下册"习作7"为例，要求组织一次体验活动并写下来，课堂上我设计了"独臂穿衣"的体验活动，几分钟体验结束后，请学生交流活动经过和感受。体验活动令学生兴趣盎然，交流时自然有话可说：自己是怎么保证用一只手穿上衣服的？带拉链的衣服是怎么拉上去的？发现谁犯规了？……不爱说话的学生也会受到欢乐气氛的感染，忍不住要与众人分享自己在游戏中的体验。

2.降低标准，在易中说。

对于表达能力弱的学生而言，说一个词、一个词组比较简单，说一句话，说符合要求的一句话难度就很大。这些学生组织语言的能力相对较弱，一般情况下，口语表达不行，书面表达就不会很好。为了激发学生说话愿望，可以降低说话标准，说话指导时从说词入手，进而说短语，说句子，甚至说几句话。以执教看图写话《春天来了》为例，呈现给学生的是一幅春天来了的图片，要求学生写一段话描述图上内容。在以说助写的训练中，我请学生说说图上有哪些景物，说一个词即可，这对所有学生来说都没有难度；接下来，请学生在刚才的词语前面加上表示颜色的词，学生说出来"嫩绿的小草""黄色的小鸟""粉红的桃花"等；再接下来，用"春天来了，我看见……"的句式把刚才的短语加进去说句子，学生也会说；最后，按一定观察顺序，把前面的几句话连起来说。经过层层递进的说话训练，说一段话、写一段话也就水到渠成了。

## 二、在片段训练中指导学生表达准确

口语表达不像书面表达，小学生年龄小，思维能力有限，即兴发言必然会存在这样那样的问题，这恰是教师指导学生表达准确的好时机。在指导说的过程中，指导学生写话要遣词造句、斟词酌句，渗透修改习作的意识。

1.不断强化，说完整的话。

课堂交流最经常遇到的情况是学生不说一句完整的话，他们很容易说一个字、一个词。汉语语法中关于什么是句子有详细的规定和要求，小学生不需要知道语法知识，培养他们说一个完整的句子即是培养他们的母语语感。学生习作中经常出现缺少句子成分的病句，也说明有必要在说话训练中强化说一句完整话的要求。我在习作片段指导中通常花大量时间让学生交流说话，说着说着就能听到不完整的话，这时就可以立即纠正并强化训练，时间一长，学生自然知道开口说话要说完整。

2.交流点评，说正确的话。

当学生说出的话不通顺、不准确时怎么办？这要求教师能立即分辨出学生说的是不是病句，听出病句后，我习惯请学生一起交流点评，这个句子应该怎么说才对，在交流点评中，渗透的是习作修改的意识。例如量词的使用，学生在说话写话中经常出错，在体验"独臂穿衣"活动时，有的学生会说："我的两个手都动起来了。"在续写《狼和小羊》时，有的学生会说："一个狼和一个羊遇到了。"我及时把学生的话重复出来，大家很快就能发现"两个手""一个狼"和"一个羊"都是有问题的，纠错以后，片段练习中类似的错误就少多了。

3.提点推敲，说简洁的话。

在给学生描述一件事情时，有些学生会说很长很长，好像怎么说也说不完，在他说不完的话里，通常会出现五六个"然后"，七八个"我"，还有其他重复的词语。我在教学苏教版三年级下册"习作7"《日记》时，请学生描述生活中发生的一件事，有一名学生描述她放风筝的事情，说得很长，相当啰唆，总是不停地说"然后我们""然后我们"，当她后面的"然后我们"出现时，我打断了她的话，请她去掉，这名学生领悟力很强，后面说得干净利落多了。经过点拨，其他孩子也明白了许多时候用"然后"是多余的话。

### 三、在片段训练中美化学生说话内容

习作课上的说话指导是为写话服务的，目的在于训练学生说得好听的同时把句子写好写美。我批阅过几次全县的考场作文，发现语言重复、啰唆、拖沓现象严重。写人物语言一定是某某说，千篇一律，从未试过换个词语表示。语言表达完全是大白话，没有一点加工锤炼。一小部分学生甚

至不完全会用书面语，习作中掺杂了许多本地的方言，又不能正确写出方言中的汉字，显得不伦不类。你说我说，在一起是一种交流，可以相互模仿、相互启发，从而把一个片段描述具体，把话写美。

1.提供例句，模仿表达。

我在自己设计的写话课《颜色词是彩笔》中教学生学用表示颜色的词语写片段，我先后出示了风筝、油菜花等图片，请学生描述。开始，学生说的大都是"金灿灿的油菜花""彩色的风筝"一类的短语，或者说"这是金灿灿的油菜花""春天来了，油菜花开了，是金黄色的"这样的句子。怎么引导孩子把话说长说美呢？我设计了一组句子对比：

"这是油菜花。"

"这是金灿灿的油菜花，远远望去，好像给田野铺上了一层黄色的地毯。"

在例句示范之后，就有学生说出"粉红的桃花开了，远远望去，就像风车一样"。足见学生的模仿能力强，想象力丰富，很快就能迁移运用了。

2.拔高要求，个性说话。

特级教师薛法根在教学《剪枝的学问》时，他请学生理解"中国的高铁技术已经很成熟了"一句中"成熟"的意思，他不断地提问不同的学生怎么理解"成熟"在这句话中的意思。有的学生答"高铁技术很发达"，有的学生答"高铁技术很优秀"，有的学生答"高铁开得很快"，薛老师的这一设计就是启发学生的言语智能，让学生个性化表达。同一幅画面，同一个场景，同一种事物，不同学生表达出来的语言是不一样的。可是，许多教师上习作指导课，指导结束后发现学生的习作竟然差不多，语言的表述、结构的安排，都极为相似。如果在说话指导中有意识地训练个性化表达，千篇一律的现象应该会有改观。

上学期我设计并执教了苏教版二年级语文上册"练习5"《菜场里》的写话课，课上出示了多种蔬菜的图片，请学生用语言描述，为了让不同的学生用不同的语言来表达，我激励学生要说得有水平，说得与众不同。一节课，学生说出并写下了许多精彩的句子，节选如下：

"星期三的时候，妈妈带我去超市，我看见了碧绿碧绿的青椒，好像一个个小灯笼，胖胖的好可爱；也有西红柿，味道很好，红彤彤的好像一个个气球；还有紫莹莹的茄子，真是好好吃啊！"

"今天下午放学时，妈妈把我带到菜市场里买菜，菜市场可真大呀！我看见了新鲜的鸡鸭鱼肉、绿绿的蔬菜、甜甜的水果，看得我眼睛都花了，这时我还看见了我最爱的烤鸭、圆圆的包子，我的口水都下来了。"

"最吸引我的是红彤彤的西红柿，摸起来很光滑，捏起来很软，闻起来有一点香。"

不少习作指导课，有的过于概括，有的过于僵化，未能激起学生写作的欲望，未能教给学生写作的方法。说片段、写片段，以说助写，确实能教学生有话说、会说话、说好话，值得我们在课堂上多做尝试。

# 站在团队的臂膀上

校本培训时，我曾向身边的同事介绍自己的教研方法，回顾起来，主要有以下四个方面：

第一是坚持学习。"书籍是人类进步的阶梯"，这句名言我们常常在课堂上提及。为人师，自己理所当然不能中断阅读，在阅读中不断更新原有的教育理念，改变原有的知识结构。我爱读文学类书籍，尤其爱读人物传记和散文随笔。因为工作，我不得不捧起理论性强的专业书籍，读王荣生教授的《语文课程与教学内容》，读《陶行知文集》，读贾志敏、薛法根、管建刚等名师专著，工作室常年为我们订阅《小学语文教师》，每个月要求写读书心得。

当然，我也在学生中间大力推广阅读，从自己的班级一直推广到全学校。低年级学生读《爷爷一定有办法》《彩色的乌鸦》《爱心树》《獾的礼物》《不一样的卡梅拉》等；中年级读《大林和小林》《长袜子皮皮》等；到了高年级，我们开始读《西游记》《少年读史记》《给孩子的诗》等作品。

六年级，有些学生已经开始读《简·爱》《人间词话》等作品。大量阅读的效果很快彰显出来，在2018年合肥市首届国学大赛中，我们桃花镇中心学校代表队荣获小学组二等奖，是四支进入总决赛的队伍中唯一一支来自乡镇学校的参赛队，尽管我们与市区学校的学习条件还有一定差距，但学生对国学经典的兴趣和积累却令人惊叹。比赛的结果，更坚定了我推广阅读的决心。

第二是观课、上课。在分层学习共同体中，我们开展的主要活动就是观课、上课。市级工作室优课集中展示活动，各个工作室的特色活动，其他名师观摩课活动，我们的学习无处不在。每次学习，小组内不同层次的成员们都有不同的任务，我们也早已习惯假期一万字左右的作业了。

吸收是为了更好地吐纳。在第三届合肥市小学语文名师工作室优课展示活动中，我执教了《猫和老鼠》的写话课，得到与会教师和专家的一致好评。课后，安徽省教育科学研究院小学语文教研员吴福雷老师点评这节课说："我们老师给孩子们的应该是多元的世界。第一，我们应该给孩子一个童话的世界；第二，我们要给孩子一个生活的世界；第三，我们应该给孩子一个时尚的世界；第四，也是作为语文人最为核心的、最根深蒂固的，给孩子一个语文的世界。"

第三是反思记录。及时反思记录是最有效的专业成长方法，我们小组每个人都留下了厚厚一沓书面材料。我的习作课《看图写话》在"一师一优课"活动中被评为"部优"作品，光彩的背后，是我对教学的不断反思和改进。一开始，我拍摄这节课参加新媒体新技术课堂教学评比活动，学校还邀请张中良老师来做技术指导，结果却不太理想。在反思中，我舍弃了为迎合比赛而生搬硬套一些信息技术的无效环节。后来，我被安排到肥光小学参加优课录制活动，我决定重拾这节课，再试一次。到了录课的那个下午，面对陌生的学生和场地，我的思路却异常明晰，摄录一气呵成，连录像师傅都说这是几天来录得最流畅的一节课。正是由于不断反思记录，我的习作教学得以长足进步。我也被朱红梅老师邀请多次参加肥西县小学语文年会，在年会上展示我执教的习作课，分析语文试卷和作文答题情况等。2018年9月，我荣幸地被聘为肥西县小学语文学科兼职教研员，这是对我专业水平的极大肯定，我唯有再接再厉，方能担此重任！

第四是课题研究。在工作室的三年，我主持了县级课题"小学作文教学中'以读助写'的实践研究"，在送培送教中做《放大阅读课的写作指导价值》《用好教材这个例子》等微讲座宣传课题研究成果，设计并执教习作课《颜色词是彩笔》和《玩转动作词》等，分别训练学生运用颜色词和动作词，引导学生把阅读课上习得的词语归类迁移到写作中去。

加入分层学习共同体后，我主持市级课题"培养农村小学生对话描写能力的实践研究"。目前，我们第二小组已探索出七种方法训练学生的对话描写，分别是：

1.仿写对话形式法。模仿教材内或课外阅读中角色的对话描写形式，练习提示语和对话内容位置变化的五种形式，即:提示语＋说话的内容，说话的内容＋提示语，说话的内容＋提示语＋说话的内容，提示语和说话的内容各占一节，省略部分提示语。

2.续写故事内容法。阅读教材内或课外阅读中的故事，根据故事情境补充角色对话，通过合理的对话促进故事发展。

3.情景表演训练法。课堂上师生合作或学生合作表演一段情景对话，学生观察后及时练笔，表演应选择贴近学生生活的内容。以《提示语的奥秘》习作课为例，课堂上老师与一名学生即兴表演的是玻璃被打碎后的师生对话，作为写作材料。学生即学即用，训练时效性强。

4.影视片段训练法。主要以影视片段为素材，为其中的角色编写对话。影视作品非常受学生欢迎，尤其是当把它们搬进课堂时。截取动画片《猫和老鼠》的片段，由于动画片中只有配乐，没有语言，所以学生的作品内容各不相同。这样的训练既能提高学生添加提示语的能力，又能提高学生编写角色对话的能力。

5.绘本故事训练法。补写绘本中一个或几个片段的对话，要求符合故事情境，符合角色特点。绘本能使习作课堂充满趣味，充满色彩，激发学生的写作激情。以绘本《幸运的一天》为例，一幅幅出示绘本上的图片，删去故事中的对话，请学生根据故事情境编写对话，最后把学生编写的对话与故事原文比较。结果发现，有些对话语言比原文还要精彩。

6.观察图片训练法。类似看图写话，向学生出示图片，让他们编写图片中的角色对话。

7.口语交际促进法。开展辩论会、讲故事比赛、读书交流会、演讲比赛等课外活动，增加学生参与对话的机会。以口语对话水平的提高促进书面对话语言的提高。

教育是一门没有穷尽的艺术，作为教师，我们的专业发展也没有尽头。我们的分层学习共同体是一个永远朝气蓬勃、积极向上的教研团队，站在团队宽厚的臂膀上，我得以有更专业的引领。"一滴水只有放进大海才永远不会干涸，一个人只有当他把自己和集体事业融合在一起的时候才最有力量"，为了永不干涸，我愿做大海里的一个小水滴，与团队一起泛起朵朵教研的美丽浪花！

程晖云专辑

　　程晖云，小学教育本科毕业，小学语文高级教师，合肥市小学语文第三批骨干教师，合肥市李亚玲小学语文名师工作室成员，肥西县教科研工作先进个人。

　　2017年主持合肥市教育科学规划课题"农村小学语文课堂中'以说助写'习作教学策略的研究"并顺利结题。撰写的论文和制作的课件、课例、微课等在市电教作品评比中多次获奖。

## ▶▶▶ 分层分组　大道行远

## 我们的团队分层

　　名师工作室本质上是以名师作为领衔人，由一批有理想、有追求的骨干教师组成的有共同愿景和目标的团队，是培养一批又一批新名师的重要平台，是推动区域教师专业成长的重要载体。李亚玲小学语文名师工作室成立至今，已经是第五个年头了，从成立的那一刻开始，在这个团队里，通过目标定位，我们一路同行，让每个教师都得到成长。

　　随着团队升级，加入新生力量，曾经的七名成员成了这个团队的中坚力量，继续开展团队一直坚守的小学语文习作教学课堂研究。新加入的有年轻的成员，他们具有过硬的专业技术、旺盛的求知欲，以及对小学语文的热爱；也有一部分研究能力强，在学校里已经崭露头角，起着重要作用的老师。工作室成员的层次不同，专业发展特征不同，其培养措施也就不同。围绕工作室分层培养名师的目标，工作室努力激发各层次成员的专业发展激情，整体推进团体队伍建设。

　　工作室将成员分组，以小学语文习作课堂为主题带领成员在研讨中成长。恰逢我县率先使用部编版教材，因而落实部编版教材单元写话教学工作成为我们小组共同的目标。在本小组中，我和王兴刚老师是高级教师，有二十多年的语文教学经验，参与过国家级、省级课题研究，主持过市级课题研究；李秀敏老师是小组中课堂教学大赛获奖最多的，有着丰富的课堂教学经验；储旭老师和夏兰兰老师为刚入职两年的新教师，有着一丝不苟的学习态度。本专辑以本小组在送培送教、优课展示活动中的成员合作成长为例，谈谈教师的分层学习，以及与其他小组共同探究写话课堂教学来实现小组成员的目标呈现。

# 分层磨课，实现梯队成长

最初对磨课的尝试是从教研开始的，那时候大家一起上公开课，课后再一起评议，提出了许多好的建议。《学记》云："独学而无友，则孤陋而寡闻。"集体备课是发挥集体智慧的有效途径，它有利于整体的提高，彰显团队的力量。从学校简单的教研活动，到课题组成员围绕一个课题展开集体研讨，再到这几年参加名师工作室，将一个人的课变成大家的课；赛课、展示课、送培送教的课，都凝聚着团队的理念、智慧。在这个过程中，不仅促进了教师的专业成长，还发挥了团队中每个人的优势。这就是"磨课"，一个痛并快乐着的过程。

## 一、引领示范，完善自我

在磨课的过程中，我们也不断地寻找着最佳方法，争取用最短的时间打磨一节优质课。这几年我们一直选择的是习作指导课，这在语文课堂教学中是最难把握的课。磨课中，我们有过争执、有过碰撞，但这也促进了教师们课堂教学水平的提高。在磨课形式上，我们采用了网上磨课。网络为我们搭建了教研平台，几个人端坐电脑旁，共同商讨写话课的目标设定、环节设计，甚至是课件的细节处理。这一磨课形式略有争议，其主要原因是习作指导课重在交流，很多预设的效果是未知的。那么如何将网上磨课做到实效最大化？我觉得最主要的是在教学理念上的引领。无论是帮自己磨课还是帮他人磨课，都必须有教学理念引领。对于习作指导课，上海师范大学吴忠豪教授指出，作文指导课往往把重点放在"写什么"的指导上，其实"怎么写"才是关键。我们应该把重点放在如何提高学生的书面表达能力上。因此，在网上磨课时，大家要定位本节课的目标，找准训练重点。比如一次示范课磨课，我准备借助绘本阅读来训练学生写话，那么这节课的训练目标是什么？在网上磨课时，大家围绕训练目标进行讨论。我选择的绘本图画多、文字少，准备让学生展开想象，将画面内容用具体的语言表达出来。王兴刚老师觉得对于二年级学生来说，这个绘本情节过于简单。经过讨论，我最终决定放弃这一训练。在网上磨课时，要找准训练点，用好例文，把训练设计具体化，由易到难，能有效地提高学生的表达能力。

## 二、赠人玫瑰，手有余香

在帮助年轻老师磨课的过程中，团队的每一位老师都必须研读课标，掌握教学理念，既要站在自己的角度去看课，又要站在执教者的角度去看课，不可将自己的风格、自己的理念强加于他人。年轻老师的课不可一味追求华丽，打磨他们的课，要在务实的基础上，善于挖掘他们的特点，在平实中彰显个性。

作为分层小组的组长，既要把握课的整体目标，又要最大化地发挥小组中每位成员的优势，不搞一言堂，帮助年轻教师个性化成长。因此，在网上集体磨课之前的流程管理是必不可少的。2017年12月，我们开展了第一次小组活动，年轻的储旭老师准备上看图写话课——《老鼠撞见猫》。针对这节课，小组每位成员都要像自己上这节课一样，认真研究课标对低段写话教学的要求、教材中单元语言训练重点，以便在集体研讨中提出自己的意见。接着进行集体研讨，即网上磨课。这样的集中交流是核心，要集中所有参与教师的教学智慧，结合个人钻研的成果，取长补短，共同提高。在整个研讨的过程中，我和王兴刚老师进行理念引领，对于如何设定目标，给予储旭老师有针对性的指导，这也是青年教师的薄弱环节。在课件的选定，包括背景、字体是否适合学生，同为年轻教师的夏兰兰老师提出了自己的看法，并给出修改建议。一直在各类课堂教学大赛中获奖的李秀敏老师有着丰富的课堂教学经验，针对储旭老师课堂上的困惑一一给予了解答。

2019年春，工作室进行分层展示，储旭老师脱颖而出，作为工作室初级层次老师代表进行展示。课前的磨课必不可少，作为这一次磨课的主持者，我尽量让青年教师的优势得以发挥，其间围绕教学目标，针对每一个环节进行打磨。最后储老师根据自身的特点、教学风格，对集体研讨中形成的"教学蓝本"再进行细化、调整、增删等个性化处理，使最终的教案适合自己，适合本年级学生。

新教师多媒体技术使用熟练，掌握的信息量丰富，尽管课堂上会出现些许不足，但是在他们身上，我们也感受到了一种向上的信念和决心，一种谦和，一种希望，这是值得我们学习的地方。同时，帮助新教师解决课堂教学中出现的一些问题，反观自己，也能避免再犯同样的毛病。

## 层次研讨后重构，优势互补中提升

一位教师先独立备好一节课，通过网上磨课完善教案，然后到一个班级去上课，工作室成员在一起听课，然后评议交流、修正，这就是所谓的"一课三磨"。执教老师课后进行有价值的教学反思，听课老师根据自己写的课堂观察量表进行课例分析，接着汇总大家意见，由执教老师总结，再重写教学设计，修改课件，再上课。这几年工作室借助成员来自不同学校的优势，在不同学校上同一节课，并将课送往县区农村学校，与学校老师共同研讨。在这一过程中，既提升了各个学校老师的研讨热情，也给了工作室成员思考、提升的机会。

为了在课堂教学中达到共同进步，我们在工作室的活动中，还采取了"一课同构""一课多构"，或是"分层教师同构"等方式进行深入研讨。打磨课堂重在理念的更新和观念的改变，对初级层次老师进行理念上的引领，虽然能够有一定的进步，但终觉不够，因而与中高层老师同上一节课，能达到优势互补的效果。加上教学内容相同，易于比较、借鉴，更易于取长补短，达到不同层次教师的自我剖析和共同进步。

教师的专业成长贯穿教师发展的各个阶段，借助工作室这一平台，通过目标定位，设定分层目标以及分层任务，围绕教研，专注青年教师专业成长，发挥高级教师的再成长与引领带动作用，从而推动工作室成员素质整体提升。

# ▶▶▶ 分层教研　立心于行

## 小学毕业班考场作文略见

加入工作室以后，肥西县小学语文教研室朱红梅教研员给了我们批阅全县毕业班统考作文的机会。阅卷过程中，我们了解了学生的作文现状，窥见了作文课堂教学的问题，为后面的习作教学研究，以及送培送教课的设计提供了学情分析。

### 一

2014年，我参与了全县小学毕业班作文统一阅卷工作，心中生出了这样的疑问：是什么原因让他们写出这样的习作呢？

首先，习作成了"穿着美丽裙子的稻草人"。

当我拿着一篇文质优美、字迹工整的学生作文时，我有些惊讶，六年级的学生书写这般工整，一看就知道是练过书法的，再读读文字，好词连串，比喻句、拟人句一个接着一个，可以说是让人眼前一亮。然而细细读来，实在不知所云，这是一篇以"我的发现"为主题的作文，读完之后实在不知小作者发现了什么，也记不住其中的只言片语。我也在思考为什么会出现这样的作文。语言是文章的基石，是表情达意的工具。对于小学生来说，教师的引导很重要，很多小学生误以为习作中只要有好词佳句，就能博得众人的眼球，就是好文章，而对于题材的选择、表现内容的"实在"，以及用词的准确性都统统忽略了，甚至有些学生在作文中堆砌着大量不着边的成语。这样的作文徒有华丽的外表，而没有实实在在的内容，我戏称它为"穿着美丽裙子的稻草人"。

其次，缺少细节的描写，千篇一律。

在这次考场作文评改中，大家一致感觉，雷同作文太多。孩子们都喜欢蚂蚁这样的小动物，这是不容置疑的。但我阅读了多篇学生的作文后，我在质疑，这些学生有没有真的见过或细心观察过蚂蚁。记得课文《画杨桃》中说过，从不同的角度观察会得到不一样的结果。如果在写关于蚂蚁的习作前，老师带他们走出去，指导他们观察，我想他们会写出不一样的蚂蚁搬家。只是带学生读一篇有关蚂蚁搬家的习作，他们就了解了蚂蚁，就成了自己的发现，怎么会有不一样的习作呢？

最后，"流水账"成主角，为了应试而作文。

习作是用来传情达意的，在文中表达自己的思想感情，是让别人看的。然而在大多数的考场作文中，很难感受到孩童那种发现后的喜悦之情，不管写什么内容，他们作文的后面都会点题："只要我们做生活的有心人，你就会有更多的发现……"这样首尾照应的习作，是应试作文的产物，学生明白语文老师大量集中批阅考场作文，无暇看内容，首尾浏览一番就打分，所以开头、结尾一定要点题，有所照应，接着流水账的作文就出来了。有的学生单纯罗列事实，甚至将上面的阅读内容也抄到作文里。这样的作文就失去了那种把自己的情感思想渗入言语之间，融于字里行间的意味。

通过这次阅卷，我感受到自己平时也会急功近利，不知不觉引导着学生写这样的作文。在以后的作文指导中，我要引导他们合理运用语言文字表达自己的真实感受，把作文教学引入一个正确的轨道。

## 二

2015年，我又一次参与了全县小学毕业班作文统一阅卷工作。小学生不能与中学生和成人相比较，他们的阅历和对于作文的审题、构思都是不够成熟的，我们不能用考场作文中的一类、二类的标准来判定他们的作文。另外，全县的考卷集中在此，任务也是很重的，要以最快的速度浏览，再加上没有统一的判定标准，真的有些棘手。

这次作文要求以"成长"为话题写一篇作文，自拟题目。这个话题的范围很广，可以写的内容有很多。阅卷过程中我发现，学生确实没有令出题者失望，写下了成长过程中所经历的事情、所遭遇的困难，以及如何解决困难等内容，亲情、友情、师生情在学生的文字中都有涉及。

好的作文题目就像好的门面，能留给别人美好的印象。这不，他们的作文题目已经吸引了我，如《一天长大，一次懂得》《纯白的启示》《在砍价中成长》《苹果教会我谦让》《小本子里夹着友谊》等。题目的好坏对学生作文的成败是有一定影响的，也有学生不知道如何拟题目，所以最好的办法就是讲读文章的时候，注意分析文章的题目，使学生受到启发，学有榜样。我们工作室的李敏老师在教学习作指导课《咱班的事》时，就将杨红樱老师的《五（3）班的坏小子》目录拿出来，让学生猜情节，这不失为指导学生拟作文题目的一个好办法。

这次阅卷前，李亚玲老师特意强调了我们要以保护小学生作文兴趣为主，引导他们说真话。这样的要求得到了其他几位老师的一致认可。这几年县语文作文阅卷本着认真对待每一篇习作的原则，本着引导一线语文老师教学生说真话、表达自己心声的原则，这样的阅卷一定会为老师的习作教学指引一个正确的方向。今年，学生说真话的作文多了，虽然在遣词造句上有所欠缺，但事情的真实性是值得肯定的，如《在砍价中成长》写的事情真实，情感的表露也很实在，读文犹如身临其境，但是口语化现象较多，书写不够规范，平时还是需要注意书面语言的积累和规范书写。

对于话题作文，学生大多都是以抒情开头，感悟结尾，有着模仿的痕迹，但作为小学生这样的模仿是可取的。然而，我也感觉到有些学生太喜欢那种抒情化的开头了，把开头写得太多，显得整篇文章头重脚轻，这在平时的作文指导上还是要注意引导的。如一个学生是这样开头的："每个人都有自己成长的经历：有的人的经历是酸的；有的人经历是甜的；有的人的经历是苦的；有的人的经历是辣的；有的人的经历是咸的……酸甜苦辣咸这五种调料洒在了我们的生活里，而我的经历是苦和甜的。"

浏览下来，整篇作文300多字，这将近100字的开头看着实在是别扭。另外，在短句中是不需要分号的。还有一篇作文的开头我很是喜欢，在《我懂得了孝敬父母》中，小作者这样开头："小时候的我，什么都不懂，只知道吃喝玩乐，根本就不懂孝敬父母，甚至有一次，我和他们大吵了起来，我居然……"这样的开头简单，还用了省略号设置悬念，激起读者往下看的兴趣。

# 课题研究，我一直在路上

在语文课堂教学中，我一直坚持努力备课，搜索教学资料，尽量活跃课堂气氛，让学生乐于接受。尤其在作文教学中，为了让学生写好作文，我喜欢在活动中指导学生写作，慢慢地也积累了些教学经验。之后有幸能与一群志同道合的人一起参与研究国家级课题的子课题"信息技术下提高农村低年级写话能力的实效性研究"，把信息技术融于作文课堂教学中，我们在进步中感受到了快乐。

## 一、在信息技术环境下，写话教学走向快乐

李亚玲老师身先士卒，呈献了一节在信息技术环境下的写话教学示范课，同时呈献的是一份对于教学研究的真挚追求。上午的四节课上完后，我们共同商讨设计方案的更改，献课老师在一次次的研讨中蜕变。我们为共同探讨迸发的灵感而快乐，为实质的突破感到自豪，我们在成长。

李亚玲老师为二年级写话课《可爱的小动物》精心制作的课件令人记忆犹新，她以故事导入，生动的课件画面深深地吸引了每位学生，激起他们说话的欲望。在图片的展示过程中，学生们思考着，踊跃发言。陈燕老师的课文《雪儿》结尾的拓展训练，是近几年来利用文本培养学生写话的新思路。陈老师运用多媒体课件再现雪儿与"我"离别的场景，让学生从画面中、从课文语言的描写中联系生活实际体会离别之情，激起学生说的欲望，由说到写顺理成章。夏华老师别具匠心地从"文包诗"里提取素材，指导学生仿写，包括文章的结构、思路及情节的描写。夏老师利用多媒体课件，与学生重温诗人写诗的前前后后，激起学生的想象，让学生们有话可说。李敏老师针对高年级学生写话缺少细节描写的问题，设计了一节《写景细节描写》的片段练习，李老师通过课件展示学生平时写的关于景物细节描写的片段，师生共同点评，再出示细节描写时学生容易混淆的"的、地、得"，和学生进行辨析。之后，播放音乐《森林狂想曲》，让学生想象

并进行细节描写，激发了学生的兴趣，无形中给学生写话指明了方向。

在这四节课中，我感受到了信息技术给我们的写话教学创设了完整的虚拟情境，把习作课堂与生活实际拉得更近了。

## 二、团结协作，"以评助写"助力课堂教学

小组成员围绕着李亚玲老师提出的"运用多媒体课件，在作文修改中提高学生的写作能力"，开展了作文评改的初步尝试工作。

开学初，李亚玲老师就及时召开课题第二阶段"以评助写"的课题会。在会上，她再一次提出课题中的多媒体运用对于小学生习作的作用，接着总结了上一学期的课堂教学案例，对多媒体的辅助作用做了进一步的肯定，希望在这一阶段能有更好的发挥。

九月底，李敏老师献上了第二阶段"以评助写"的第一节课——集实效性与生动性于一体的作文点评课，李老师把五年级学生习作常见的弊病总结出来，通过生动有效的点评，让学生对于习作有了自己的认识。这节课拉开了第二阶段课堂教学的序幕，在此基础上，陈燕老师和夏华老师也相继呈献了主要内容为"如何在修改景物片段的基础上提高学生的习作水平"的点评课。两位老师紧扣目标，运用多媒体课件，在课堂上循循善诱，让学生知道，在习作修改上从何处入手，改到什么样才是好作品。

课题仍在进行着，在肯定与质疑中我们不断地调整，我们感到似乎仍欠缺点什么，"授人以鱼，不如授人以渔"，如何教会学生修改自己的习作，对此我们进行了讨论。我在教学生写了《我的自画像》后，让学生抓住特点进行修改。在此基础上，归纳改好的习作，通过多媒体课件的动画效果，呈现修改思路，给学生一个修改的范本，让学生由仿改到尝试自己修改，学生得到了锻炼，并掌握了方法。这节课结束后，程梅老师在写人细节上进行润色修改，创设了自己的课堂，为我们的课题研究添上了双翼。王飞老师以其擅长的多媒体课件制作展现其课堂的独特魅力，针对二年级学生写话特点，制作生动活泼的课件，运用"遮挡法"，在不知不觉中实现了低年级写话中把句子写完整、写具体的目标，为第二阶段的课堂教学画上了点睛之笔。

这一阶段的课堂教学已经告一段落了，愿我们的课题研究像一只羽翼

丰满的小鹰，展翅翱翔！

### 三、呵护我的课题

加入工作室以后，有领衔人李亚玲老师在理论与实践上的引领，我们有机会将自己的想法与他人分享，我们团队里的七名老师都非常热爱语文教学，我们在一起可以敞开心扉，集聚大家的智慧，剖析每一节课。我和工作室的杨丽老师共同申报了课题"农村小学语文'以说助写'习作教学策略的研究"，没想到很快就批准立项了。在兴奋之余我多了几分胆怯，要做真实的研究，就必须实实在在地思考问题，脚踏实地去研究案例。

开题报告在杨丽老师所在的界河学校进行，这是一所偏远的农村学校，那儿的老师有着很强的教学能力，但课题研究做得不多，所以我决定用一节课来诠释我们的课题。

2014年11月24日上午，我冒着倾盆大雨来到界河学校进行开题报告。我和杨丽老师的四年级学生在"摸、看、闻、尝"等一系列体验活动中学习用语言说出自己真切的感受，学生们在轻松、愉快的氛围中体验生活作文的乐趣。课后，我以此节课为引子，向界河学校的老师们介绍了此项课题以农村学生为出发点进行研究的目的和方向，并详细介绍了课题研究的人员分工，诚挚邀请学校的语文老师参与此项课题的研究，得到了许多老师的回应。我的课题有了工作室老师和两校老师的支持，让我信心倍增，也实现了以李亚玲小学语文名师工作室为教科研平台，并向农村一线教师辐射的工作室理念。

杜威曾经说过："教育是一种生活方式，是一种行动方式。"接下来的课题研究，我们用行动在践行。本课题是在农村小学语文课堂中研究小学作文教学，在课堂中利用多种形式指导学生愿说、能说、会说，从而帮助学生会写。因此，我们课题组成员选定低段的学生课堂进行试验。

备课是展现教师教学艺术的序幕，课题成员围绕激发说的兴趣、规范说的过程和提高写的能力，坚持集体备课。上课教师在每次集体备课前，都先写好自己的教案，并将教案发在QQ群里；集体研讨时，上课教师先把自己的设计理念、设计思路等抛出来，其他老师围绕他的观点讨论，并加以完善。集体交流时，我们特别强调要各抒己见，畅所欲言，以使教师在相互交流的过程中，提高自己的口头表达、语言组织、创新思维等能力。

在课堂教学中，我们发现农村的孩子是那样活泼可爱，那样纯洁。这都源于他们与大自然的亲密接触，充满着浓浓的大自然气息。他们很想把自己对大自然的感情用自己的语言描述出来，让同龄人一同分享。所以，自开题以来，课题组成员就如何在课堂上做到"以说助写"花费了大量精力，备课，上课，再备课，再上课……经过苦苦的探索，最后把课带进农村小学语文课堂。如吴海燕老师给三年级学生带来的一堂《在习作中学用提示语》的作文辅导课。吴老师温和的语言、严谨的课程环节，使得孩子们参与课堂的兴趣、自我展示的信心被充分地激活和调动，整个教学过程流畅、自然，取得了不错的效果。李敏老师的绘本读写指导课《一颗超级顽固的牙齿》，让学生在体验和猜测中参与绘本阅读。他们从主人公塔比莎的经历中看到了自己的影子，似曾相识的感觉激发起他们的共鸣，畅谈掉牙经历。这样一节节习作指导课撑起了我的课题，两年的时间，我们终获成果。我将结题报告写好，邀请课题组专家现场结题。那日的结题并不顺利，我在日记中这样记录："其实早就知道做一件事情不容易，不管从哪儿开始都是一样的。决定执着地坚持走一条路，一路上需要平心静气地走，能走多远，我可能无法丈量。一路坚持走来，来不及擦去额头的汗，泥泞的道路可能让我摔得满身伤痕，我知道一切都是必须经历的。"

当课题组专家提出质疑的时候，我的眼泪在眼眶中打转。有谁知道你的付出呢？或许有些委屈，但我知道，不是所有的付出都会有回报的，我相信自己正走在自己想走的路上。

# 我的第一节送培送教课

## 一、磨课经历

2014年9月，我接到前往上派中心学校西校区送教的通知，心里一下子慌了，只有几天的时间，怎么办？

工作室领衔人李亚玲老师建议我把曾经上过的《我喜欢的水果》拿出来试试。这是二年级下学期的一节写话指导课，采用的是"以说助写"的写话教学模式。我翻阅了人教版的习作课程安排，中年级学生要具有有序观察、抓住特点、加强体验和想象的能力。根据这一要求，我决定在原有设计的基础上，以多媒体激发学生表象记忆来完成中年级的习作指导。

第一次磨课，我让学生品尝自己带来的水果，再说一说水果的特点，课堂效果很不理想。让我意外的是以前的课件学生很喜欢，起到了激发学生说话欲望的效果，可这次为什么学生不喜欢呢？李亚玲老师和工作室的几位老师与我一起分析了原因。随着年龄的变化，学生的认知、兴趣也在发生变化。也就是说，要推翻所有的教学设计和多媒体课件，一切重新开始。

我放弃了用多媒体激发学生表象记忆的设计，直接将水果搬到课堂，用实物激起学生观察水果的兴趣。二年级是形象思维到抽象思维过渡的阶段，处于这一阶段的孩子需要专门的观察训练来对自身生活有新的发现与认识。因而再设计这节课时，我选择这个季节最常见的水果——石榴，让学生摸、看、闻，再到尝，抓住石榴的典型特征。我再一次走进课堂进行了实战演练。前半部分的教学还是可行的，学生说得好的地方，我及时给予点评；学生说不清楚的，我及时引导，甚至帮助孩子们把话说完整，达到语言文字训练的目的。最大的问题在后半部分，让学生们品尝石榴，并把感受写下来。水果发下去，学生们就忙着吃，快乐不言而喻，但如何教会学生品尝石榴，把感受用文字表达出来呢？我无法收起这节课了。

课磨到这儿，我也感到疲惫不堪了，大脑处于空白状态。学校里的工作不可落下，忙碌中找不到一丝的灵感。李亚玲老师急了，拿起一个大石榴，带着我直奔她的教室，即兴上起这节习作指导课。在发水果之前，李老师请学生根据原有记忆，回忆石榴里面是什么样的。这样的设计避开了学生因为吃水果而忘了观察的弊端，如何将此环节设计得更可行呢？回到家中我进行了反思，决定这样设计："根据已有经验说说石榴皮里面的样子。说好了，这大石榴就会咧开嘴巴，送给大家吃。"不过在实际上课那天，我拿着石榴准备说时，一个学生小声地说："老师，是不是可以开吃了？"我一着急，把设计好的台词给忘了，接着话就说："好，那我来切啦！"拿起刀就从顶部削起来，由于皮硬，不好削。有学生急了，催我快点。我灵机一动，何不把没说的补回来呢？我说："哎呀，里面是什么样啊？我切不动。"学生们举起手，用语言描述着石榴皮里面的样子，我一小块一小块切，说得越多，我就切得越快。没有想到这样既激发了学生已有的感知，又发挥了他们的想象。

看可以有序地进行，而品尝呢？也有序吗？如何指导学生品尝，把石榴的味道品出来，并用语言表达出来？第二天早上就要上课了，晚上我拿起一本《小学语文教师》翻着，突然想起了管建刚老师上的指向作文课《水》，文中有一段描写，说母亲给孩子们用瓢洗澡，从头到颈再到腰，然后到脚后跟。这小小的石榴籽入口不也可以这样细化吗？于是，我设计了品尝石榴示意图。

磨课到此结束，这一路上是艰辛的，也是快乐的。

## 二、课堂回放

片段一：创设情境，激发表达欲望。

师：今天走进学校的阶梯教室，你们看到了什么？

生：我看到你戴着眼镜站在讲台上，你不是我们学校的老师，我不认识。

生：我看到了座位上坐着很多老师，拿着笔和听课笔记本，是来听我们上课的。

师：同学们观察得真仔细，我们平时就要学会留心观察身边的事物。

（出示图片：果园里树枝上挂着的柿子、葡萄）

师：你们又看到了什么？

生：我看到了树枝上挂着无数个柿子，像一个个红灯笼。

生：我看到了葡萄，我都快流口水了。

师：你们喜欢吃什么水果？

生：我喜欢吃香蕉和葡萄。

生：我喜欢吃黄澄澄的大橘子、红彤彤的石榴。

【解析】和学生初次见面，从最简单处入手，循序渐进，训练学生的观察力。让学生进行简单的句式训练如"我喜欢吃的水果是……"消除孩子说话难的心理，增加他们表达的自信心，让孩子进入本节课的说话情境中去。兴趣是有效教学最重要的积极因素。

师：秋天的果园可热闹啦，它们派来了神秘使者邀请同学们去参观。让我们来认识这位使者吧！

片段二：激活感官，唤起言语表达。

1.摸一摸。

师：先不告诉你们是谁？请你们用手摸一摸，就说摸出的感觉，好吗？

（用帽子盖住水果，到学生面前，让他们用手摸。）

生：（一只手伸进帽子里摸）是圆圆的，上面感觉还有几个硬硬的，一瓣一瓣的，像花似的……我知道啦！

师：嘘，不许说，谁再来摸？不重复刚才那个同学说的。

生：（双手进去摸）有点沉甸甸的，表皮没有苹果光滑，凹凸不平。上面尖尖的，有四个瓣……我也知道啦。

（同学们捂着嘴笑）

师：（装作不解）你们笑什么？

生：（齐）我们也知道啦！是石榴。

【解析】这个环节老师在推出神秘使者的时候，精心设计了"猜"，引起学生的好奇心，这一猜其实是学生借助触觉把摸到的东西用语言描述出来。摸的学生描述得越形象，下面的同学也就猜得越准确，表达已经在课堂上喷涌而出，学生们不知不觉进入了"角色"。

2.一看外皮。

（老师拿出大石榴，板书：石榴）

师：我们用眼睛观察石榴的形状，再来看看它的颜色，谁来介绍？

生：圆溜溜的像个皮球似的，上面还真的像开了朵花。

师：这是石榴花谢的地方。

生：石榴身上的颜色有红色，有黄色。

师：再凑近点儿看，会不会有新的发现呢？（递给一学生仔细看）能够说得更生动一些吗？

生：它的外皮不是光滑的，有一些凹进去，上面布满了小点点，像脸上长了雀斑。

师：你看得真准，还用了比喻，真好。还有谁观察的和别人不一样？

生：石榴的外皮很厚，皮发亮。

生：石榴的皮是在灯光下被照得发亮。

师：真不错，你看，观察得更仔细了，我们教室是亮着灯的。

师：它的形状呢？

生：它就像个灯笼。

师：好，我们用眼睛观察了石榴的形状、颜色，谁能连起来介绍介绍？

（生面带难色）

师：请班上作文写得最好的来说吧！

生：圆溜溜的身子，头顶上带着六瓣型的皇冠，外皮大部分是黄褐色，有一大块是红色，像涂了一块红胭脂。

师：还可以用手摸它，感觉如何？

生：用手摸它，有的地方光滑，有的地方有点粗糙，仔细看，上面长满斑点，真是个丑姑娘。

师：真不愧是写作高手，我们给他点掌声。

【解析】这个环节的指导可以说是亲切自然，润物无声。老师引导学生看石榴的颜色时，要求再仔细看看，凑近看看，引导孩子们反复观察，联系已有的生活经验，进行想象。

3.猜一猜。

师：看完石榴的外表，你们有什么想法？

生：老师，是不是可以开吃啦？我都等不及了。

（师拿出刀从顶部削起，由于皮硬，不好削。孩子们个个伸着脖子，睁大眼睛看着。）

师：（停止削）好难削，不知道里面是什么样的？

生：我知道，以前妈妈买给我吃过，里面有红彤彤的果实。

生：里面粉嘟嘟的像牙齿一样。

生：像一粒粒珍珠，味道是酸中带点甜。

生：里面的果实很饱满，没有一点儿缝隙。

【解析】这个环节是课堂即兴设计的第二猜。这一猜，唤起了孩子们脑中的记忆，也激起其他孩子后面仔细观察的欲望，为下面埋好伏笔。

4.二看里面。

（师掰开石榴。）

生：（齐）哇！

师：为什么叫"哇"？

生：看到老师手中打开的石榴，我不禁留下了口水。

生：里面密密麻麻的果实像小娃娃，像非常红的小珍珠。

师：（出示句式）"打开石榴，哇，_____。"接着往下说。

生：里面的果实饱满，很红，像许多小豆子拼成的图案。

（师再切石榴，由组长分发石榴。）

师：拿着手中的石榴，再仔细观察。

生：每个籽儿都鼓鼓的，像红豆豆一样。

生：里面有一层嫩黄色薄薄的皮，把石榴子一个个隔开，像家一样。

【解析】这个环节看似重复，其实是对上一环节的承接与升华。孩子们都有好胜心，他们已有的生活经验不够，此刻拿着石榴，更愿意仔细观察，进一步了解石榴籽的特征，语言的表达也是自然流露，这符合儿童认知的规律。

片段三：情动触发，一气呵成。

师：我们该来品尝石榴了，知道什么叫品尝吗？

生：就是慢慢地吃。

生：我爸爸在家喝酒就是一小口一小口喝，那就叫"品酒"。

师：（出示品石榴动作示意图）今天老师也教你们品石榴，跟着老师一起做：拿起一颗籽，放到嘴巴里，舔一舔，记着这种感觉，接着轻轻地咬一口，也记着这种感觉。把你们手上的石榴一个个地全部掰出来，掰到手中，看一看，吃一吃，把一把石榴籽全放到嘴里，大口大口地嚼，口中什么感觉，嗓子里什么感觉，用合适的语句来表达。

师：今天吃石榴感觉怎么样？好多同学都在举手，一定有不一样的收获。

生：那一颗小小的籽儿一入口，就能感到凉丝丝的，轻轻一咬，酸中带甜，真是好吃啊。

生：轻轻咬一口，那酸甜的汁水直往嗓子里钻，凉凉的，让人回味无穷。

生：我看到我的同桌把一把石榴子扔进嘴里嚼，那红红的汁水溢满了牙齿，像流血了似的。

生：这石榴一定是上好的石榴，这么红，好甜，一点都感觉不到酸。

师：你真厉害，这是我们安徽怀远的石榴。

生：我在家也经常吃石榴，但从来没像今天这样吃得这么细，让我难忘。

师：同学们，老师知道你们此时肯定有很多感受，就请你们选取你最感兴趣的环节，写一段话，限时五分钟。

（师巡视指导）

【解析】这一环节，老师以课上品尝石榴的方式活跃了课堂氛围，激发了学生参与的内在动机。同时在品尝过程中，为了避免学生的盲目性，设计了细细品尝示意图，将学生的观察、体会目标明确化。在整节课的训练后，就不愁学生不愿写。正如叶圣陶先生说的，写作的根源是发表的欲望，正同说话一样，胸中有所积累，不吐不快。

片段四：习作赏评。

师：今天我们笔下的石榴可不一般啊！犹如一幅幅静态的画展现在我们的眼前，有完整的大石榴，有裂开一个小口的石榴，也有剥开的一块块石榴，更绝的是无法描绘的美味。现在我们来一一展现它们吧。仔细听，什么地方可以点赞，什么地方可以修改。

生（读）：老师把手中的石榴递给我，我心里好激动，放在手上沉甸甸的，轻轻地摸一摸，不是很光滑，有一块还凹下去了，它浑身一块黄、一块红、一块绿的，真像穿了一件补丁衣裳。

师：谁听出来他写的是石榴的什么？哪儿写得好？

生：他写了手摸石榴的感觉，还写了老师把石榴递给他，自己的心理感受。

生：他把石榴的颜色观察得很仔细，比喻新颖。

师：是啊，这位同学把一个大石榴呈现在我们眼前，还有谁写的片段和他不一样。

生（读）：老师把石榴一打开，哇，我的眼前一片通红，石榴籽们个个挨在一块，像一群形影不离的好兄弟，一大块的石榴籽上面盖着一层薄皮，像是给石榴籽宝宝们的被子。

师：说说这个同学写得好在哪儿？

生：我认为他的比喻句用得好，"形影不离"这个词语用得好。

生：不仅是比喻，还是拟人呢。形象生动，让我想到它们挨得近，很亲密。

师：有没有需要修改的地方呢？

生：我认为，"像一群形影不离的好兄弟，一大块的石榴籽上面盖着一层薄皮"有点重复，可以改成"像一群形影不离的好兄弟，上面盖着一层黄色的薄皮。"

师：这样感觉是好一些。俗话说得好："文章需要改，越改越精彩。"在赏评了别人的片段后，是否能给你一点启发呢？不妨动笔来改改自己的文章。希望你们正确运用修改符号。

【解析】老师主要从展示交流中对学生的习作进行基本的审美判断。片段是班级中优秀的作品，旨在"交流"与"分享"中激发学生自我完善的动机。

片段五：回归主题、拓展延伸。

师：课堂上，我们只是写了一个片段，可惜快要下课了，请同学们课下把观察石榴外表和里面的部分加到前面，对石榴观察的过程就写好了。再加上开头和结尾，写成一篇完整的作文。当然同学们也可以观察另一种水果，写一写。

【解析】在课堂上利用观察，指导学生写好细节，生成文章的材料，使文章更加具体、形象。最终的目标是写一篇完整的作文，回归主题。

### 三、课后反思

这节课上我通过摸、看、尝环节的设计，拉近了对话双方的距离，营造了有利于交往的良好氛围，使学生具有了良好的习作心境。让媒体与实物结合，激发了学生的兴趣，活跃了他们的思维。

在上这节习作指导课之前，我看了贾志敏老师的习作指导课《橘子》，翻阅了关于贾老师倡导的"素描作文"，在学习名家的基础上，完成了这节课的教学。

第一，这节课和贾老师学了点什么？

小学中年级要重视连句成段，连段成篇，而中年级的分类素描，从形式上说，正是一种"连句成段"的训练。例如，备课时我选取的素描对象是水果"石榴"，设计了"摸、看、尝"三个环节，即将命题作文变成观察作文，使学生的作文言之有物，用自己的语言表达自己的观察所得。

第二，用思维导图把"品尝"变得有序。

作文训练的核心是思维训练，要让孩子能生动地、准确地表达自己的想法。为了让写作文更轻松，我在作文教学中引入了思维导图形式。这节课中，确定了"如何品尝石榴"这一主题后，设计思维导图"从一粒石榴籽入口咬开，轻轻舔，到一把石榴入口大口嚼，从唇齿到咽喉，其中的感受是什么"。让品尝的动作慢下来,这一过程也使静态的传统作文向动态的习作转变,在动态的习作过程中提高了学生的习作能力,实现了教育以学生的全面发展为本的教育新理念,使学生真正体会到习作的轻松与快乐,并在愉悦中产生了习作的欲望。

第三,以生活为纽带,说写相得益彰。

在这节课中我直接把学生引向真实的生活,让他们用自己的眼睛观察,用自己的头脑思考,把石榴直接带入课堂,让学生摸、看、尝,有意识地创建情境,引领他们调动相关的生活经验,以各种方式帮助学生丰富自己的情感,让学生在学习活动中有自己的真情实感,再通过恰当的书面语言把自己的观察、体验与认识表达出来。两次"猜"情境的创设营造了有利于交往的良好氛围,使学生具有了良好的习作心境。第二次"猜"根据孩子们的原有经验,用语言描述石榴皮里面的样子,我一小块一小块切,说得越多,切得越快。没有想到这样使见过石榴的学生积极描述,也激起其他孩子后面仔细观察的欲望,为下面课程的进行埋好伏笔。在这节课的训练中"说做结合"活跃了孩子们的思维,激发了他们的言语表达,完成习作也就水到渠成了。

第四,课堂作文赏评如何操作?

片段完成后由谁来评价学生的作文?在以往的作文指导课上,我交替使用了生生互评、教师注评。这节课上我重点分享了课堂上写得好的两个片段,旨在引导学生欣赏和修改别人的作文,课后主动修改自己的作文,在比较中反省,从而提高写作能力。

## 四、把真实的课堂送出去

送培送教是我加入工作室以来做得最多的一件事了,借着一节课与县区学校老师共同交流,这样的事情对我来说真的是一种考验。几年来因为嗓子的原因,我用上了"小蜜蜂"。渐渐地,嗓子好了,可是我听不见学生的真实想法了,也不再知道课堂上还有另一种声音——课堂生成。

不是课堂上老师用自己的声音去镇住学生,就能让课堂纪律变得好一些。而是老师要用简练的语言引导,让孩子们想听,想睁大眼睛看着你静静地听，乐于思考、表达。从这学期开始，我放下了"小蜜蜂"，开始了自己的原声上课状态。声音小了，刚开始也有孩子说听不清，但慢慢地，孩子们开始学着静心听，班级课堂纪律好多了，上课时，我又可以听他们的声音了，真好。

这次送教，我纠结了许久，那样的阶梯教室，我是否需要用"小蜜蜂"呢？我能镇得住那些陌生的学生吗？李老师也很担心，问我是否需要把五十多人的班级减些学生上课。最终，我们还是决定不这样做，因为我们不是去赛课，而是去给学生送上一节作文课。

当我走进肥西上派中心学校西校区，在多媒体阶梯教室看到那一群学生的时候，我才发现，每一位学生都那般亲切，每个面孔都那么熟悉。慢慢地，我忘却了这不在我的学校，也消除了些许紧张的情绪。愉快不仅充盈在学生的心中，也荡漾在我的心头。殊不知，在品尝石榴的环节，我情不自禁地抓起一把石榴放进嘴巴里，和学生们一起大口地品尝着。

## ▶▶▶ 分层学习　勤思善问

## 成长，需要学习

随着时间消逝的可能是一个人的容颜，而知识应该是建构生命年轻态的基石。坚持在学习成长的道路上，不言辛酸，唯有感激。

从毕业的那一刻起，我惶恐地站在了讲台上，知识的贫乏让我不敢张口，总是觉得自己会误人子弟。因此我走上了继续求学之路，从最初的成人自学考试，到后来的培训学习。专业成长的道路上也不乏茫然，当生活、工作一起陷入低谷的时候，我多么希望看见曙光，感觉到生命的成长需要的是多元的知识，更应该有大师的引领。走进大学校园，像学生一样学习。三个寒暑，聆听大学教授的学术观点，虽然有些与我的专业无关，但是他们的思想，他们对于人生、社会以及家庭、学校教育的思考，无不像一针强心剂注入我的灵魂深处，一颗迷茫的心找到了归宿。

学习的历程告诉我，它不是苦涩的，是成长历程中心灵洗礼的圣水。学习可以增长知识，学习可以让我的专业道路走得更宽敞。这些年的学习，从第一次"七彩之旅"的忐忑，到后期的虔诚修炼，在学习中思考、创新，就是自我提升最有力的见证。

名师工作室成立以后，我们七名来自全县不同乡镇学校的老师，围绕领衔人李亚玲老师，开启探讨作文教学的道路，紧跟"'新体系作文'进校园活动"的脚步，学习他们推出的典型课例、推广的优秀作文教学流派和教学模式。


# 一路走来，有你真好


从跨入师范学校的大门开始，我就与教育结下了不解之缘。我认识的第一位教育家即为"捧着一颗心来，不带半根草去"的农民教育家陶行知。初入小学校园，遇到的第一本教育杂志，封面人物斯霞就成了我的偶像，第一次感到作为老师应该由衷地热爱教育。

今日捧着《一路走来，春暖花开》这本书，我与作者李亚玲老师在一个学校共事二十多年，亦师亦友，一路走来，可以说是见证了她的春暖花开。对我而言，一路走来，则是有你真好！如果说读书时，就是与作者、与文中的主人公进行一次心灵交流，那么我读这本书的特殊意义就在于，我是先与作者一起行走于"小语"之路，再手捧这本带着熟悉味道的书，随着文字追寻一种"小语"情怀。


## 一


如果说一名小学语文老师，教学生读书写字，日复一日，那就是平凡。那么，作为一名小学语文老师如何在平凡的岗位上活出精彩？答案是：唯有坚持。李老师在这本书的序上说到了自己的坚守，从日行万步到教育坚守。

第一，坚持学习。其实大多数的中师生和李老师一样，进入工作岗位以后，为了更好地立足教育，提升学历义不容辞，努力使自己成为一个研究型的语文教师，走专业成长的道路。学历的提升是为了更好地服务课堂教学，李老师说："我是一个起点低、底子薄的语文老师，没有'童子功'，也没有深厚的文学底蕴，有的只是对教育的热爱和对孩子们的喜爱。"因为这份爱，她谦虚地坚持学习，练就一身扎实的基本功。一路上她怀着一份感恩的心谦虚地学习着。

第二，坚持阅读。李老师一直坚持阅读，还在二十多年的语文教学中一直坚持让学生"带着一本书上路"，培养他们坚持阅读的习惯。这些年，她每月必读的两本杂志是《读者》和《小学语文教师》。其实我也喜欢读书，喜欢《读者》，喜欢文学作品。但李老师建议我多读一些教育类专著。同时读一读哲学书籍，比如周国平的书。在李老师的影响下，我不仅坚持阅读，更是使阅读有了深度。

第三，坚持反思。"坚持写反思五年的教师一定能成为一位名师。"这句话在我们业内流行着，李老师坚持写反思八年，累计写出的文字有二百万字，她自言自己的文字过于直白，殊不知文字的最高境界就是朴素、自然。越是朴素自然的语言就越容易走进人的内心。这些年我一直阅读着李老师的博文，她用热情的文字记录着日常生活，再用文字滋养生命、滋养课堂，用爱和幸福感染学生。"信手拈来的从容，都是厚积薄发的沉淀。"在她的感染下，我们身边的几位老师也开通了博客，用这样的方式，记录下学生整个小学阶段的生活。

## 二

岁月用年轮的笔墨，记录流逝的曾经。李老师用温暖的笔墨记录生活的瞬间、行走的自己、成长的印记。

课堂是需要敢于探索，勇于创新的。2010年9月，李老师担任一年级语文老师兼班主任，我与李老师带平行班。既有压力，也有动力。李老师带领我们承担了养成教育课题研究和低年级写话教学研究，我们一路走来，取得了卓越的成果。

在努力使自己成为一个研究型的语文教师，走专业成长的道路上，李老师一直是我的引路人。每一节公开课都是她自己的尝试，在一次次尝试中反思。我也在她的带动下不断地进步、成长。

回首来时的路，爱学生、爱教育的种子早已在她的心中生根发芽，苗壮成长。从"嘿嘿，猜猜他们在想什么？"到"学古诗从默写开始"，再到一次次的尝试"自主课堂""静如止水，动若脱兔"……因为学生而不断变化，却又初心不变。

班主任，工作室领衔人，课题研究组组长，无不展示着李亚玲老师的领导才能。班级每一位学生都牵动着李老师的心，她从班级日常管理的活动中培养学生的优良习惯，李老师一直坚持着，一直以最大的努力关爱着班级的每一个孩子。

2013年12月，"李亚玲小学语文名师工作室"成立了，李老师带着一群有教育思想，有团队合作精神的老师，在一起探究农村作文教学。工作室的每一项活动都是扎实、有效的，送教遍及县区乡镇，每一次送教都集聚了大家的智慧。李老师在县小语教学年会上说："我们做教师的，就应该树立一种不懈的追求与奋斗精神，去创造教学上的奇迹，使自己每一节课的教学都成为教学效率最高的课！只有想不到，没有做不到的。老师们，根据孩子们的需要自觉改变我们的课堂，就会为孩子们的终身幸福打下坚实的基础。"李老师自己这样做着，也带着自己的团队这样做着，创造着一个个奇迹。

这几年跟着李老师做课题，收获了很多。"信息技术环境下提高农村小学低年级写话能力的实效性研究"课题研究的开展，对于课题组的每一位老师来说都是一大挑战，首先写话训练在低年级语文教学中就是一大难点，其次运用多媒体技术大家都是摸着石头过河。因此，李老师带领我们从课堂入手，大家集体备课，到献课，再到评课议课，最后进行课堂总结反思。大家的付出所取得的成效在学生日渐完美的作品中，也在老师越来越高效的课堂中逐渐显现。

三

名师成长的道路是艰辛的。"作为一名女教师，能够走得比别人稍远一点，源于我幸福而简单的家庭生活。"是的，李老师除了是一名普通的女教师，还有着不同的角色：母亲、妻子、女儿。家庭生活与工作是相辅相成的，家人的支持成就着事业。在李老师细细碎语中，能感受到家的温暖，也能感受到一位母亲的温暖和作为子女的孝顺，这是一种智慧。

每个人都会有偷懒的时候，每个人都会有生病的时候，因为大家都是平凡之人。不要让自己过于劳累，也不能太过懒惰，这才是正道。当身体不适时，就不要太为难自己，让自己"混一混"，"浪费"一些时间，休闲一下也无妨。

时间在她握笔书写教案时静然逝去，在她批阅作业、与学生探索知识、课间游戏时悄悄溜走。日复一日，年复一年，她用语言播种，用彩笔耕耘，用汗水浇灌，用心血滋润，学生走了又来，来了又走。平淡无味，润物无声。

手捧这本书，封面上一株淡粉色的花朵，鲜艳美丽，象征美丽纯洁，充满希望，是一个小学一线教师的成长历程。

# 简简单单教语文

2013年12月17日下午，"李亚玲小学语文名师工作室"揭牌仪式在桃花工业园中心学校举行。肥西县小学语文会理事刘晓阳老师参会，并为我们上了一节专业引领课——《雾凇》。他和蔼亲切的样子给我留下了深刻的印象，让我深深地感受到教师不再是高高在上的给予者，而是一个引路人、组织者。整堂课刘老师都是在和学生平等地对话，并层层递进，深入核心。我感觉值得学习的地方太多了。首先，精彩的导入，不仅创设了轻松的教学氛围，自然地揭示了课题，还很好地确定了"教什么"的问题。其次，他始终紧扣文本，以学生为主体，巧妙地设计了一个又一个有效的学习环节,让学生仿佛亲身感受到了这一美丽而又奇异的景象,让他们学有所得,学有长进,兴趣盎然,并且更加深刻地理解了吉林雾凇奇观形成的原因。

在媒体信息时代,刘老师摒弃媒体辅助,体现了"简简单单教语文"的教育思想,将语言文字的训练纳入小学语文课堂中,成为刘老师在这节课中引领我们探索小学语文课堂的方向。愿我们在这一指导思想下不断完善小学语文课堂,在传承中融合现代气息。

# 追求无痕的课堂

观看于永正老师的习作指导课视频,阅读部分课堂教学实录,在学习的过程中不断地回忆着自己在习作教学道路上的得与失,让我收获很多。

## 一、利用文本,有效指导

于老师在作文课的开始,就给了学生语文教科书中《我的伯父鲁迅先生》里关于"碰壁"的一段对话。这一简单的选择,让我联想到了教科书上的每一篇文章都是学生写作的范本。这些年来,在语文阅读教学中,我也一直坚持在阅读课中渗透作文教学,然而却从未有过像于老师这样将文本片段拿来作为习作指导的切入点。于老师让学生读,不断地让学生揣摩、体验、发现,在不知不觉中将写人物对话的知识技能传授给了学生。除此以外,于老师还让学生抄写这段对话,要求段落正确、标点正确、书写工整,可谓是把语言文字的训练落到了实处。这样的习作技能指导,不是泛泛而谈,是真真切切的,让习作知识在鲜活的范本支撑下,在师生的对话语境中悄然渗入学生的言语世界。

## 二、创设情景,有感而发

于老师在习作课上,创设了一个个情景,以此来激发学生的写作兴趣,让他们有话可说,有话可写。这节习作课上,于老师选择了一段录音,让学生说说在哪儿听过。素材不仅贴近学生的生活,还引导了高年级的学生关注社会热点，发挥想象动笔去写。有了这样的习作素材，孩子们的写作动机也就有了。在这几年的习作教学中，我也不时为学生创设一些生活情景，尤其是将游戏引入课堂，为学生的习作打开了一片新天地。例如，"贴鼻子游戏"既简单又好玩，还能在活动中刺激他们的感官。如果在习作指导教学中，能像于老师这样为学生创设一个个轻松活泼的习作情境，那也就没有什么头疼的作文了。

### 三、培养学生的习作自信心

对于作文，我们经常这样要求学生：抓住题眼，结合具体事例，人物对话要写好提示语，把人物的动作、神情写具体，写一篇不少于400字的作文。要求多了，学生就望而生畏，不知从何下笔了。于老师在习作课上一般不提什么要求，也不限制写作范围。这样要求少了，学生的自由写作空间便多了；限制少了，学生的写作胆子便大了，自信心便足了。于老师注重习作的修改，总是引用叶圣陶先生说过的话："再念，再念，再念。"所谓"再念"就是出声音读作文。这样就会发现自己作文的毛病，但是不要理解为只读三次，而是反复念，在读中增强信心。

### 四、用恰当的评价性语言

在习作讲评课上，我实在不知道对于写得不好的作文该如何点评，有时候读了，大家都笑。我也知道这样会挫伤他们的写作信心，但也没有好办法，经常也就不了了之了。然而于老师的课堂上那种用放大镜找闪光点的方法让我眼前一亮，比如"一个标点用得好""这个词语用得恰当""这次你交作业很及时"等。于老师在习作讲评上，以鼓励、欣赏、加分为主，如"这句话多富有诗意，就这句话加5分""起评分120，再加15分，一共135分"。学生获得如此高的评价，该是多么激动啊，这一节课他都会认真听的。再如"停下来，这里有一个词用得好，这词最能表达当时的心情。再加5分，用词准确"……这都能让学生明白哪儿写得好，哪儿还写得不够清楚，从而潜移默化地让学生学会修改，学会品评。这种点评以点带面，资源共享，真正让全班学生受益！

除了有像于永正老师这样的领路人，在名师工作室里大家还相互学习，共同进步，在漫漫的习作教学路上，我们会不断尝试新的习作教学方法，让学生快乐地作文。

# 兴趣从生活开始

小学作文指导课怎么上？如何激起学生的写作兴趣？怎样避免学生作文的"假、大、空"现象？这成了我在作文教学实践中最为困惑的问题。薛法根老师的一节作文课给了我很多的启示，教师的作文课就是要让学生对生活感兴趣。

## 一、选题新颖——从调查开始

薛老师的这节作文课就是从身边的事件谈起。其实在四年级作文训练中就"要求学生关注身边的事件，发表自己的看法"。这类作文学生最不好下手，我有时也觉得学生还没有这样的关注和分析的能力，多是一带而过。薛老师今天的课确实让我感到，老师不仅应该引导学生关注自己的世界，还应该用童心看外面的社会、体验外面的生活。薛老师简单地描述了事件后，课堂就从调查开始了，探寻事件的起因经过，激起了学生的兴趣。薛老师说："没有调查，就没有发言权。"学生们的兴趣也就油然而生。

## 二、内容简约——分析事件，挖掘素材

薛老师在指导内容表达的环节，用自身的语言魅力、严谨的分析思维引导着学生去思考，整个过程中薛老师都是以平等的姿态和学生一起探究事件的来龙去脉。学生俨然把自己当成了小"福尔摩斯"，为老师出谋划策，薛老师或鼓励或肯定，不失时机地渗透写的方法，训练学生的思维能力。

薛老师与学生的对话平等自然，又不失幽默风趣，学生在这样轻松愉悦的氛围中与老师谈论学校的事，表达自己的真实想法，这样的表达不就

是最好的作文吗?

# 润物细无声

管建刚老师的这节课是指向写作的阅读课,采用的就是我们许多一线老师常用的在阅读教学中渗透作文教学的方法。阅读教材《水》有着许多值得模仿的地方,加之管老师有独特的教学风格,值得我学习。我关注着管老师如何指导学生在作家的语言文字里学习写作。

## 一、"以苦写乐"凸显乐观态度

管老师引导学生充分感悟课文中村里人"下雨天洗澡"和兄弟四人"一勺水洗澡"的快乐,让学生读课文,学着把一段话变成一句话,再概括成关键词,这种概括的能力是"指向能力"的阅读教学中关于"理解能力"的重要内容,是中年级学生需要重点掌握的。理解能力增强了,表达能力才能日益完善。管老师抓住两个事件中写孩子的句子,让学生去找出来,在读中体会。缺水的"苦"在孩子们在雨中"奔跑跳跃,大呼小叫"和一勺水洗澡时"倒抽一口气,啊啊大叫起来"里化作了"乐"。这样的反衬在管老师的层层引导品读中凸显出来了。管老师启发学生说:"因为缺水,本来日子应该是很苦的,为什么课文中却写了很多乐事呢?"逐渐引导出"以苦写乐"的写法。这种苦中有乐的写法其实在很多文学作品中都有采用。

## 二、事例独特,突出中心

管老师在引导学生比较"下雨天洗澡"和"一勺水洗澡"两件事时,是这样说的:"两次洗澡哪次人数多,场面大,发生的故事多,时间长?"学生异口同声地说:"下雨天洗澡。""那作者应该把重点放在'下雨天洗澡'这件事上,但为什么作者却只用一个小节8行字写'下雨天洗澡',用3个小节16行字写场面小、时间短、人数少、事情少的'一勺水洗澡'?"学生提出了自己的看法,有学生说:"一勺水洗澡是四兄弟在渴望水时候的亲

91

身感受。"有学生说:"这样写更能表现出缺水的苦。"……"哪个事例独特,能突出中心,哪个事例就要多写,写作文艰难也就在这里。"管老师总结道。怎样体现文章中心,把重点内容写具体呢?管老师在辨析中让学生明白选取典型、新鲜的事例,更能写出自己独特的感受,给人不一样的体验。

### 三、特写技巧,奥秘多多

"一勺水洗澡,从头顶流到脚,也就几秒钟的事情,为什么作者却能写出让读者读成几十秒的文字?他有一个秘密武器,就是特写。"管老师和学生做了个游戏,一个学生计时,其他学生读,结果是38秒,整整拉长了近10倍时间,这里面的奥秘是什么呢?

生:把事写详细了,用上比喻句。

生:从头到尾写了身体的七个部位,把滑过地方的时间放大了。

通过学生的品读,管老师引导学生体会"滑过了……滑过了……"的作用,再进行想象,加上几个部位。这就是特写的一大奥妙——"分步写"。管老师设计了情境"起立",一秒钟完成的动作,怎样分步?"屁股离开凳子—胸挺直—抬头、收腹"。这样的模仿练习,强化了孩子们对"分步写"的直观认识。

接着,管老师又说:"哪句话写完后,水仍然没有动?找来读读,写的是什么?"这就是特写的第二奥秘——"内心感受",外部的停下来了,内心那种舒服的感受,就是作家的精彩语言。碰到这样的句子就要把它背下来。

管老师在报告《写作意识:一种被忽视的阅读思维》中给我们讲了个故事:一个摄影技术很好的朋友,来到报社工作,开始随同一个记者外出采访,他只要拍摄,不需要写新闻报道,后来报社要求他写新闻报道。他开始搜集许多新闻报道来阅读,学习别人的写法,慢慢地,他开始在拍摄新闻图片的同时写报道。这就是一种指向写作的阅读。如今的阅读越来越指向文本的道德价值,并不断被放大,而忽略了它的专业属性,即语言文字的表达。管老师说："我们语文教师出于培养学生理解与运用语言文字的能力这一独特目的，就必须关注课文'怎么说'，必须关注语言文字的形式。"

## 读写一体，浓郁书香润校园

我们紧随"全国新体系作文名校成果展示暨名师教学论坛"活动，在最美的昆山玉峰实验学校感受"小学读写一体化实验"成果。玉峰实验学校的林于清老师执教的《童诗教学》，从儿童的需要出发，别具一格的教学思路让我们眼前一亮。

语文教材上也有着许多活泼有趣的儿童诗，平时我也会让孩子们模仿着写写，有时还真觉得写得有模有样的。但是如何让儿童创作诗呢？首先自己不曾写过诗，对于诗的押韵、形式了解不多，最主要的是考试不允许写诗。因此，写诗也只是停留在模仿的层面。林于清老师执教的《童诗教学》，给了我许多启发。

"写作永远是思想感情的表达和交流。"童诗创作也是如此。林老师抓住了"父亲节"学生急于表达对父亲的情感的时机，创设情境，捕捉生活中的父子或父女的温馨画面，激发孩子们的情感。情感激发了，该如何表达呢？林老师以独特的视角引导学生重新认识爸爸，为他们展现了这个时代儿童心中的爸爸形象。这是一节贴近儿童心中的课，林老师在课堂短暂的时间里，让学生听声音体会儿童诗《爸爸的鼾声》；看绘本《我爸爸》，读小诗《遥控爸爸》，拓展他们的想象空间；再以小诗形式出示歌词《好爸爸、坏爸爸》，给出儿童诗的范本。

通过读我们可以丰富自己的思想，通过读我们还可以学习和借鉴一些优秀作品的表达方式和技巧，从而使我们的作品在内容和形式上逐渐向经典靠拢。虽然这节课林老师没有告诉学生该写些什么，也有没有强调诗歌的形式，但是学生在读中已经知道自己该去写些什么，也在不自觉中掌握了儿童诗的形式。

在读中写,有方向、有针对地实施阅读教学与写作训练,是这节课对"读写一体化"这一新体系的最好展示。

# 与绘本的美丽相遇

这是一个紧张而又充实的周末,没有什么理由阻挡交流、成长的脚步。今天我们参加"安徽省'名师成长'提升工程暨首届语文高峰论坛"活动,名师与成长中的名师同台献课。我也在聆听中成长。

听汤谨老师的绘本课已是第二次了,第一次的场景依然历历在目。汤老师的课以绘本阅读触发灵感,把习作知识渗入阅读中;以绘本为媒介,引导学生放飞想象,让童话故事在学生的口中、笔下生花。第一次听课,对于绘本的了解仅仅是低幼读本,而汤谨老师在绘本课中介入作文,着实让习作变得轻松了。一节课的时间,通读绘本都困难,还要学生写,如何处理读与写的关系,让两者浑然一体,相辅相成?汤老师做到了。因为这节课,带着对绘本的极大好奇,我们也开启了在绘本阅读中练习写话教学的尝试。我选择了低段的写话教学,琳琅满目的绘本故事,个个都吸引人的眼球,最后结合二年级以看图写话为主的写话训练点,我选择了日本著名绘本作家宫西达也的绘本《好饿的小蛇》。运用书中的"文",以"文"为引导,仿写一句话,用好图画,引导学生观察"图",想象图,尝试表达。一轮课上完后,再回头听汤谨老师的课,才发现其中的良苦用心,带给学生的是实实在在的习作指导。写作是一项技能,只有练习才能学会,给学生足够的练习时间,是写好作文的关键。

开启新的学习方式,会让学习变得更加快乐。绘本让阅读充满快乐,那么用阅读绘本来开启快乐习作的大门,又何尝不是快乐中的快乐呢?

# 绽放在课堂里的智慧

教育生活化，这是一个长时间的教育实践积累与教育理论融合的过程。听着这些来自一线老师打磨的课堂实践，一份感动溢于言表，有深深的敬意，也有着点点的自豪，因为我也在尝试着、努力着！

一

认识一个全新的语文课堂，认识一个不一样的语文老师——雷晓彤。执着于教育，执着于课堂，满心分享雷老师的教育戏剧。

刚接触教育戏剧，以为是话剧、舞台剧或是传统戏剧，对我来说实在是太遥远了。因此，当选择到工作坊体验的时候，我没敢报名，错过了真实的体验，不过听着雷老师的介绍也是受益匪浅。

戏剧教育即运用剧场里的技巧，把戏剧元素以戏剧游戏、戏剧范式运用于课堂教学中的一种课堂教育方法。当雷老师把孩子们的声音与肢体相结合，让课堂即为生活，一切又似乎真切地在我们的语文课堂中绽放。是的，我们的孩子有着太多的想象，有着太多的表现欲，而我们却一天天扼杀着他们的天性。看着孩子们做着木头人的游戏，每个孩子都甚是有趣可爱，这些也许就是戏剧教育里的"静态"吧。每一次上课，一说到课文中的主人公，孩子们都会蠢蠢欲动，有时候会责怪他们不遵守课堂纪律，其实我们的戏剧教育正在进行中。

课堂，是舞台。语文课堂是由一个个小小的微剧组成的，每个学生都是剧中人，让我们演好每一个剧本，让语文不再枯燥。身为"小语人"，唯愿戏如人生。

二

走进那间手绘书工作坊，陡然间感受到的是书的温柔、书的芬芳。从接触到结束不过两个小时，却让我回味了许久许久，那芬芳来源于一本本可爱的手绘书。一名普通的小学老师，让书变得有趣，让学生的绘画、手工和写作变得生动，这是一种智慧。

源于绘本的启发，让文字与绘画美丽邂逅，语文老师与美术老师合作，学生的作品不再是孤零零的一幅画、一篇作文，孩子们的故事以绘本的形式呈现。每一本书都有着不一样的造型，就像节日里一张张立体的贺卡，书也可以是立体的，把手工的元素再融合于其中，创作书的孩子快乐着，阅读书的孩子也是爱不释手。

我们惊叹着其中的智慧，其实也是在感叹老师的用心，只有倾心教育的人才可以有着这样的智慧。因为育人，是一缕抓不住的风，路过，却未曾发现。内心的共鸣，让我们在体验中放飞童心，每一本小书的创作，给了我们无尽的惬意享受。一个多小时的体验，我们都在用心制作着，内心也在静静地守望着自己那份成长的麦田，憧憬着耕耘后的收获！

花开花落，书启书闭。手捧一本手绘书，希望开启孩童热爱书的大门；因为一群"小语人"的智慧，希望孩子们能在这袅袅书香中拥有更大的世界！

► ► ►  **分层展示　且悟且进**

# 在工作室活动中前进

"一花独放不是春，百花齐放春满园。"为了充分发挥名师工作室的示范、引领、指导和辐射作用，引领周边学校教师研究课堂教学，提高教学效果。我们抓住全员送教、名师骨干展示、跨校教研等活动，构建起个人思考、同伴互助、专家引领的教科研体系。

春去秋来，花开花谢，蓦然回首，这五年来，工作室成员的脚步踏遍肥西县的13所中心学校，与肥东县、长丰县也有交流，多次进行跨校教研。

我作为合肥市骨干教师，在工作室团队里，参与了县区送教三次，与合肥市钱梅娟名师工作室联动教研一次，参加了"合肥市首届小学语文名师工作室优课展示活动"。

为了上好一节绘本写话课《好饿的小蛇》，我在自己的学校和周边学校先后进行了十次磨课。在磨课之前，李亚玲老师给我的要求是课要指向语文核心素养，要能够凝结着工作室的理念，能够吸纳工作室成员的集体智慧。这样的磨课过程不仅是个人的思考，还要学会聆听、吸纳。同一内容要反复上，反复改，有时甚至要将原先的教学思路全盘推翻，这是一个痛苦的过程。我知道，艰辛的过程是积累的过程，经历越多，收获也更多！我和工作室成员愿意将这痛苦的过程与他人分享。

参加"合肥市首届小学语文名师工作室优课展示活动"，我决定选择绘本读写训练课。在研读了新课标中对于低段写话教学的要求后，我选择了绘本《好饿的小蛇》，画面简单、语言不多、通俗易懂。在绘本写话教学中，既要着力引导学生描述图画内容，想象画面以外的空间，更要引导学生学习、运用甚至移植绘本中的语言。《好饿的小蛇》情节曲折，画面夸张有趣，文字简单。因此，我决定让学生观察画面，发挥想象，扩写绘本中的文字，训练学生看图写一段话。

以"小蛇吞食苹果"图为范例，指导学生观察画面，发挥自己的想象，借助绘本语言"小蛇发现苹果"这一训练点，由浅入深地将"句子拉长"。为了增强孩子们的信心，先从词语入手，不断提高难度，给予坡度，让句子慢慢变得丰润起来。

（翻开书本）

师：好，我们继续来看绘本。小蛇扭啊扭啊，它发现了什么？

生：苹果。

师：谁能说一句话？

生：小蛇发现苹果。

师：一句完整的话还需要什么？

生：标点符号，最后要加上句号。

师：老师记得你们做过扩句练习，我们来把这个句子扩写一下，谁先来？

生：长长的小蛇发现了一个红红的苹果。

生：好饿的小蛇发现了一个又大又红的苹果。

生：贪吃的小蛇意外地发现一个圆圆的苹果。

师：你们真有办法，就这样把句子拉长了！写作文就是这样写具体的。

（板书：发现）

师：下面老师和你们做个"角色扮演"的游戏好不好？现在你们就是小蛇了！这位蛇小姐，请你来说。

生：真是一个又大又圆的苹果。

师：这位蛇先生，请你来说。

生：哇，好大的苹果，我要吃掉它。

生：苹果,苹果，我要吃掉你！

师：原来同样的意思还可以说得这么有趣。这么好吃的苹果，小蛇会怎么做呢？

生：小蛇跑到苹果面前，大口大口吃起来。

（出示图片：小蛇、苹果）

师：仔细观察小蛇，你能让小蛇动起来吗？谁来说一说？

生：小蛇扭动着身子，慢慢地向苹果靠近。

师：小蛇已经向目标靠近了！你接着说。

生：小蛇扭动着身子，慢慢地向苹果靠近，抬起头，张大嘴巴，要吃苹果。

师：你真棒，会把前面同学说的话连起来。

（演示动画对话框"啊呜—咕嘟"，苹果消失。）

师：谁会读对话框里的词语？

生：（张大嘴巴，用力吞咽的样子）"啊呜—咕嘟"。

师：你可真擅长表演啊！我们一起学着他的样子大声读。

（生齐表演读）

师：苹果哪儿去了？

生：小蛇狼吞虎咽地把苹果吃到肚子里。

生：小蛇"啊呜"一口，把苹果吞到肚子里。

（板书：吞下）

师：我们能不能把小蛇吃苹果的动作连到一起说一说呢？

生：小蛇慢慢地爬到苹果面前，抬起头，张大嘴巴吞下苹果。

生：小蛇张大嘴巴，"啊呜"一口吞下苹果，苹果"咕嘟"掉进小蛇的肚子里了！

师：小蛇吃苹果真好玩，这时候小蛇发生了怎样的变化？（出示图片）

（板书：变成）

生：小蛇的肚子变大了。

生：它一口吞下苹果，肚子大得像个苹果。

生：小蛇的肚子变圆了，像个大苹果。

生：小蛇把苹果吞下肚子，像个大皮球。

生：小蛇说："这苹果真好吃啊！"

师：非常好，这是小蛇说的话，你们很会想象。我们一起来把说过的话连起来说好吗？

生：好饿的小蛇发现了一个圆圆的苹果。这苹果好红啊！

生：小蛇抬起头，伸直身子，张大嘴巴"啊呜"一口吞下苹果。

生：它的肚子变得圆鼓鼓的，就像装了一个大皮球似的。

生：小蛇开心地说："啊，真好吃！"

师：我们二（2）班的学生说得真好，老师悄悄把你们说的话都记下来了，要看吗？

生：要看。

（出示句子，学生读）

师：我们是二年级的学生了，可以写一段话对吗？现在，我们怎么把这四句话变成一段话呢？

生：把这四句话连起来就成了一段话。

师：他说得很好，连起来就是一段话。（课件显示四个句子合在一起）

生：最前面还要空两格，才能是一段话。

（课件出示作文纸的规范书写片段：一段话开头要空两格，标点也要占一格，书写还要工整。）

在范例指导后，又设计了"小蛇吞食香蕉"的环节，有了第一个环节的训练，有了句式的仿写，让学生以小组为单位，发挥集体的力量，体会编故事的乐趣。

师：同学们，我们继续读绘本。小蛇接着去散步了，它发现了什么？接下来三人一个小组，按照"发现—吞下—变成"的顺序，练习说话，每人说一句。

师：看到你们的小手都举起来了，请你们来汇报，其他同学认真听。

生：小蛇出去散步，发现一根又黄又长的香蕉。

生：它快速地扑过去，一口吞下肚子。

生："啊，真好吃！"小蛇的肚子变成了一只小船。

师：他们编得真好，我们把掌声送给他们。你们这一组再来说说。

生：小蛇发现了一根黄黄的像弯弯的月牙的香蕉。

生：小蛇张大嘴巴，像我们吸果冻条一样，慢慢地把长长的香蕉吞下肚子。

生：小蛇的肚子变成了弓箭。

师："弓箭"这个词真形象。

生：小蛇的肚子像长了翅膀似的。

师：是吗？真像，小蛇也想飞啦！

（最后选择绘本中最夸张的一幅图"小蛇吞食苹果树"，放手让学生观察画面，猜测情节，进行创意写话。）

课上完了，但孩子们那专注好奇的眼神，那自由的书写所表现出的无限丰富的想象，还有那发自内心的笑，依然久久地留在我的脑海中。

和这些学生是第一次接触，也不知道他们对绘本知道多少，然而一节课结束，我深刻地感受到他们是喜欢读书的，在快乐的阅读中跃跃欲试，他们张开想象的翅膀，自由地编故事，快乐地说故事、写故事，写话不再是一件头痛的事，而变得好玩起来。经过阶梯递进式的训练，每个学生都当场拿出了自己的作品，有的学生的作品与作家的作品有着惊人的相似之处，让人不由地刮目相看。

师：这位同学，读一读你写的。

生：有一天，好饿的小蛇扭来扭去在散步，它发现一棵苹果树，小蛇爬到苹果树上，吞下一个大苹果，肚子变得像一个又大又圆的皮球，小蛇高兴地说："啊，真好吃的苹果啊！"

师：真好，写得语句通顺！谁写得不一样？你来。

生：第三天，好饿的小蛇扭来扭去在散步，忽然它发现了一棵苹果树，小蛇飞快地爬了过来，它想，我使劲撞树，苹果就会掉下来的。于是小蛇向苹果树撞去，苹果一个接一个掉下来，小蛇狼吞虎咽地吃起苹果，小蛇高兴地说："啊，真好吃！"小蛇的肚子变成了一辆小火车。

师：她编的故事你们喜欢吗？喜欢哪儿？

生：我喜欢她说的"小蛇的肚子变成了一辆小火车"，想象很丰富。

生：她用的词语"狼吞虎咽"特别好。

师：孩子们，你们的想象真有趣，我们来读绘本中的故事吧！

师（翻页阅读）：小蛇扭来扭去爬上树，然后低下头，用尽全身的力气张大嘴巴，"啊呜"一口吞下苹果树，小蛇哪儿去了？它变成了小树。

师：有同学和作者想的一样的吗？请举手。谁来读读自己写的？

生：有一天，小蛇发现了一棵苹果树，上面结满了苹果，小蛇自言自语地说："那树上的苹果一定很好吃。"小蛇一高兴，竟然张大嘴巴把一棵苹果树都给吞掉了。小蛇变成了一棵苹果树。

师：和作家想的一样的同学很棒，不一样的也很精彩，老师喜欢你们不一样的想象。

看图写话是低年级学生写话的主要内容之一，借助绘本《好饿的小蛇》中的画面，以书中的角色原型"小蛇"引领学生展开想象，编写故事，为读写绘本开辟了一片新天地。为此我从以下几方面对学生进行阶梯训练。

第一阶梯：拉长句子。

写好句子是写话的前提。如在这节课中，绘本文字是"小蛇发现苹果",要达到"好饿的小蛇在森林里发现一个又红又大的苹果"这个效果,需要一个训练的过程。因而我设计了一个扩句训练:将短句连起来,加上标点就是一句完整的话,把训练设计具体化,由易到难,有效地提高学生的表达能力。我想经过这样长期有意识的训练,学生就渐渐地能把主谓结构的干枯的句子变长,变得丰润起来。

第二阶段:看图想象。

看图写话,首先得看懂图画所表达的意思。图中都有什么?他们在干什么?这就需要以观察为重点的练习。图画是静止不动的,是某一情景的瞬间定格,需要联系实际展开想象。学生会看图,也会把想象的说出来,但是不一定会写,如何激发学生写的热情?应该在有序观察的基础上引导学生有序表达,在这节课中,绘本中的图画,只有一条小蛇和面前的苹果,我先引导学生看懂图意,就是"小蛇要吃苹果"。如何吃苹果?再引导学生聚焦小蛇,想象小蛇吞食苹果的动作,通过连贯的动作白描,把图画写活。小蛇吞下苹果,肚子怎样变化?通过观察图画,激发想象,尝试表达,学生运用比喻句,形象地描述画面,这样的想象来源对生活的积累和提炼,所以平日的课外阅读和生活经验积累是写话的基础。

第三阶段:句段衔接。

二年级的学生对写一段规范的话还不够熟练,在这节课中,我利用课件,将第一环节中训练的四句话连接起来,形成一段话,形象直观地展示在学生眼前,让他们感知一段话就是将说过的一句句话连接起来,再出示作文纸上的规范书写,真正给予学生从说的规范到写得规范,为后面的习作打下坚实的书写基础。

小小的绘本,如同一把小小的钥匙,打开了学生的心窗,他们在短短的时间里有了可喜的变化,我想这次的写话指导就是"读写结合"吧!将绘本引入课堂,让绘本以合适的方式走进儿童的生活,成为他们学习语言的有机组成部分,这是时代的需要,也是儿童心灵成长的需要。

# 生活体验式习作课的指导

农村孩子父母在外打工，常年跟随祖辈生活，没有什么可写的。其实城市孩子又何尝不是呢？与电视、电脑相伴，穿梭于补习班中，从单调的生活中又怎么能找到素材呢？因此，编造作文、仿写范文比比皆是。我们的学生喜欢读书，到了高年级学了许多篇文质兼美的课文，课外阅读也没有缺失，然而写作仍然是个头疼的事情。不少老师希望通过摘抄积累和大量练笔来改变这一状况，然而，这种训练不仅费时，还增加了学生们的负担，最终还是不了了之。

写作文就那么难吗？仅仅强调接触生活、海量阅读和坚持练笔是不能真正解决学生写不好作文的问题的。小学写作教学称为"习作教学"，说明小学阶段是儿童学习写作的时期，在这个特定的时期，"习作教学"的本意就是"教"儿童"学"写作，即教师要引导儿童进入与自己相适应的言语文化情境，唤醒他们的言语感官，激发他们的写作欲望；教师还要善于"指导"，通过范文启发等形式，让习作知识在鲜活的师生对话语境中悄然渗入学生的言语世界，做到"在写作实践中学会写作"。因此，立足农村小学语文课堂，把学生生活实践引入作文教学过程中，着力以说助写，以读促写，减小写作坡度，激发写作兴趣，提高写作能力，实现新课程标准提出的"能具体明确，文从字顺地表述自己的意思"的作文教学总目标。

## 一、课堂中的生活情境创设，引导儿童写出真感受

习作来源现实生活，生活中处处有习作素材。但是小学生缺乏捕捉生活素材的能力，在写作时不知道写什么。因此，在指导作文时，教师应把学生引向真实的生活，让他们用自己的眼睛观察，用自己的头脑思考。在课堂教学过程中，尽量创造条件，设计与写作任务有关的活动，使学生在活动中"以身体之，以心验之"。

如在教学苏教版语文二年级下册《我喜欢的一种水果》时，虽然孩子

们都很熟悉水果，但缺乏深度的观察，导致无话可写。教学时，我让学生把香蕉、苹果、橘子、梨子等水果带到教室，调动他们的多种感官，用手摸，用鼻嗅，用口尝，来丰富他们对所观察对象的感受，激发学生参与的内在动机。

为了更好地调动他们的学习兴趣，我把孩子们的目光聚焦到大屏幕上，通过图片、故事，激起学生回忆，让学生自己去发现介绍水果的方法。然后以西瓜为范例，利用动画演示，无形中向学生说明观察要有一定的顺序。在整节课的教学过程中，我没有直接告诉学生该从几个方面来介绍，以及应该如何介绍，而是以活动、体验等课堂教学方式，使学生对所描写的事物有鲜活的感受，进而达成教学目标。在观察的基础上，我还指导学生用特定的句式表达自己的想法。如在出示一筐水果时，我设计了这样的句式：这筐水果真_____啊！有___，有___，有___，我最喜欢的水果是_____。通过这样的句式练习帮助学生有的放矢进行观察，并记下观察到的内容，为写句子或写段落打下基础，铺平道路。

在这节课上，我精心搭建平台，全面、深入地引导学生观察。学生之后的观察，就有了目的性，更加仔细，在不知不觉中调动起已有的生活经验，还在和老师同学的交流中不断丰富着这一经验。有了这样的铺垫，哪有孩子说写不好的呢？看看下面三段学生作品就能感受到这节课的效果。

## 我喜欢吃的葡萄

一天，妈妈带我去超市，给我买了些葡萄。在路上，我就尝了一颗葡萄，感觉酸酸甜甜的，可好吃了。

回到家后，我把葡萄放在桌子上仔细观察了一下。葡萄的形状是圆圆的，好像小小的皮球，一颗紧挨着一颗，串成了一大串，看了就让人直流口水。它的外面穿着一件紫色的衣服，脱下外衣就露出鲜嫩的果肉，最里面有几颗小籽，是它的小宝宝吧！

## 西瓜

夏天悄悄地来到了，这个季节有许多营养丰富的水果，有香梨，有葡萄，还有西瓜。我最喜欢吃西瓜。

西瓜的外表有绿一道黑一道的条纹，上面还长了一根短粗的青藤。西瓜又大又圆，像个皮球一样。把西瓜切开，就露出它那红红的瓤了，看上去就是肉质鲜美呢！真让人垂涎三尺。西瓜是不吃不知道，越吃越想吃。西瓜瓤里还有黑色的西瓜籽，听说晒干了还可以炒炒吃。西瓜皮一般人都会扔掉，但我妈妈会把它洗干净，切成丝，腌一下，做成一道色香味俱全的小菜。

## 香蕉

星期天下午，姑姑来我家，还带来了一把香蕉，我看了高兴地一蹦三尺高。

我把香蕉拿到桌子上，真重啊，有两三斤。我数了数，一共有十五根，他们多像十五个小朋友手拉手在一起玩耍。我掰了一根香蕉仔细地观察了一下，觉得它像挂在天空中闪亮的月亮，又觉得像弯弯的小船摇呀摇！我剥开皮，只见里面黄澄澄的。我咬了一口，软软的，又香又甜的滋味直向我的口中钻，啊！这味道叫人越吃越想吃。

每年的圣诞节，我都会在教室里给学生组织一次"圣诞派对"，活动由学生自己策划、主持。整个活动是学生探究问题的学习过程，是个性化的，也是合作交往的，是认知情感的，也是他们体验和感受最深的。高年级学生自我意识和各项能力比较强，在这样的体验后，他们更愿意自由表达，这样的片段写出了他们的所见所闻，道出了他们的真情实感。

圣诞派对即将开始，大家都戴上圣诞帽，坐在一起讨论：今天会有什么节目？我们会做游戏吗？今天会很有趣吧？……教室里一下子热闹了起来，像个菜市场。不一会儿，节目陆续开始了。节目很丰富，有跳舞，有唱歌，有小品……令我最难忘的节目是：张国豪他们唱的《新贵妃醉酒》，当他们唱到"梦回大唐爱"时，张国豪的面部都紧张了，好像这个音很难唱。这个音有那么难唱吗？为什么还要握紧拳头？我的节目是和吴瑜双跳拉丁舞，我很紧张，生怕跳错，因为这样，我们都忘记了笑，面部表情很僵硬。

老师创设游戏情境，给学生一个习作的铺垫，以此来激发他们的写作兴趣，让学生有话可说，有话可写。比如一次公开课上，一位老师在课堂上让孩子一个个上台吹泡泡，自己也反复吹，指导学生观察。这样的活动不仅贴近学生的生活，还引导学生关注生活，发挥想象。有了这样的习作素材，孩子们的写作动机也就有了。

多媒体的辅助教学为我们的习作指导创造情境带来了极大的方便。如带学生在操场上玩"两人三足"游戏，把这一活动影像记录下来，再在习作指导中用"慢镜头"或"倒镜头"一帧一帧地回放，让学生学会观察，懂得捕捉细节。学生把捕捉的细节作为文章的材料，充实文章的内容，使文章更加具体、生动、形象。就如著名的艺术家罗丹说的："生活中从不缺少美，而是缺少发现美的眼睛。"教师的指导就是要提高学生的习作素养，学生的观察力提高了，把文章写"具体"也就水到渠成了。

## 二、在学生、教师与生活的对话中谱写儿童成长的乐章

"我们平常的作文教学远离了学生的生活，搞一个活动，那叫'活动作文'；来一次游学，那叫'游记作文……'"管建刚老师的话道出了我对作文教学的困惑。离开教师的活动与情景创设，学生就不知道记录生活吗？其实学生的生活就是一座巨大的百花园，孩子们在课堂对话中采撷朵朵小花，谱写自己成长的乐章。这种对话是围绕着教师洞察学生生活情境，能够拓展学生思维的、直抵学生心灵的话题展开的。

寒假将至，该让学生回家做点什么，写点什么呢？刚好期末考试结束，我到教室布置寒假作业，听几个学生围在一起聊放假准备回老家的事情，聊得最多的是吃的。平时父母都很忙，无暇给孩子做好吃的，春节期间父母和祖辈都会精心做点好吃的给孩子们了。我决定作业就从吃开始吧！我要求学生回家搜集家乡的美食，和父母或爷爷奶奶一起动手做美食。转眼

开学了，第一节习作课就是聊一聊家乡的美食。假期已经有部分学生将自己在家制作美食的图片和视频发给了我。我将这些材料制成了PPT，开启了一节学生、教师与生活的对话旅程：

师：孩子们，寒假过得好吗？老师看你们的小脸都长得肉嘟嘟的，一定吃得不错，聊聊你最爱吃的吧！

生：我外婆最擅长的就是做"挂面圆子"。

师：（出示图片）是这个吗？

生：是这个，我奶奶也做了，外面酥酥的，里面软软的，好好吃。

师：他呀，迫不及待地尝了一口，口感不错。（板书：尝）

生：我最喜欢看外公捞面，煮好的面条一根根的，滑溜溜的，有时还会有一两根从外公的筷子上滑溜下来。

师：有意思，这味道好，做起来也挺有趣的。

生：我最喜欢的美食是我奶奶做的"辣爪子"。虽然有点辣，但是奶奶亲手做的，很好吃。

师：辣辣的味道。

生：我喜欢吃糖醋排骨，因为它甜甜的。

生：我最喜欢吃臭豆腐。（全场哄笑）虽然闻起来臭，但吃起来香。

师：非常好吃的臭豆腐。

生：我比较喜欢吃红烧排骨，因为它吃起来脆脆的，又有点麻辣。

生：我最喜欢吃红烧肉，因为红烧肉有油滋滋的汤汁、红彤彤的肉，吃起来特别好吃。

…………

师：同学们刚刚说的这些美食给了老师很多启发。同学们有的是从美食本身出发的，有的是从人的感受出发的。我们整理一下，写美食，除了写美食本身，还可以写人的感受，写故事，以及人物对生活的向往和感悟。

围绕"美食"话题展开，唤醒了孩子们一个假期的生活积累，他们在对话的过程中，积极地从自己的记忆仓库里调取与习作要求相匹配的素材，产生一种愿意表达的冲动，同学之间的交流、分享也激发他们表达的灵感。

在教学的过程中，我真正地感受到作文课不是要老师教授学生如何审题、立意，而是以聊天、倾听的方式，关注学生对生活感受的真实表达，注意启发学生的心灵智慧，给予他们最大的自由空间抒发内心感受。学生把心里最真实的感受从脑中流到笔尖落到纸上。

### 妈妈的"爱心手擀面"

从小到大，我最喜欢吃妈妈做的手擀面，这手擀面可是妈妈的绝活。

小的时候，妈妈做手擀面，我都会端来小板凳乖乖地坐在那看着。只见妈妈把面粉倒进盆中，再一点一点地加水和面，面都黏成一团了，她就开始用力揉捏起面团。我高兴地站了起来，把双手伸进盆中，学着妈妈的样子揉面，可是我的手粘上面就不听使唤了，妈妈见了呵呵笑着，帮我把手上的面搓下来。妈妈让我帮忙在面板上撒上面粉，我终于可以帮忙了。妈妈把面分成一团团放在面板上，拿起擀面杖把面团擀成薄薄的面皮。我又在妈妈的指导下，抓一把面粉均匀地洒在面皮上。开始切面了，妈妈把面皮一层层地叠好，再切。我小心翼翼地把切好的面抖开，长长的面条做好了。

一切准备好，妈妈烧开一锅水，把面条倒入锅中，一会儿工夫，那些长条条在水中翻滚着，像是在跳着优美的华尔兹。面汤也变成乳白色了，这可是普通面没有的哦！妈妈的面最绝的还是配料，把西红柿炸出汁来，再加上鸡蛋和肉丝。面下好了，倒进去这些配料，瞬间面汤上飘浮着红红的西红柿汁，一股鲜美的味道飘了起来。尝一口，酸酸的、鲜鲜的。

妈妈的手擀面蕴含着许多的爱，所以我给它取名叫"爱心手擀面"。

### 挂面圆子

我的家乡快过年的时候，家家户户都会做糯米圆子和挂面圆子。到处都有炸圆子的香味，弄得我鼻子都快香掉了。

我的外婆最擅长做挂面圆子。大年三十的时候，我们家就要做圆子啦！外婆可是这项任务的主角，她麻利地把面煮熟，等面好了，外公就把面捞出来，捞出的面条一根根的，滑溜溜的，有时还会有一两根从外公的筷子上滑溜下来。好不容易捞完了，放在一处晾着，等面晾干了，外婆就把之前准备好的葱花和肉末还有面混合在一起抓、揉，再把它揉成一个个乒乓球大小的圆子。这时，轮到我大显身手了。我把面粉倒在一个小盘子里，又把一个个还没穿上"白衣服"的圆子放在盘子里裹上了漂亮的白裙子。外婆把这些圆子送到烧开的油锅里，它们的"衣服"立即变成了金黄色，再点缀着绿莹莹的葱花，好看极了。

有人说："语文的外延等于生活。"学生只有走进社会，才能学好学活语文。实物情境以具体形象和贴近生活为儿童所熟悉和喜爱，描写实物情境的习作由于实物形象的具体可感而为儿童所接受。因为，现实生活是创作的源泉。要想指导孩子们写好身边的事，老师必须深入孩子们的生活，实景拍摄，学生既是剧中的演员，又是整个活动的参与者，所以，同学们演得非常投入。我在指导学生写《我的课余生活》时，实地拍摄了《弹钢琴》《学骑车》《捉迷藏》《圣诞派对》《钉纽扣》《掰手腕》等。这些来自学生生活中的素材，学生感受深，写出来的语言也是朴实生动。如学生是这样写弹钢琴的：

音乐礼堂里，一架钢琴静静地立在舞台中间。撑开的琴盖又黑又亮，像一块大镜子，映出坐在椅子上的少女沉思的倩影。看，这位白衣少女，双臂像云一样缓缓升起，她的手指轻轻落在低音区的琴键上，教室里，立刻响起了一曲柔和而优美的音乐，随着音乐仿佛出现了一派黎明时分的宁静……

学生生活在学校这个大集体里，也时时刻刻接触着不同的人和事。因此，在观察人时，我们不能局限在学校、家庭这些熟悉的对象上，而应该将眼界放宽到社会的每一个角落，从超市的营业员，到出租车司机，甚至是陌生的人物，强调观察人物的主要特点，还要注意观察与他们有关系的一切人和事。

### 三、浸润着自然气息，习作与心灵一同"拔节"

大自然拥有丰富的资源，我们应该引导学生走出教室，引导学生亲近大自然，领略大自然的魅力，培养学生美好的情趣和仔细观察的能力。儿童的作文水平是与他的认识能力密切相关的，如果学生对周围的世界缺乏认识，就让他们去表达、描述，那是不可能的。帮助学生认识世界，才能引导学生有所表达。

从一年级开始，我就慢慢地将大自然这一观察客体一一呈现给学生。春天来了，我带学生来到校园周围，场地不大，值得观察的景物也不多，但对于一年级的学生已经足够了。首先，教他们选择观察的对象。比如观察花坛周围的松树，观察草的变化，数数杏树开了几朵花。其次，告诉学生观察的顺序。比如它们的颜色、形状、大小，要按一定的顺序去观察。最后，教学生在用眼睛看的同时，还要调动多种感官，用手摸松树未落的老叶子和新发的叶尖有什么不一样，闻一闻杏花的香味，来丰富对所观察对象的感受。他们用刚学的汉字与拼音相结合的方式记录了早春的校园：

柳树发芽了，黄灿灿的，美丽极了。微风吹着我的小脸蛋，很舒服。

我忽然听到几声鸟叫，一看，原来是远处的一棵还没吐出嫩叶的树上有几只黑点，小鸟正在说悄悄话。

再往前走，会有一排松树出现，它的叶子像针一样扎人。叶子大多都是深绿色的，再仔细看看，也有几根软软的、翠绿色的叶子，那是刚刚新发的。

我们每个人都喜欢春天，渴望春天的到来，又是一年春来到，学生长大了，感受也不尽相同，我们走进校园后面的翡翠湖畔，探寻春的足迹。同学们有的以放风筝的方式迎接春的来临，有的带着亲手做的小风车迎着春风奔跑，还有的带上录音笔、照相机，去品味春的音符、捕捉春的缤纷。他们又一次将春天留在了脑海里，留在了笔下，在这个春天里他们与心灵一同"拔节"，共同成长。

一到那，我就被眼前的美景深深迷住了！只见清清的湖水倒映着小桥、大树和白云。一群鱼儿在水里嬉戏，一只水鸟落到水面上把头伸进水里，准备捕鱼。游人划着小船在碧波荡漾的湖面游玩，好似人在画中游。

路旁，有一排排整齐的杨柳树，柳条好像小妹妹的辫子，在微风中轻轻摆动，又像蝴蝶在翩翩起舞，美极了。柳絮随风飘扬，像雪花飞舞。柳树下草丛中长着一颗颗蒲公英，我摘了一朵放在手心，轻轻一吹，飞散开去。小草好像一夜间都全冒出了新芽，绿茵茵的一大片，是那样的生机勃勃。

远处，鸟叫声和蛙声交织成一片，好像是春天的交响曲。

有的花还未开放，身上还包着一片灰黄色的叶子，像它的小棉衣；有的开了一点，像把盖头掀掉的新娘；有的全开放了，像一个个张开的玉手。一阵微风吹过，它落下了几片花瓣，像漂在大海上的船只。

如诗般的语言流淌在孩子稚嫩的笔尖，这是来自学生充分感受春的阳光，春的温暖，感受一种最本质、最根源的快乐。

春赏繁花似锦，秋看落叶纷飞，校门口那一排排白杨树此时已是黄叶翩飞，学生站在树下静静地看着，写作的灵感也在此刻放飞。一阵秋风拂过，树叶如翩翩的蝴蝶飘下，轻盈、自如，我启发学生放飞想象的思绪，想象落叶的故事。

然后，我又让学生捡拾一些形状、色彩各异的落叶，根据某个自己喜欢的童话作一幅"故事画"。孩子们把捡回去的树叶用画笔描绘，剪刀裁剪，制作成了一幅幅"图画"，并描述了画中的故事，有"人鱼公主""龟兔赛跑"等，这样的图文结合，成了他们童年美好生活的见证。在这金色的秋日里，他们再一次打开认识自然的窗口，呼吸自然的气息。

为了引导学生更好地拥抱自然，在认识自然中提高语言表达能力和创新能力。我带着学生去参观了周边的科技博物馆、野生动物园，游玩了苏州园林，培养他们的观察能力，并回到教室中利用多媒体课件，回忆游玩过程，进行口语练习，在观察与口语训练的基础上进行写话。

如果说教师引导激发学生习作的兴趣需要什么灵丹妙药的话，我想就是把他们引进生活中去，关注他们的生活世界，引导他们用童心去看社会，教会他们用言语工具表达情感。

# 读写结合，让练笔在语文课堂中绽放

"读是写的基础，写是从读中得来的知识的运用。读和写必须结合起来……在语文教学中，要强调读写结合，多读多写，边读边写。一方面要重视讲读教学，指导学生读好课文，还要指导学生于课外广泛阅读古今中外名家名著和报刊文章乃至学生范文；另一方面要把作文教学始终放在重要地位，有目的有计划地指导学生结合阅读进行写作训练。"这是刘国正、张定远老师在《作文教学漫谈》中提出的。在阅读教学中，我们可以根据教材的特点，巧妙地嵌入习作训练，以写来促读；在习作教学中，我们要充分利用教材或儿童文学作品中的经典篇目和段落，作为激发儿童兴趣、渗透习作知识的鲜活载体，以读来导写。

## 一、巧用文本语言，挖掘教材的模仿点

阿基米德曾说："给我一个支点，我便可以把整个地球撬起来。"同样，在写作教学中，只要给学生一个支点，他们便能写出一篇篇文辞兼美的文章来。

没有模仿就没有创造。我们的学生之所以读了那么多书，写了那么多作文，仍是一讲作文就头痛，写出来的文章不像个样子，主要是写作思维训练不够。因此在教学中，我从课文语言出发，让学生仿写。如《泉城》一课，文中语句非常优美，我设计让学生仿写词语。另外还鼓励学生把模仿的词语连成句子，当然，不是要求每个学生都要完成，学生能写多少就写多少。

我根据训练的需要，创设主题明确、情节生动有趣的课间场景，能引起学生浓厚的兴趣。在此基础上，引导学生共同交流互动，描述活动过程，还让几个学生即兴表演场景中的动作等，既能调动学生的情绪，又能触发学生的灵感，为写提供了生动活泼的素材。一学生写道：

同学们都像小鸟一般飞快地冲出教室，跑到操场上做起自己喜爱的运动，同学们有的跳橡皮筋，那小女孩辫子一甩一甩的像只快乐的小鸟；有的踢足球，守门员目不转睛地盯着移动的球；有的在做老鹰捉小鸡的游戏；我们班的几个男生最厉害，一会工夫全变成了篮球明星，看李恒同学投篮多像姚明啊！

部编版教材一年级下册《端午粽》一课描写端午粽外形的句子内容比较长，不仅读的时候要注意读准确、读流利，要读懂句子内容，还要更深入地挖掘不同的描写方法，在理解内容的基础上，体会作者的写作手法，运用已有的知识拓展延伸，用同样的表现方式和手段来进行仿句练习。因此在课堂上，我做了这样的引导：

师：课文中描写端午粽的外形是按照怎样的顺序描写的？（A.从外往里 B.从里往外）

生：从外往里。

师：今天我们学会了描绘事物可以按照从外往里的顺序来说，还会用叠词表示"很"的意思，读起来也很好听，不信你读读！

生：（齐读，师引读）粽子是用青青的箬竹叶包的，里面裹着白白的糯米，中间有一颗红红的枣。

（多媒体出示西瓜）

生：西瓜外面是青青的瓜皮。

生：打开里面有红红的瓤，中间有许多黑黑的籽。

师：同学们能够按照一定的顺序描绘事物，将事物描绘得更加形象、生动，给自己鼓鼓掌！

心理学家洛克认为，教导儿童的主要技能是把儿童应做的事也都变成一种游戏似的。学生有了可模仿的句式，又有话可说，"写"就水到渠成了。

## 二、打井文本插图，带上想象的翅膀

语文课本中的文本一直是老师挖掘的重点，殊不知文本中的小插图也可去读，激发学生的想象，进行再创造。学生非常喜欢书本中花花绿绿的插图，经常看见他们拿着笔在上面描摹，或拿张纸照着上面画，不知道这里面是否藏着他们的无尽遐想。一次偶然的课堂生成，让我恍悟他们喜爱插图的缘由。事情是这样的：

走进课堂，翻开课本和孩子们一起学习《台湾的蝴蝶谷》，刚打开书，我准备介绍蝴蝶谷，就有一男生懒懒地说："老师，你去过蝴蝶谷吗？我都没去过！"一句话激起了所有学生的共同心声，没去过，看来是没兴趣上了！

我做出遗憾的样子说："是啊，老师也没去过，可老师看着书上的插图，真感到像在梦中一样！"

"是吗？我也要看看！"

"好吧，同学们仔细看看书中的插图。"

学生们个个抱着书看着蝴蝶，有的在小声地议论着，一会儿，他们都举起小手，"老师，你看这些蝴蝶都朝我飞来！"

"哈哈，瞧他把书都拿倒过来了！"还没来得及评价，学生们已经笑起他来。我把书倒过来看，还真是的。

"同学们，他好有创意。"我夸了他，大家都效仿起来，有的斜着看，有的倒着看。

"老师我要带个照相机给它们拍照！"

"你还没照，照相机上肯定都是五颜六色的蝴蝶啦！"

"对啊，那肯定会围成一朵五彩的向日葵。"

"我走进蝴蝶的世界，我要和它们做朋友，一起跳舞！"

"我感到自己变成了蝴蝶仙子。"女生们说，男生叫道："老师，我要带上画笔去画蝴蝶。"

"我要写歌词，谱上曲子，大家一起唱！"

学生们都有了自己的想法，该让他们写了，我起了个头："在梦里，我走进蝴蝶的世界！"学生们写了起来……

### 三、名篇片段导读，让练笔不再无据可依

学生机械地背诵文章经典段落，甚至是单一地为了考试的背诵是不可取的。教师应该在学生背诵的过程中，引导他们从如何写的角度进行思考。

在单元习作指导课中，我借助同一主题的名篇片段指导学生练笔，比如苏教版五年级下册习作一《观察一种自然现象》，要求把它的变化特点写出来。如何写好特点成为这篇习作的关键。适逢春雨连绵，看着窗外的雨，孩子们都说喜欢，我就顺从学生的内心需求，引导学生创意表达。

朱自清的散文《春》第四个特写镜头是春雨。朱自清写南方的春雨连绵："看，像牛毛，像花针，像细丝，密密地斜织着，人家屋顶上全笼着一层薄烟。"这种雨，使树叶"绿得发亮，小草也青得逼你的眼"。雨夜，一点点黄晕的灯光，"烘托出一片安静而和平的夜"。白天，"地里工作的农夫，披着蓑，戴着笠的"——这俨然是一幅春雨农耕图了。

学生们读后，这幅"春雨农耕图"就呈现在孩子们的眼前。

"我们现在生活在城市，农村的场景肯定写不了。""可以去写校园的景、晚上柏油马路上的景。"一石激起千层浪，孩子们纷纷模仿着作家的风格说起自己感受到的春雨。孩子们这样写道：

一滴滴春雨落到了我的头上和手上，那清凉透过皮肤，直达骨头，凉丝丝的，舒服极了。

来到学校，同学们个个都撑着伞，红的、黄的、蓝的、绿的……这些伞吸引着人的眼球，操场上、大门口，哪里有人，哪里就有伞。

我站在阳台，静静地看着那雨下着。雨轻轻地，一点儿声音也没有，雨细细的，如牛毛，如蚕丝。我忍不住伸出手来，任凭凉丝丝的雨水落在我的手掌上，从我的指缝轻轻滑落，真舒服啊！我恨不得全身的毛孔都张开来，尽情地吮吸这春的甘露。

操场上，虽比平时冷清了许多，但还是有风景可看。几十个小人儿在雨中嬉戏。他们有的把伞放在地面上，搭成一个"小房子"，钻进里头玩；有的在雨中狂奔；还有的拿起雨伞，把地面上的水泼洒到别人身上……他

们在玩耍的同时，脚下总跟着一串一串的水花。看着他们，我仿佛想到了昔日的我，那个衣角总湿的小女孩。

植物们被雨水妈妈洗了一个澡，身上都变得油亮油亮的，像一面小小的镜子。花瓣上躺着一颗颗眼泪大小的水珠，像别人把它弄疼了似的。一些在地上的花草，身上的泥土已被雨水冲掉，变得干干净净的。

我透过窗户望去，在路灯下，它显得那么细，如牛毛、如花针。恍然间，我感觉天空就是一台吐丝机，把千万根丝线从天空中抛下，在路灯的照耀下，又变成金丝银丝。

出示名家散文片段，品读体会，引导学生寻找具体的描写方法，然后让学生对同样的春雨在不同场景下进行迁移性训练。这就是典型的先读后写，读写结合。教学中把春雨的片段描写呈现给学生，它不仅使儿童在习作方法上获得"原型启发"，还对他们潜在的生活经验有着唤醒作用——春雨就是那样的嘛。我也可以写。此时的"阅读"是点燃儿童习作欲望的心灯，照亮儿童习作的道路。

"以说促写""读写结合"一直被视为有效的习作教学传统经验，2011版课标明确强调，"要重视写作教学与阅读教学、口语交际教学的联系，善于将读与写、说与写有机结合，相互促进。"也就是说话、阅读、习作不能"花开三朵，各表一枝"，回归传统规律，从而引导学生经历有深度的语言文字实践，让"课后的练"与"课堂上的教"一脉相承，真正体现对语文素养的目标追求。把学生的真实生活融入这条通道上来，让我们的习作之路走得更宽。

几年工作室的经历，再加上近两年与年轻老师研磨课堂教学，自己获益匪浅。多年来，我养成了一个习惯，把自己的听课感受和课后的反思写下来，哪怕是只言片语，也会像小学生记日记那样记下来。写的多了，思考也就多了。这些文字的积累，让我收获了太多的东西，也使自己的专业成长达到了一个新的台阶。

王飞专辑

　　王飞，本科学历，高级教师，李亚玲小学语文名师工作室成员。参加工作以来，一直潜心语文教学的研究以及多学科整合的思考。多次参加论文、课件、教学设计比赛，并获国家和省市级奖。参与国家级课题研究1项并已结题。

## ▶▶▶ 分层分组 大道行远

### 对于工作室定位的思考

　　李亚玲小学语文名师工作室把研究的方向定位为面向农村小学的习作研究。习作，是语文最重要的考查内容之一，也是最容易拉开学生差距的内容之一。有的学生一拿起笔来滔滔不绝，千言也收不住；有的则是从头至尾都咬着笔头发愁，似乎每个字都是重若千钧，不肯轻出。谈到对于作文的指导，教师也是迷茫彷徨者居多，有的教师利用每次作文提供的范文进行讲解，在课下鼓励学生多读各类作文辅导书。这样的训练首先使得小学生的作文成了单纯的模仿，与自己的生活脱节，与自身的交际和表达需求脱节，最直接的后果就是作文同质化、套路化。有的教师偏重于增与删，增加大量优美的词语，增加各种修辞手法，删则是剔除各种作文的毛病，这样的指导也是花了很多时间和心思，不过对于从根本上提升学生学习习作的兴趣，并没有什么效果。由此种种，有的教师干脆就觉得作文不需教不用教，一切都靠平时的阅读和积累，然后功到自然成。

　　作文教学还有个传统的模式：学生首先按照习作要求，在草稿本上列出提纲，写一篇草稿，交由教师批改，对于写得好的可以誊抄到作文本上，不好的则在草稿本上再写一遍，三易其稿后才能誊抄。在这样的模式中，作文的拟稿、教师的批改指导，都是在课下进行，很少有老师在课堂上来呈现这一过程。在展示课上，阅读课最常见，习作课少之又少，毕竟习作教学花时间长，在四十分钟的时间内，挑战习作往往是很冒险的。

　　针对这种现象，我们工作室一是提出生活化作文，强调作文是学生自我生活经历的反馈，是自我情感的表达，作文不应该是空洞的、虚假的，应该是自我的表达。近代诗人黄遵宪曾经在他的《杂感》诗中写道："我手

119

写我口。"叶圣陶先生也说过，作文应该是让学生用自己的话表达自己要说的意思。这首先就要让学生有表达的愿望、表达的勇气，让学生乐于说、敢于说。真实的表达并不是完全的写实，而是说出学生所想的、所希望与人交流的。在不同年龄段里，幻想类表达都是常见的，在小学低年级段还是主要表达形式。二是提出微格化的习作训练，从低年级的写话到高年级的作文，都要把创设情境，激发兴趣，学生练说、练写、评价等环节浓缩在40分钟内完成，这就非常考量教师的环节设计和掌控能力。

# 我们的小组

2017年9月，领衔人李亚玲老师安排我加入分层学习共同体第三小组。我们第三小组有善于激励、善于协调的组长吴海燕老师，有年纪虽轻但多次参加市县教学大赛的杨丽老师、邹晨晨老师，有入编不久却处处显得经验老到的丁向鸣老师。

恰逢这次教材大变革，使用了部编版的语文教材，这是以"传承、发展、守正、创新"为主线的教材，有从入学伊始就让学生了解语文、爱上语文的启蒙教育，有重视培养家庭阅读氛围的"和大人一起读"的环节。这些诸多崭新的要素，让我这样一个从教二十年的老教师，也有一切从头开始的紧迫感。

我们学习小组以示范课为抓手，以网上磨课和现场磨课为主要形式，相互磨砺，相互提升。例如，我们在共同探讨丁向鸣老师的《小书包》一课的过程中，对教材中识字写字应该遵循"识写分流，多识少写"的原则有了更深的体会。一方面，在课堂上，应该以字理识字、随文识字、形象化识字等多种形式发现识字教学中美的艺术。另一方面，识字教学应该走出教室，走出校园，让路牌、商店招牌等，都成为指导学生认字识字的教学资源，让语文学习无处不在。

在从杨丽老师的《比尾巴》一课的共同研讨中，我思考了应该如何指导学生诵读一年级语文课本里的儿童诗和韵文。我就在自己的课堂上试着使用简单的以姿态动作配合朗读的方式，发现效果也挺好，学生在做动作的同时，韵律节奏读准了，语义重音读准了。在课堂上，还有学生的许多精彩生成，有的学生把单调的动作改成了优美的舞蹈动作，使得朗读极具画面感和想象空间。

除了公开课、研讨磨课，我们小组还一起以微讲座形式总结自己对部编版教材应用的体会。我以《秋天》一课为例，谈学生看图写话与日常观察积累的关系；以《明天要远足》一课为例，谈如何让学生与文本、作者建立情感的共通、共鸣；以《项链》一课为例，谈如何利用部编版教材培养学生的语言素养、语用能力，让学生的表达更有语文味。我以"部编版教材中阅读与表达的思考"为主题，与成员共同分享这些心得，虽然零碎不成体系，但每一份都是自己的思考与收获。

## ▶▶▶ 分层教研　立心于行

### 当古诗遭遇绘本

四月十八日，天气晴好。不到十二点钟我们已经匆匆吃完午饭，踏上本次的送教之旅。一番大道小路地穿行，准时抵达目的地——高店乡中心学校。进入校园，大楼、大操场、大走廊（教室前特别加宽的走廊）、大书屋……校园整洁安静，学生看到我们纷纷驻足问好。学校位置是有些偏远，但也有一份桃源似的安宁。

本次送教研讨活动，共有两节课和一个讲座。在以前的活动中，这两节课经常采用同课异构的形式，连上课的老师可能也有许多相似之处，似乎有着一种比赛的感觉。而这次连上的两节课一是古诗，一是绘本；一是国学经典，一是新兴模式；上课的老师一个扎根乡村近二十载，已过不惑之年；另一个青春昂扬，经过多次课堂教学比赛锤炼。诸多的差异使得这次古诗与绘本的同框分外惹人注目。

古诗是中华传统文化的瑰宝之一，教材中凝聚民族历史记忆和汉字文化之美的古诗词分量越来越重，还有最近的《中国诗词大会》更是掀起了一轮学习诗词的热潮。而在日常教学中，诗词的课文要想上得出彩就难了。第一节课的主讲人李老师这次选的就是古诗《村居》，正与校园外的春光相契合。

上课时间未到，李老师就静静地伫立在讲台上，淡定地环视教室，静候铃声。铃声响起，他一板一眼地开始"游戏导入""整体感知"……常态化的模式透着从容。紧接着，他展示了古诗教学一个诗意的创造：五味识字法（意味，句味，歌味，谜味，诗味）。一个"烟"字，多层次、多维度地析字用字，别有趣味。这一串讲，是教者的沉淀和底蕴的体现；这一成套路的识字方式，是教者不断思考探索的结果。另一个古诗教学创造则是他的古诗仿写，我以为会以文包诗的形式呈现，而他则是字斟句酌地仿写古诗体例："儿童散学归来早，闲嬉丝雨嗅蕾尖。"这份雕琢文字的苦功，在快节奏的现代殊为难得。

一节课，一首诗，环节完备，平仄合韵。唯一有所欠缺的是情绪有些平了。诗，发乎情，这首诗中田园自在之情学生可能难有感悟，而"早"字、"忙"字中透露出那种急切与喜悦之情，应该让学生多些体会。

第二节课的老师是我们组的杨丽老师，几年来，看她在一次次的磨课与赛课中成长，就像以绘本助写话这一模式在工作室中扎根发芽，茁壮成长一样。这次，杨老师带来的仍是一节绘本课。课堂开始，从环节设置到举手投足，都显得老练成熟。整节课的教学，从绘本阅读到说话、写话，层层推进，看似平常的步骤，实则几易其稿。绘本是以学生的视角叙述，同时又有着大量的留白，吸引学生以自己的想象去填充，这样使得绘本有着大量的语言训练的空间。一节课下来，给我印象最深的两点是：（1）让学生能享受语言表达的乐趣是杨老师的第一关注点；（2）对于语言运用的训练目标细致而明确，让学生尝试对自己的写话做自我评价。

两节课，古诗与绘本，体裁迥异，教师风格差异颇大，但无论是古诗词文字的雕琢还是现代绘本童趣的抒发，都是为了让学生爱上母语，爱上语文。

# 带上两支笔来上写话课

这是两个第一次的相遇。对于学生，是第一次拿到写话纸，上写话课；对于我来说，也是第一次在一年级上写话课。学生拿到写话纸，可能会有些茫然，我更多的则是紧张。第一次写话课是一颗种子，要让学生从一开始就爱上写话，要从写话中得到快乐，而不是畏惧和疏远。而对于老师，除了要激发学生表达愿望和乐趣之外，还要有指导性的体现。这就涵盖了本次写话课的两个要点：情境切入点和语言训练点。

对于低年级学生，童话是最好的表达方式，在童话的表达语境中，学生会感到轻松、愉悦，我们需要沿着童心的小径去寻找学生的表达愿望。因此，我设计的写话主题是《兔妈妈的菜篮子》。课堂一开头先引入两个童话中常见的角色：活蹦乱跳的小白兔，温柔可亲的兔妈妈。先不忙布置任务，而是注重氛围的创造和铺垫，通过课件视频展示，配乐朗读，展开这样一幅画面：在茂密的大森林里，住着兔宝宝一家。兔妈妈非常爱兔宝宝，每天，兔妈妈都要送兔宝宝上学，放学再接兔宝宝回家，然后还要打扫蘑菇小屋，做饭；兔妈妈非常爱兔宝宝，她总能做出很多很多兔宝宝爱吃的菜。今天，送过兔宝宝，她又去菜市场，给兔宝宝买了满满的一篮子菜回来……大森林、蘑菇小屋、兔宝宝，这些童话元素的运用，能让学生放松下来，愉悦起来，通过童话情节映照学生的实际生活体验，拉近与学生的距离，使得学生可以把自己平时的生活积累映射于童话故事之中，让学生有话可说。吴立岗先生曾说过，在低年级，童话体最能激励学生积蓄思想内容，儿童将动物、玩具等人格化，用自己的知识和经验去描绘它们的所作所为。在这堂课，学生就是把自己家的菜篮子带入童话中去，亲切而自然。让学生乐于说出来，乐于拿起笔记下来。

以童话意境引入，以生活的体验和童话相互交织，构成本次写话的情境切入点，而语言训练点放在对事物外观的观察和描述上。培养学生细致观察的习惯，为学生习作打下良好的基础。有这样一篇童话故事：燕子妈妈让小燕子去看菜园里的冬瓜、茄子长得什么样，小燕子第一次去看了，回来说茄子是紫色的，冬瓜是青色的；燕子妈妈让她再去看一看，这次小燕子又看到茄子是弯弯的，冬瓜胖胖的……在一次又一次的往返中，小燕子观察得越来越仔细，描述得也越来越贴切。但是在写话课上，如果这样一次又一次地重复观察、纠正，可能会让学生失去表达的兴趣和信心。为此，我设计了让学生拿起第一支笔——画笔。我在课件上展示了许多蔬菜的照片，在写话纸的背面就是一幅装满各种蔬菜的菜篮子的图案，只不过没有涂颜色，只有线条勾勒轮廓。学生拿起自己心爱的画笔，为兔妈妈菜篮子里的蔬菜涂上颜色。只见同学们有的埋头忙个不停，有的则是时不时停下来看一看展示的照片或者向老师提问一下，个个都兴奋而专注。五分钟的涂鸦结束后，同学们便兴高采烈地展示自己的画作，有的学生涂得粗糙，一种蔬菜就是涂满一种颜色；有的学生则是留心观察，把白菜的叶子和菜秆涂成不同的颜色；还有些学生则是异想天开，给蘑菇涂上大红色，给辣椒涂成黑色。

在画笔的展示之后，便是另一支笔登场了。首先，让学生口头介绍自己的"大作"时，他们一般从"兔妈妈今天买了很多菜，有红红的辣椒……"开始介绍自己描画的蔬菜。他们介绍起来格外起劲，不但关注到各种蔬菜有着不同的颜色，有的甚至还注意到蘑菇伞盖上的斑点、辣椒有青红两色这些细节。而且，正因为这些细节都是学生自己观察之后画出来的，介绍时也特别希望分享这种有所得的兴奋。在学生介绍蔬菜的外观时，我随机选择词语写在黑板上，比如学生说出"绿色的"，我就补充上"碧绿碧绿的""绿油油的"这几个词，然后提示学生，比较一下，我们还可以选择哪些词来描述自己画作上的绿色；再比如学生说出"圆形的"，我补充"圆圆的""像一个个珍珠"这些说法。通过这些对比，把完全口语化的随意的叙述稍加修饰，让学生在比较中能感受到语言文字的魅力，从而切实提升学生语用的能力。

经过童话情境创设，画笔描绘，口头介绍，语用感知这一层层的铺垫，学生再翻到写话纸的正面，拿起铅笔书写《兔妈妈的菜篮子》，每个学生都能开心地写，流畅地写，他们的第一次写话也将要像他们的画一样美。

# 让角色"喜形于色"

—— 一种童话故事讲述方式的尝试

　　童话故事，永远是孩子们的最爱，故事情节生动有趣，角色个性鲜明，善与恶、美与丑都那样界限分明。每个孩子的成长中，父母给他读的第一个故事，自己看的第一本书，应该都是童话。如果让学生回忆他们所读过的童话故事，印象最深的一般是故事中的精彩情节，平时学生自己看，往往也是重视情节而容易忽视其中角色的神情、语言。因此，我就设计了一个以童话故事中角色的对话和神情动作为主要内容的写话训练。我选择的故事是课文《乌鸦与狐狸》，这个故事早已家喻户晓，情节也非常简单，狐狸骗取了乌鸦叼来的肉，而在这其中，狐狸的狡猾、乌鸦的虚荣心很强这些特点，都是通过角色的神情、对话来展示的，这正是很好的训练机会。学完这一课后，我利用了故事续编的方式，给学生设计了一堂别开生面的写话指导课。

　　上课伊始，我通过出示课文内容的录音，把学生带入故事情境之中，调动起学生的积极性。当学生沉浸在这个故事中的时候，我忽然提出了一个问题："同学们，过了几天，乌鸦又找到了一块肉，它正叼着肉站在树枝上休息。"接着，我出示了一张图片，并引导学生想象："这时，狐狸又来了，你们想象一下，狐狸会是什么样的表现，又会说出什么样的语言呢？"此时，我利用的是多媒体中的"遮挡法"，把狐狸挡住，让学生展开充分的想象，并大胆说出了自己的想法。

　　学生你一言我一语地说着，我意识到他们的语言有些贫乏，想象的内容比较雷同。我又采用了"图片出示法"，依次出示了不同毛色、不同形态的狐狸的图片，但是这些图片都有一个共性——每幅图片中的狐狸都显示出了狡猾和贪婪。学生在老师的引导下，经过认真观察，语言变得生动，描写狐狸的句子变得鲜活。

　　接下来就是呈现狐狸的语言了。为了规范学生的对话描写，也为了让学生进一步学习提示语的用法，我出示了原文中的两段对话，并使用了多媒体对照两个句子，设计了填空，减小了二年级学生写话的难度。学生把狐狸的花言巧语按照自己的理解，用自己的方式大胆地表达了出来，课堂上一时精彩纷呈，学生童真的语言逗得听课老师哈哈大笑。

为了巩固这种对话描写，我让同学们在自己准备的本子上，学着写出这段自己设计的对话。很快，同学们都完成了任务。我让他们上台展示，读给其他同学听，在倾听的基础上，请其他同学给这些句子找优点、提建议。这种让学生之间相互修改和评议的方法，不仅让更多的学生明确了对话描写的方法，而且能够让更多的学生在展示中找到写话的兴趣，可谓让老师的教与学生的学融为一体，相得益彰。

## ▶▶▶ 分层学习　勤思善问

## 跟随团队制定个人发展规划

非常有幸成为李亚玲小学语文名师工作室的一分子，这无疑给我提供了很好的成长氛围。在欣喜之余，更多的是思考如何借助这个平台让自己快速成长起来。我希望在接下来的时间里多向工作室的导师和同仁学习，并得到他们的指引与助力，树立终身学习的观念，成为一名研究型教师。

### 一、个人现状及自我分析

我在从教十余年时间里，一方面从教材、培训中学习了许多教育理念，但是不能将理念真正实实在在地运用到课堂上，缺乏实际的操作。另一方面，平时在教学实践中，也常有灵光一现的感悟与启迪，但事后却因为疏于记录和总结，不能真正做到教有所得。同时，教学方法有待改进，课堂效率有待提高，反思能力、听评课能力有待提高，教师基本功有待提高。

## 二、发展规划

1.重读书。

阅读是最好的自我发展与提升的方式，要仔细研读《小学语文教师》《小学语文》这样的教育类核心期刊，必须做好阅读笔记，写好读后感。另外，还需广泛涉猎经典文学、心理学以及历史、科学等方面的知识。阅读应该系统化，我计划每天抽出半小时来做专项阅读，同时抽出碎片时间做些补充阅读；浅阅读与深层次阅读相结合，要花时间"啃砖头"。在不断阅读中提升自己的品位，成就"腹有诗书气自华"的精彩。

2.重观课、议课。

教学是科学，更是艺术，教师在课堂上不仅要传授知识，还要和学生做好交流。因此，提高课堂感染力与表达力，是教师成长最重要的环节之一。在此过程中，多参加观课、议课非常重要。在工作室中，最多的教研活动就是反复的磨课，我要认真参加磨课活动。一方面，要视听结合，利用必要的观察工具，有效地收集和整理课堂信息。另一方面，要运用心灵和理性的力量感悟、体验和分析，以获得对课堂教学的认识和理解，读懂课堂内在的师生活动内涵，读出课堂事件的发展变化趋势。要用心感受课堂、体悟课堂，从观察学生、倾听学生、研究学生入手，促使教育者更加理解学生和教学，采取符合教学规律的方式展开教学，从而更好地改造学生的课堂和学校生活，更好地促进学生发展。在评议中，鼓励直面问题，鼓励质疑，在质疑中引出批评和讨论，目的在于促进教师更新教育理念，思考教学新设计，改进教学行为，提高教学效益，整体发展我们的实践性知识。

3.重培训观摩。

对于农村小学的教师，外出培训观摩的机会很少，这使得我们接受新理念、新方法往往显得滞后。加入名师工作室后，要珍惜平台给予的每一次外出培训的机会，要多走出去，接受更新的、更高水准的教育洗礼。根据工作室的定位，要特别留意习作课的观摩教学，在现场感受新锐教师对习作教学的最新探究，在现场聆听专家高屋建瓴的讲座。

4.重记录感悟。

教师需要不断地成长，不断地积累。把日常的教学机智、教学偶得转换为实实在在的教学实践经验。经验的总结需要文字的记载，需要从零碎到系统的转变和提升。因此，我要认真做好心得感悟的积累，让脑子动起来，让笔动起来，一日一点，一周一点，再以教学案例、教育叙事等形式加以总结和提升。从而成为一名研究型的教师。

# 终身学习，我们一直在路上

曾经以为，有了一个汉语言本科的学历，足够应对小学语文的教学任务；曾经以为，有着十几年的教坛经历，足以应付可能出现的各种问题。然而，当我加入工作室以后，有机会聆听大家的讲座，观摩名师的课堂，以及了解名师名课背后的故事，才真正体会到切不可裹足不前，而是需要终身学习。

在20世纪60年代，联合国教科文组织首次提出了"终身教育"的概念，它把教育看成是人一生中连续不断的学习过程，是人们在一生中所受到的各种培养的总和。每个个体面对知识快速更新的现代社会，要想克服工作中的困难，解决工作中的新问题，要想得到更大的发展空间，更好地实现自身价值，都需要终身学习，让学习充实我们的精神生活，提升我们的生活品质。对我们来说，终身学习应该是每一位教师的座右铭。

我们的学习，首先从教材开始，每一次教材改版，不仅仅是课文体系的变动，还有教学思路的转变。2016年新教材的应用，又给我们带来了一次剧变，我们像刚入学的新生一样，专注地听着专家对教材的解读，不敢有丝毫的懈怠。我们的学习，还从一次次的讲座开始，有的是名师从自己的故事中提炼的人生智慧，有的是学者介绍诸多的前沿教育理论，或深入浅出，或高屋建瓴，都是我们难得的知识大餐。我们的学习，还从一次次的观摩课开始。我们工作室先后参加了"新体系作文""七彩语文杯"等诸多大型观摩课活动，每一堂精彩纷呈的课，都让我们受益颇多。

# 从翡翠湖来到未名湖

## ——北大培训心得

翡翠湖，校园外的一处公园湖区，虽然它的名声不显，但也伴随着学校一批批的学生度过春游的欢乐时光。而要说名气最大的校园湖，应当说是北大的未名湖了吧。2017年暑期，我有幸和县里一批班主任一起，来到了北大未名湖畔。

进入北大校园，我就跟随郭老师和何老师四处游览。正如余秋雨所说，游览西湖并不是单单为了看多么绮丽的景色，更是对每一处名人遗迹的追寻。在北大校园游览，听着两位老师讲述一处处建筑的往昔岁月，也让我对接下来的学习满怀期待。

在随后的几天里，我们一起接受了高强度的训练。各位专家、教授在讲座中传授的知识经验，表现的谈吐风度，渗透的思想理念，体现的治学精神让人如沐春风、感慨不已。南京师范大学教育科学学院教授项贤明从现状、挑战、跨国比较三个方面阐释了《试解钱学森之问——国际比较视野下的创新人才培养》；北京大学经济学院教授张延从经济运行和增长问题、社会收入分配、通货膨胀和货币政策、中国经济新常态与政策走向四个方面全面解读了《当前宏观经济形势分析》；北京大学教育学院教授蒋凯从美国基础教育的特点、芬兰教育成功的原因、日本基础教育均衡发展的经验三个方面解读了《国外基础教育改革动态与借鉴》；北大附属中学特级教师张思明、人大附属中学特级教师沈献章以翔实的教学案例就"有效教学"做了深入的探讨；北京八中高级教师刘黎明、北大附中高级教师秦蕾以丰富的班级管理案例生动地讲述了班级管理工作的点点滴滴；北大中文系教授常森以深厚的文化底蕴、严谨的治学精神，旁征博引地讲解了《诗经与传统文化》。

培训是一种召唤，在召唤中明确方向，在召唤中描绘愿景。北大学习时间虽短，但所有的参与者均成功地接受了一次心灵与文化的洗礼，成功地完成了知识结构的更新。在以后的班主任工作中，我们必将以不断反省、不断提升的态度，认真做好教人育人的工作，不虚此行。

# 对于纪实作文与想象作文的一点思考

最近半年，我听了很多次作文教学指导课，觉得要以公开课的固定模式来完整呈现作文教学策略与成效，难度系数要远高于一般的阅读课教学。处于陌生的环境，面对陌生的学情，还要综合考虑时间和听评课人员的观感，所谓"戴着镣铐的舞蹈"也不过于此。习作又应是平时的小练笔到大作文的结合，对于语文综合素养的考查更为全面。在聆听多次的作文教学指导课后，我发现老师在选材上，想象作文的比例远远大于纪实类作文。思考其缘由，可能既有应对公开课这种固定模式而趋利避害，也有对小学生阶段思维发展的共性体会。

2011版课程标准中，对小学生习作在第二学段的建议是"观察周围世界，能不拘形式地写下自己的见闻、感受和想象，注意把自己觉得新奇有趣或印象最深、最受感动的内容写清楚"，与第一学段中"留心周围事物，写自己想说的话"相比，难度基本是递增的。但在人教版三年级上册《习作教学应该注意的问题》一文中，我们又看到一个自己很熟悉的说法："写实实在在发生的事件，并表达自己的真实情感。"这里特别强调"实实在在"和"真情实感"，就是要求记述真实的人、真实的事，反映真实的生活，不能造假，不能瞎编。

一直以来，"文以载道""文贵真实"这些要求贯穿语文教学特别是作文教学始终。即使是刚开始练习习作的三年级学生，写真事、说真话也是基本的要求，三年级上册的习作分别安排了写自己的课余生活、写身边熟悉的人、写一幅秋天的图画、写一则观察日记、写生活中的传统文化、写自己去过的地方等。若是写一个刚经历的场景还可以凭借自己的记忆来写，但要是写一个熟悉的人呢？对外貌特点、语言、行为性格这些，学生如果没有练笔积累，就只能靠搜刮平时的记忆了。那么，在三年级学生中，要描述一个家人或同学的外貌，如何将记忆中的画面转换为书面语言？要学会抓住其特点，要是这个家人或同学外貌和语言上没有什么特别之处，又不能违反真实这一原则，可就难为学生了。抓住特点写实，看似简单，实则不易。

而对于想象类作文，这些束缚就不存在了。对小学生来说，编个同学的故事要么被老师批没有反映人物特点，要么过不了"真人真事"这一心理关；编个小兔子的故事就可以自由尽情发挥了，而且更易编出些或妙趣横生或别具一格的话来。

想象作文与纪实作文最大的不同之处，可能还在于编故事。与强调真人真事不同，学生在想象作文中可以尽情发挥，让想象带领他们上天入地，带领他们与植物对话，与动物交友，所谓夸张、拟人，都不再是有意识的修辞手法，而是油然而生的表达方式。

## 一路走来，披荆斩棘

### ——读《一路走来，春暖花开》有感

### 一、身边的明星大姐

这几年，每次遇到外校的老师，我一自报校门，外校的老师往往会说："李亚玲是你们学校的吧？"或者"哦，我知道，你们学校有个李亚玲对吧？"在外面的老师看来，李亚玲老师早已是学校乃至肥西"小语界"的一位明星、一张名片。不过，对我们这些朝夕相处二十余年的老同事来说，李老师更像是一位温暖的大姐。

犹记得刚踏上工作岗位时，李老师会笑眯眯地向你介绍学校，和你聊着家常，像一位善解人意的大姐，在不知不觉中化解着初入岗位的无助和惶恐。那时我就发现李老师有一项特长，她只见过一面的人，下一次见面她总能马上认出来。无论是同事的家人朋友，还是各个班那么多的学生家长。同事也好，学生也好，诸多的小事，她都能记在心上。只要和她见过或说过话，隔了好久，再见面时她总能热情招呼。这让一直脸盲的我羡慕不已。善于观人、识人，这或许就是后来李老师在教学上总是强调生本课堂，让她的课堂关注到每一个学生的成长，而不是成为自己表演的舞台。

对学生家长、家庭的了如指掌，也可能正是李老师能够让班级所有学生、家长齐心协力，为学生的全面发展而努力的原因之一。

那时的李老师给我印象最深的，还是她的"爱操心"。同事无论大事小事找到她，她都是热心又耐心地相助。那时我常想，李老师真是大爱无私，除了同事，对于她班里的学生也是如此。还记得那个家庭困难、父母都不在身边的小女孩，小学几年时间里，一直被李老师当成女儿一样呵护，直到前两年，那学生请李老师主持自己的婚礼，又是一段"老师就像妈妈一样"的佳话。

那时，还没有"正能量"这个词，李老师也没有现在名气这么大，只知道她就是一位温暖的大姐。到了现在，已成"明星专家"的李老师，辈分也见长，总是喜欢被新进的教师尊称为一声"姨"。她手把手地指点刚入编的教师，一节节课地帮他们打磨，从课堂环节设计、教学方式方法到班级管理各个方面，都积极传授经验，让他们的课更自然，更贴近学生。有的未入编的老师要请假突击复习，李老师经常奔波于各地开会研讨，但还是主动承担下临时代理别的班语文课的任务，让请假的老师安心复习。为了同事，更为了学生，已成"明星专家"的她一如既往的如此"爱操心"。

## 二、上下而求索

"路漫漫其修远兮，吾将上下而求索"，曾几何时，屈原这句诗被无数有志之人当作奋进的座右铭。对于传播知识，启迪智慧的教师来说，这句话更是不断提升自我，不懈奋斗的内在驱动力。

对于中等师范学校毕业的我们来说，缺少高等教育的熏陶和洗礼，这条路也是格外艰辛。无奈之下，我们只有选择付出更多的时间来弥补不足。不过读了李老师的书后，才发现与我相比，李老师在求学之路上付出了太多太多。

"此刻的我，带着一天的疲倦，带着哄女儿入睡时的睡意，最大的愿望就是躺到床上睡到自然醒……"不过，临近考试的李老师必须"抓紧时间，还可以再看一个多小时……"然而"卧室里一声闷响，女儿的枕头掉下来了……跟随着的是更大的声响和女儿被惊吓后的哭声……女儿在我的安慰中慢慢停止了抽泣，用她的小手拍着我的脸说：'妈妈，睡睡……'"。当成家之后，有了自己的孩子，再读这段文字，便有一种呛鼻的辛酸。李老师那时面临如此的困境：作为母亲，总想用更多的时间陪伴年幼的女儿；作为求学者，又不得不把陪伴的时间减少、减少再减少；作为儿媳妇、妻子，还要照顾公婆、丈夫。难以想象，求学路上的李老师背负着多大的重担。

在数年的煎熬与奋进中，李老师从大专、本科一路走到研究生毕业。伴随着学历的增长，更有理论知识的日趋提升，从一名经验型教师向学者型、专家型教师蜕变，最终成为省级特级教师、全县第一位正高级教师。学高为师，身正为范，她的成就人人仰望，她攀登历程洒下的汗水、留下的脚印，更应该让我们低头探寻。

攀登越高，眼界越远，同时也求索出了自己的路。李老师早几年就出版了一本《小学语文情境课堂》的专著，凝聚了她的智慧与思考。在这本《一路走来，春暖花开》中，她又分享了自己主持的国家级、省级教科研课题的研究过程。从课题的构思、报告的撰写直到研究过程的确立，都彰显着李老师高屋建瓴的理论基础和强有力的领导组织能力。求索，求索，既有求学之艰难，又有探索之毅力。

在这本书中，她丝毫没有掩饰自己求索之路的艰难，而是引用自己博客日志再现那一段段奋斗的时光。书中有一段她写给女儿的信："妈妈一直没有放弃学习，并一直在争取学习的机会。第一，妈妈不愿在自己的群体里在学习和工作上比别人差……人必须有追求，特别是作为一名老师，只有这样做了，才对得起自己的学生……第二，妈妈想通过自己学习带动你……"有了孩子之后，再读这段文字，更觉得每个字都直触心底。

### 三、是水的载歌载舞，使鹅卵石臻于完美

李老师在书中转述过一句话，大意是每一位老师都必须把提升学生成绩放在非常重要的地位。没有好的成绩，老师是无法成为好老师的。而每一个班级中，学生的各方面都存在差异，有的家长为学生成绩日日操心，也有个别家长则是听之任之。回到老师这里，若一味地寄希望于用大量的重复训练来提升学生成绩，结果可能就是高耗而低效。

前几天，中午一点多，正是一天最热的时候，温度接近四十摄氏度了。因为有急事，我不得不离开空调房间，出去一趟。外面和蒸笼一般，整个小区几乎看不到人，可我却看到一个中年妇女，就坐在树荫下，她的几米外，一个黑瘦的男孩顶着烈日杵在那，戴着厚厚的眼镜，应该是她儿子。她坐在那里一边招手让儿子过来，一边絮叨着儿子学习不肯吃苦，没有写完她布置的作业。毒辣的阳光下，儿子犟着脖子，脸上汗水、泪水沿着眼镜框往下滴，嘴里一个劲重复"就不，就不……"我那时匆匆而过，不知道这场母子的对峙要持续多久，这或许就是当前焦虑的家长与辛苦的学生的缩影。回来之后的午休时刻，在梦中，我自己也在厉声呵斥女儿暑假作业没写完，女儿从外面慌慌张张跑进来，委屈地嘟囔着："不是写完了吗?"她脸上也架着厚厚的眼镜。我一下子惊醒了，看着不爱午睡，在旁边翻小说的女儿，没有眼镜，这才松了一口气。成绩的好坏，学生的成长，有着父母的期盼和老师的寄望。

在这本书中，李老师记录了自己大量的课堂教学案例，从一年级的拼音课到高年级的阅读课，从一开始的习作启蒙到后来的学生互评习作、师生共评习作。这一步步摸索着走来，也有过考试时习作被扣分严重拖累班级整体成绩的挫折和打击，但李老师仍然坚持走下来，走出了一条教师乐教、学生乐学之路，走出了不是靠大量重复训练而是真正关注学生全面发展之路。

这一本书记录的内容很丰富，带给我们的思考很多。读得越久，获得的启迪越多。

▶ ▶ ▶ **分层展示　且悟且进**

## 说一说我们的画

2011年，我们工作室申报了国家级课题"信息技术环境下提高农村小学低年级写话能力的实效性研究"，在低年级的语文教学中，看图说话是一个重要的部分，能培养学生的观察能力，锻炼学生的语言表达能力，为以后的习作打下基础。看图说话的教学首先需要激发学生观察的兴趣，再进一步让学生说得连贯、具体。这些都需要经常练习，需要教师找合适的图，要不就成了"无米之炊"。

一节说话课上，我翻着课本，想找一幅适合的插图，偶然翻到一张夹在课本里的画纸。许多学生爱画画，一年级的作业又少，学生有大把时间在绘画本上"涂鸦"一番，然后把自己的"大作"四处赠送。我课本里的这张就是不知什么时候一个学生送给我的。我仔细看着这幅画，画上画着三个小朋友在草地上玩，周围还有白云、大树、屋子、小鸟，画笔很稚嫩，不过整体构图还不错，给人一种温馨、充满童真的感觉。我忽然想到：这幅画，正好适合给学生练习看图说话啊！我马上举起这幅画，对学生们说道："大家看，老师这里有一位小画家的作品，我们一起来看看他画了一个什么故事。"学生的目光马上被吸引过来，这是他们自己的画！有的学生小声猜测是谁的作品，更多的学生看得津津有味，并且积极举手，想说一说画中的故事……

这一次练习的效果比平时有明显的提升，但因为没有任何准备，也有一些遗憾：学生的画较小，展示时后面的同学看得很吃力；一时没找到可以固定画纸的东西，我只好用手把画按在黑板上……但学生积极参与的热情让我开心，更让我高兴的是，这幅画的作者是个平时有些调皮、上课发言很少的学生，这次却一次次高举小手，和同学抢着说。兴趣被激发，学生参与说话的热情就大大地提高了。

有了这一次的成功，我觉得这种用学生的画来进行说话训练的方式是值得尝试的，不过需要完善，学生的画一般较小，不能按照使用教学挂图的方式使用。另外，我觉得观察不应该只局限于静态，应该引入动态图画，让学生观察变化，效果可能会更好。我向学生发出征集画作的通知，当他们知道自己的画可能被选中作为教材时，个个欢呼雀跃，交来了许多画作。我最后选了一幅图，画了一个小姑娘在花园里看花，没有涂色。接下来就是利用信息技术手段进行处理了，我把画扫描成图片格式，制成PPT。静态的图制作好了，我又添加了蝴蝶、白云的动态图片。

又一次看图说话练习开始了，我打开PPT，大屏幕上的画看得很清楚，展示效果很理想。我表扬了这个画的小作者，他听了笑嘻嘻的，其他同学也是一脸期待的神情，大概是希望下次被选中的是自己的画。我先是让学生按顺序观察图上画了些什么，然后说道："这幅画画得很美，不过还不完美，我们一起把它画完吧。"我把鼠标指针的色彩调成绿色，自己示范着一边把小草涂上颜色，一边说："小草是绿茵茵的。"接着把课堂交给学生。他们抢着上来，拿起鼠标，在我的帮助下调好自己想要的颜色，一边涂色，一边说着话。有的说："花儿是红艳艳的。"有的说："花儿是黄灿灿的。"很快，原来黑白的花园变得色彩纷呈了。花草涂完了，接着是涂那个小女孩了。我提示学生先给小女孩的帽子、裙子涂色，然后练习说一句话："小女孩头上戴着____的帽子，身上穿着____的裙子，脚上穿着____的鞋子。"本来介绍人的衣着的句子，对于一年级学生是有难度的，但这次他们是自己边涂色边说，基本上都能流畅地说出来。

学生已经给图上的小女孩换了好几种装扮了，我停下涂色这一环节，等班里稍微安静下来，对他们说："花园多美啊，有七彩的花，有穿着漂亮衣服的小女孩，大家看看，这么美的花园，还有谁也来做客了？"接着播放动画，两只小蝴蝶飞入图中，在花丛中盘旋。同学们立刻又欢笑起来，纷纷举手说："有两只蝴蝶"，"蝴蝶在花园飞来飞去，好像在玩捉迷藏"，接着是白云飘入图中……在观察和练说进行了一段时间后，学生的注意力会有所下降，通过从静态到动态的转化，又激发了学生的兴趣，同时训练学生观察变化的过程。

这是一次有趣而有效的尝试。我总结了几点：首先，选择学生的画来进行看图说话是很好的方式，学生的画是很好的素材；其次，在进行练习时，充分运用信息技术增强互动效果和动画效果，开展互动。这样将有效提高学生参与看图说话的兴趣，锻炼学生的语言表达能力。我们还需要不断地尝试探索，继续改进看图说话的教学。

# 对信息技术在小学低年级看图说话教学课堂应用策略的探讨

　　看图说话，是小学生仔细观察能力、口语表达能力和语言组织能力的综合体现。在这一起步阶段，如何让学生对看图说话感兴趣，如何让学生能有条理地说，并说得具体形象，是每一位语文老师应反复思考的。多媒体与信息技术进入课堂，为解决这些问题提供了一种新的思路。针对低年级看图说话教学常见的问题，如何有效地使用信息技术加以解决？只有对教学实践不断尝试、分析和总结，才能归纳出较为合理的、值得借鉴的应用策略。

## 一、训练观察顺序的应用策略

　　看图说话，首先是看图。一幅图放在学生面前，该从哪看从哪说起呢？这就是观察顺序。培养学生按照一定顺序观察图画，有助于训练学生有条理地观察、说话、写话，这对后来的习作练习都是大有裨益的。一般来说，常用的观察顺序有从上到下，从近到远等。而在小学低年级，学生一开始很难按照老师说的顺序去看图，这样说起来就是东一个西一个，杂乱无序。如何利用多媒体训练学生按照一定的顺序观察呢？我在教学中应用了两种方法。

　　1.幕布遮罩。例如：一年级下册单元练习中有一幅图，我取名为《种春天》。图中有蓝天、白云、小山坡，小山坡上有几个小朋友在植树。我在出示图画时，先用PPT的绘图工具做成一块幕布，遮住图的大部分，只露出白云和太阳，让学生先说天上有什么，学生可能会回答太阳和白云。然后幕布下移，出现空中的小鸟，再问："大家看，又出现了什么？"待学生说得比较具体，幕布继续下移，出现小朋友植树，再让学生观察说话。利用幕布的遮罩，引导学生按从上到下的顺序看图、说图。教师也可以根据需要，让幕布从下往上移，先看近处的小朋友植树，再逐步升起幕布，看到飞翔的小鸟，然后是白云、蓝天。

2.局部遮罩。幕布遮罩适合那些有明显的层次感，可以分成上中下或左中右几个部分的图画。对于那些没有明显层次感的图画，我们可以尝试局部遮罩。如一幅卡通画《森林音乐会》，一只兔子在吹着笛子，周围许多动物听入了迷……在用这幅图练习看图说话时，中间的小兔子不动，而对旁边的"观众"，我则事先用色块分别把它们盖住，像给它们穿上了隐身衣。在出示图片后，学生要先说清楚小白兔的样子，在干什么。然后再一个一个揭开小动物的遮罩，并加以提示："同学们，一定要把一位观众介绍清楚，才能迎接下一位观众，我们来看看下一位热心观众是谁。"这样依次取下遮罩，展现图画的过程对学生来说更有乐趣，像是在玩一场过关的游戏。

这两种遮罩的目的都在于培养学生按照一定观察顺序来看图说话，其本质都是先把大图细分成小部分，观察仔细一部分后再看下一部分。可能有的教师会对这种训练方式不以为然，认为一是限制思维，二是过于简单。但我认为，首先，对初学者来说，程式化的训练是必要的。对一年级学生来说，刚接触图画就要自己领悟由远及近这类观察顺序毕竟有难度。其次，一些简单的方法十分有效。比如我在教一年级学生学习给课文标段落序号，反复强调每一个自然段开头都会空两格，大部分学生很快就据此标好段落序号。可是有几个学生就是不明白空两格的意思，后来我干脆拿起笔，在一个学生的课本上沿着段落的行首画一条竖线，再让学生参照着这竖线找哪些行首没有对齐，结果他一下子就明白了，马上就标出课文有多少段。随后，全班所有的学生都用这个简单的办法，把课文的段落都标好了。

## 二、让学生说得更具体的变化构图策略

除了利用幕布遮罩和局部遮罩等策略重点训练学生按照一定的顺序来观察，我们还要启发和引导学生说得更加具体，说得更加生动，这既能锻炼学生的语言表达，也能培养学生看图说话的兴趣。说得形象具体，学生就更有兴趣去观察和说，从而说得更加生动有趣，形成良性的循环。我们可以利用信息技术和多媒体手段加以强化，让学生看得更细致，说得更好。根据人的心理和认知特点，发生变化的事物比静止不变的事物更容易引起

观察者的注意，这种变化可以是色彩、位置、形状等的变化。根据这一特点我们可以设法让原先静止的图"活"起来。

1.填色。让学生注意观察事物的色彩是看图说话一个重要方面。世界是多彩的，平时练习看图说话的图都是色彩鲜艳明亮的，有时我们可以反其道行之，也会取得不错的效果。如一幅《秋天》，画的是深秋的景象，本来都是有颜色的，在教学前，我特地找来一幅没有涂色的图。我先出示的是没有涂颜色的图，让学生观察图上有什么，学生回答看到了大树、落叶、小河……然后我出示这样的填空："小草变____，____的叶子落下来。"学生纷纷抢答，然后我让学生上来边涂色边说句子。接着还有"____的天空""____的石头"，都是边涂色边说。在另一幅《花园》中，花、蝴蝶开始也是没有颜色的，学生一边用鼠标给花儿涂上自己喜欢的颜色，一边说。这种填色使得学生在观察时更加仔细，更加注重细节，也让学生有发挥自己想象的空间。

2.使用运动效果。适当地使用运动效果，让图中的物体动起来，将会大大激发学生观察的兴趣。比如图中本来有小鸟，而我特意将小鸟剪出去。在学生看了图中的其他部分后，让小鸟飞进画中，同时配以小鸟的鸣叫声。学生会纷纷说出"小鸟在空中飞来飞去""小鸟在大树间飞来飞去，叽叽喳喳地叫着，好像商量着到哪里去玩"这样的句子。

在看图说话中，可以使用运动效果的对象很多，例如小鸟、蝴蝶这样的动物，飘落的树叶，摇动的花草等。使用运动效果，还可以配合声音，例如鸟鸣声、流水声、人物的说话声，让原先静止的图画变得有声有色，让学生能看、能听，调动学生多重感官，让看图说话变得更加有趣生动。

### 三、把学生的画用于看图说话的策略

让学生自己画图来练习看图说话是我在看图说话教学的一项实践。平时用于看图说话教学的图画基本来自课本，或者来自网络，而我发现用学生自己的画来作教材也很不错。这样既可以扩展教学资源，又会激发学生参与的兴趣。在选择学生的作品时，一般选择体现了一定主题的、内容较为丰富的画。学生的画一般面积较小，有的没有填色，采用传统的教学挂

图的方法肯定是不行的，需要把学生的图转到大屏幕才可以。简单的方法是使用实物投影仪，把学生的画直接投影到屏幕上。但这样显现的效果不是很好，不能进行加工处理。所以还是使用扫描的办法，把图画转化为图像文件，插入PPT中，再配合遮罩、变化构图等，才能更好地作为看图说话的教材。

在小学低年级的看图写话教学中，合理地利用信息技术，对激发学生兴趣、培养能力都有很大作用。因此，需要不断探索新的、更好的应用策略。

# 细品课文，布局高年级习作中的人物描写

学生习作中，人物的出场往往是开门见山的，这种直接登场简洁平实，而我们通过细品课文，可以让学生借鉴以下不同的登场方式。

1.未见其人先闻其声。

人教版五年级下册有一组人物描写，其中有一篇选自《红楼梦》："一语未了，只听后院中有人笑声，说：'我来迟了，不曾迎接远客。'"在"个个皆敛声屏气，恭肃严整如此"的贾母宅中，那不羁笑声、那高声言语显得如此与众不同，自然吸引了所有人的注意，也彰显了王熙凤的泼辣、不拘小节，而又善于表现争宠的特点。如此未见其人先闻其声的"震撼"出场，自然要隆重推荐给学生了。

与此相对应的还有苏教版六年级下册的《天都峰的扫路人》，"在一片静寂中，我隐约听见'哗——哗——'的声音，颇有节奏地从岭下的竹丛中传来。这声音由远而近，一声比一声分明"。人未见，这声音由远及近地传来，让我们自然而然产生一种画面感，在这一声又一声中感悟到扫地人的坚守和执着。

通过细品这两篇课文，我带领学生做的练笔中，有个学生是这样让人物登场的："'嗯！嗯……'随着几下清嗓子，接着是不紧不慢的脚步声踱来……"只听这声音，仿佛就看见一个有着几分威严的老人缓缓走来。

140

另一个学生则是这样让人物出场的："楼下忽然传来一个大嗓门：'我跟你讲啊，这个事情，也只有我肯帮你烦神！啊，你还在那催催催……'电话声中，又夹杂了'哗啦、哗啦'的翻动钥匙声，接着'啪'的一声，电话声为之一顿，他低声抱怨一句，电话声又重新大起来了……"以声音描绘一个生动的场景，那位手机不离耳朵，钥匙掉了也不能中断业务的"大忙人"活灵活现地出现在读者眼前。

2. 未见其人先闻其名。

以《少年闰土》一课为例，除了第一自然段的想象场景，第二、三自然段都在反复介绍闰土情况，我们未见其人，但对他的了解却越来越多：他名字的由来、他的聪明能干等。对他了解越多，我们也就和作者一样愈发想见他，"我于是日日盼望新年，新年到，闰土也就到了"。又譬如苏教版五年级上册的课文《诺贝尔》，先从诺贝尔的颁奖典礼开始，说到诺贝尔的杰出贡献，然后才是诺贝尔的出场。

这种未见其人先闻其名的出场方式，需要较多的铺垫，把人物的介绍放到前面，在小学生的习作中见得比较少，我特别向学生展示这样一篇优秀习作："'我才不要和陈某某坐一起！'又有一个同学对着老师大声抱怨，他口中的'陈某某'，是我们班最被嫌弃的，因为陈某某在班里做的坏事太多了，简直数不胜数，自然没有人对他有好感，但是，那一天，让我们彻底地改变了对他的态度。一次偶然的机会，我们来到了陈某某的家……"有了这段先闻其名的铺垫，大大激发了读者阅读的兴趣。

人物之初见，我又细分为"以貌取人"和"境中之人"。

人物描写中外貌描写是必不可少的。有些教师可能一味强调描写外貌要精细，脸部、身体、衣着等，要面面俱到。其实对外貌的描写有各种不同的形式，有中国画那样的工笔细描，如课文《人物描写一组》对王熙凤衣着打扮的极致铺陈的描绘；也有简洁的写意传神，如《闰土》中，初见闰土时介绍闰土的外貌只有这句："紫色的圆脸，戴着一顶小毡帽，颈间一个明晃晃的银项圈"，如《老人和海鸥》中老人的打扮，"穿一身褪色的过时布衣，背一个褪色的蓝布包"。简洁的写意，更需要我们细细品味其传神之处。

在细品课文之后,我请学生也尝试一下这种传神的外貌描写方式。在自己脑海中回忆你的一个同学,用简练的语言描绘他的外貌,从而"以貌取人"。有的学生是这样写的:"他的脸已经又大又圆,可是和他的肚子一比,还是显得小巧玲珑……"还有这样的:"头发披散在脸颊两旁,眼睛像是从头发缝隙里露出来,脸色似乎和头发颜色差不多。"

"境中之人",此"境",乃是指人物所处的环境或场景。课文中环境描写,对衬托人物有非常重要的作用,比如《穷人》一文中,屋外寒风呼啸,又黑又冷,小屋里却温暖而舒适,地扫得干干净净……五个学生在海风中安心地入睡。这里屋子内外的对比,显出了一家人生活的窘迫,更映照了桑娜的勤劳能干,在贫穷的重压下为学生撑起了一个温暖舒适的家。如《慈母情深》一课中,母亲身边轰鸣的机器声、耀眼的白炽灯光,写出了母亲工作极其辛苦,挣得那一点点毛票多么不易,让我们更为母爱的伟大而感动。

我在让学生仿写时,特意让学生留心去看看父母工作的环境。其中一个学生写的不是自己的父母,而是早起的人群:"冷飕飕的风直往脖子里钻,我背着风跺着脚跑过去。那个卖煎饼的站那一动不动,不像平时老远就热情地招呼我去,而是默默地哆嗦着。在周围,缩着脖子的人们有的快步走着,有的手里还拿着各种冒着热气的早点……"

# 部编版教材中儿童诗诵读方式的尝试

在低年级语文教材中,儿童诗和韵文有朗朗上口的音韵,贴近儿童生活,在教材中很受学生欢迎,但是在实践中,如何让儿童诗的教学更有韵味更有诗意呢?

首先,儿童诗的教学与古诗词的教学不同,少了解词释义,也没有过多关注作者和诗人的生平经历。同时又有相同之处,让学生体会诗歌文字韵律节奏美,对诗歌描绘的再现,还有与作者情感的互通。所以,诵读为主,解读为次,是儿童诗的主要特点。下面我以部编版教材一年级上册中两篇儿童诗为例来谈一谈儿童诗的诵读方式。

案例一：《比尾巴》的诵读尝试——在悦动中诵读。

这首儿童诗节奏欢快且包含着趣味知识，但在诵读指导中可能会出现两种不妥当的方式：一是过于强调问句的使用，把小诗从原来错落有致的小节割裂成一问一答的形式，失去节奏韵律感；二是较早提出分角色朗读的形式，让学生分别饰读猴子、公鸡的句子，实际效果可能并不如预期，因为这首诗歌虽然出现了诸多动物但没有突出其各自角色特性，分角色朗读不一定能体现其作用。

我在诵读《比尾巴》一课中，采取的是简单的动作伴读方式，"谁的尾巴长？"双臂伸展成"大"字，像是在丈量；"谁的尾巴短？"单手的拇指和食指张开，示意不足一拃，然后接着是"谁的尾巴弯，谁的尾巴扁？"……学生一边大幅做着动作，一边大声诵读，在身体动作中自觉地把"长""短"这些重音字突出强调出来。一遍遍诵读，学生读出了韵味，读出了欢快，读得兴致勃勃。

案例二：《明天要远足》的诵读尝试——寻找情感的共鸣共通。

在古诗词教学中，很难让学生体会到诗中所蕴含的复杂情感，这情感有的是诗人对自己身世的感怀，有的夹杂着家国情仇。而硬要让学生理解这些复杂情感，就会像辛弃疾所说的"少年不识愁滋味，为赋新词强说愁"。在新的部编版教材中，选取课文时更加注重学生的视角和学生的情感体验。就像成尚荣所说，语文教学应该让教材里的儿童与教室里的儿童相遇、对话。以新入编课文《明天要远足》一诗为例，明天要去远足该是多开心的事，可诗中却出现了几个长长的"唉"字，写出了学生对未来不确定的彷徨和担忧。

在实际教学中，如何建立诗人、诗歌、学生之间的情感相连，也是颇为伤脑筋。课文习题的例子是让学生说说自己去游玩前的感受，学生基本都是说很高兴，很开心。原来的那些不良的情绪似乎都被过滤了，只有单纯的欢乐被记下来。虽然本诗是从儿童的角度来写，但毕竟还是以成人角度再来感悟，两者还是有隔阂的。

另外，在课前预习中，一个学生家长向我发来他与自家孩子的对话，内容也是超出我的预想。家长问学生："你想象我以前带你出去旅游是啥心情?"学生说:"你没有带我出去旅游过。"家长又说:"我真从没带你去过?"学生说:"就是,每次都说你没空。"在课堂上,我就没再问这个学生以前去哪里,而是对她说:"听说别的同学这个周末都和爸爸妈妈一道出去玩了,你还要一个人在家里写作业,你叹一口气给你的爸爸妈妈听,表示你的不满,好吗?"那学生就真的长长叹了一口气:"唉……"诗中的叹息,期盼中稍带焦虑,这个学生的叹息,则是失落中含着期许。

诗歌更需要读者、教者、作者共同的对话与情感互通共鸣,部编版教材在选材上做出了较大变革,我们在诵读中如何寻找更好的情感共鸣点,还需要更多探索。

# 从金庸先生的离去浅谈武侠童话与语文

2018年被称为离别之年,这一年里,逝去的有肉体可以被摧残、思想永远不会被禁锢的著名科学家霍金;有用自己特有嗓音建构画面,让人觉得余音绕梁的单田芳……10月30日,一位文化巨匠——金庸老先生与世长辞了,震惊全国乃至全世界。他虽然很长时间不被严肃文艺界所接纳和认可,但他那十五部被无数次翻拍的作品,他笔下一个个耳熟能详的大侠,早已为无数人编织了奇幻的武侠之梦,在华语文化圈留下了浓墨重彩的一笔,为中国文化留下了一份独特的韵味。

## 一、对传统武侠形象从继承到颠覆

1.让侠客从劫富济贫到侠之大者。

侠者,从古至今都有各类传说。在史书中就有许多背着长剑,行走市井,恣意妄为的剑客。对于这些所谓侠客,有李白笔下的"十步杀一人,千里不留行。事了拂衣去,深藏身与名"(《侠客行》)潇洒形象,也有韩非子"侠以武犯禁"(《五蠹》)的严厉指责,还有庄子的"庶人之剑,蓬头突鬓垂冠,曼胡之缨,短后之衣,瞋目而语难。相击于前,上斩颈领,下决肝肺,此庶人之剑,无异于斗鸡,一旦命已绝矣,无所用于国事"

（《说剑》）无情嘲讽。

无论文人对侠客或推崇或批评，侠客都游离于社会阶层秩序之外，以其自身武力，反抗着秩序的束缚。故李白这样的浪漫主义大师喜之，韩非子这样的法家厌之。而在民间，有的侠是劫富济贫、替天行道的，有的则是除暴安良、维护和平的。

金庸笔下的侠客，则是跳出劫富济贫这一局限，到了国家民族大局，从他的第一部作品开始，他笔下的主人公往往都是有着心怀天下的远大目标。如《书剑恩仇录》里的陈家洛，一直为反抗清廷压迫而奔走；如《碧血剑》中袁承志，一心弥合朝廷和民间的关系，以图挽救大局；最突出的必然是《射雕英雄传》中的郭靖，褓褓之时就流落在蒙古草原，在蒙古长大，虽然拥有了权势和地位，仍牢记"靖康耻不可忘"，立下了"侠之大者，为国为民"这一誓言，后半生一直坚守襄阳保护百姓，实践了自己这一诺言。郭靖这一角色贯穿了《射雕英雄传》《神雕侠侣》《倚天屠龙记》三部作品，是金庸笔下着墨最多的人物。"侠之大者，为国为民"也成了金庸的标签，每次提到金庸必提到这句。

这种胸怀天下的情怀，从陆游的"位卑未敢忘忧国"到顾炎武的"天下兴亡匹夫有责"，都代表着中华传统文化中最铁骨铮铮的一面，是中华民族精神最刚强、最生生不息的部分。金庸为他笔下的侠客注入这一精神内核，使得他笔下的大侠远远高于只会在街头巷尾好勇斗狠，只会争持所谓正邪之分的传统剑客豪杰。这也使得金庸的武侠童话有了荡涤灵魂之豪迈情怀。

2.大多悲剧的结局让侠客更为让人惋惜。

自古以来，人们更爱喜剧，但最让人难忘的则是悲剧。即使如莎士比亚这样的大文豪，被人们提到次数更多的也是他的四大悲剧而不是四大喜剧。金庸笔下那么多英雄豪杰，大多是悲剧的结果。这其中有着"人物性格决定命运"的限定，他笔下的大侠性格往往有着复杂的多面性，也有着大时代背景下个人抗争的无奈。如《书剑恩仇录》的陈家洛，虽武功高强，又担负着推翻清朝廷的重任，却一心寄希望于皇帝，甚至不惜牺牲自己的爱人，最终失去爱人，大业挫败；又如《倚天屠龙记》中的张无忌，无论在感情上还是推翻元朝的重任上，也一直是优柔寡断，最终黯然隐退；最伤感的大概是《鹿鼎记》中的陈近南，"平生不识陈近南，便称英雄也枉然"，开头就有如此高的评价是很少见的。他仁义大度，就连韦小宝都被之感化，他忠心耿耿，却屡遭排挤暗算，最终死于自己效忠的人之手，仍叮嘱徒弟不要背叛。这些复杂性格和悲剧结局，与传统的侠客小说有着显著不同。

金庸笔下最重要的两个角色，最终也是以悲剧落幕，但都是不甘屈服命运而誓死抗争。一个是《射雕英雄传》的郭靖，生性木讷憨厚，却有着坚刚不可夺其志的决心。他不愿让中原百姓生灵涂炭，在襄阳抵抗蒙古的精兵，为了让蒙古退兵，还潜入蒙古大营计划行刺成吉思汗，最终在城破后夫妇一起殉难。另一个则是《天龙八部》中的萧峰，从辽国孤儿到丐帮帮主，从丐帮帮主到大奸贼、大恶人，再回归辽国的南院大王，每次身份都转换到彼此对立的世仇阵，每次转换都是对自己的彻底否定，会承受原来友人的百般指责。但他无所畏惧，从不退缩。最后在面对宋辽两重身份的终极冲突，为了消弭战火，先是挟持辽国大王发誓退兵，再以自尽的方式表露真心。这两人最终结果都是悲剧，但都有着虽万千人吾往矣的豪迈慷慨，使得这两人成为最经典的武侠形象。

3.从民间的好汉到文人的侠客形象。

对于英雄好汉的外在形象，《水浒传》的描写可谓代表过去民间的认知。比如打虎的武松，"身躯凛凛，相貌堂堂，一双眼光射寒星，两弯眉浑如刷漆。胸脯横阔，有万夫难敌之威风"。再如林冲，初登场时虽然拿着折扇，却也是"豹头环眼，燕颔虎须，八尺长短身材"。虎背熊腰，膀大腰圆，在过去评书小说中一直是好汉标准模样，就连秀才打扮的军师吴用，初次登场时手里也是拿着铜链，满满的粗犷豪放之气。

而在金庸笔下，侠者形象偏向书生远远大于偏向武者，如《天龙八部》中的"见那人二十七八岁年纪，身穿淡黄轻衫，腰悬长剑，飘然而来，面目俊美，潇洒娴雅"这样的描写，就和苏轼词中"羽扇纶巾，谈笑间，樯橹灰飞烟灭"的儒将形象相类似，类似的形象还有陈家洛、段誉、张无忌等。在他笔下，见不到《水浒传》的"日日打熬筋骨"，见不到"独眼铜人"这类兵器，他笔下的侠客，正是侠客从民间传统的好汉形象到文人心目中儒侠形象的转变。

金庸笔下另一类侠客形象则更突出其不羁与潇洒，譬如令狐冲、杨过等，从他们的形象和他们的处事态度中，明显能看到魏晋名士嵇康的影子。他们都有着不屈的性格，有着对强加于身的规则的藐视，在纷争中坚守自己的内心。嵇康最爱饮酒大醉，最爱自由，对于权势的招募不屑一顾，令狐冲的形象正来自于此。这些侠客，都代表着金庸心中理想化的文人有傲骨的一面。

金庸笔下第四类侠客更为奇特，从未见于传统的武侠小说。如《连城诀》中的狄云，是个有些愚笨的乡下学生，出生卑微，为人胆怯老实，受尽欺压和凌辱。金庸自己在书的后记中说过，这个人物原型是一个在金庸父亲家做工的叫和生的驼背老人，也是被人陷害而落狱破家。他的遭遇激起了金庸对贫苦者的怜悯之心，所以在书中给了他无上的武功，但也没有改变他一生凄苦的命运，就像鲁迅笔下的闰土、祥林嫂。再如《鹿鼎记》中的韦小宝，他贪慕虚荣，深谙厚黑之术，又毫无道德束缚，最爱精神胜利大法。金庸塑造出韦小宝这一类彻底的反武侠形象，也是金庸对传统武侠形象的继承开拓到颠覆创新。

## 二、极大地丰富与重构武侠童话世界

除了对传统武侠形象的变革，金庸以其广博的学识，为读者虚构了一个绚丽多彩的武侠世界。

1.地理篇。

金庸笔下从西域天山写到东海诸岛，从极寒之地写到云南大理，写了五岳和雪山的险峻，也写了襄阳、扬州的热闹繁华。他笔下的侠客或在塞北草原牧马，或在江南水乡泛舟，或在华山之巅论剑。他还写下了许多美轮美奂的地方，如桃花岛、星宿海、风陵渡、绝情谷、燕子坞……这些地名，或真或幻，或实或虚，都让人产生无限遐想。读他的小说，仿佛畅游了神州大地。

2.历史篇。

金庸十五部作品中，大部分都明确写出了故事发生的朝代，这样就把故事置于时代的大环境之中。小说中有诸多历史人物出场，金庸在小说中展示了康熙的雄才、崇祯的无奈、常遇春的豪爽，还有许多原来不怎么被大众熟悉的人物，也都因为金庸的小说而变得耳熟能详，如全真七子、段誉等。金庸还让自己笔下的侠客参与了诸多历史事件，如蒙古的兴起、元末农民大起义、明朝的灭亡。个人命运与历史大事件相交织，跌宕起伏，扣人心弦。

当然，作为文学作品，为了突出自己笔下的侠客，金庸笔下历史事件和人物只能做背景参考，偏离史实太远。如成吉思汗历史上死于灭西夏途中而不是襄阳城下等。这就像宋江起义本来只是局限于一个小区域，很快被扑灭，但在《水浒传》中梁山一伙先后征辽、征方腊，立下赫赫战功一样，充满文学的虚构和想象。

3.文化篇。

金庸学识广泛，他笔下人物的武功往往来自文学典籍。如降龙十八掌的招式名称"见龙在田、龙战于野、亢龙有悔"出自《易经》；北冥神功出自庄子的《逍遥游》；杨过的黯然销魂掌出自江淹的《别赋》中"黯然伤魂者，唯别而已矣"，而这正符合杨过与小龙女分别十六载的剧情；《侠客行》中最高武功，则是直接搬用李白的《侠客行》全诗。

除了这些武功招式的名称，化用地方典故诗句的例子也是比比皆是，如黄蓉做的小菜"二十四孔明月桥""玉笛谁家听落梅"分别出自杜牧和李白的诗句。而"好逑汤"中"好逑"两字，则是出自《诗经》中"窈窕淑女，君子好逑"。这些典雅命名，让平常的菜肴有了文化的韵味。小说回目名也是非常考究，《天龙八部》回目名合起来是"少年游、苏幕遮、破阵子、洞仙歌、水龙吟"五首词，《鹿鼎记》回目名则是金庸父亲的诗句。

金庸不是武侠小说首创者，但他大大拓展和丰富了武侠小说世界，使之成为中华文化圈重要一环。

### 三、金庸小说走进语文读本

在我们上中学时，金庸小说在学生中深受欢迎，时常在课下看到几个学生围着一本书，看得津津有味，有的甚至在课堂上还偷偷摸摸拿出来翻一翻，然后被老师批评没收。这种事情一多，老师、家长直接将其列为"闲书""禁书"。其实根本禁不掉，在书店看，躲在家里被窝看，更不用提改编成影视作品循环轰炸了。金庸笔下的侠客形象，他所构建的武侠世界，已经是几代人的成长记忆，是文化标签。随着金庸越来越被严肃文学界接受，他的小说语言艺术和成就越来越被肯定，他的作品也从"闲书"走进语文读本。在台湾，《射雕英雄传》中一个章节就被列入初三的语文教科书。在上海的高中语文读本中，则是把《天龙八部》中"燕云十八飞骑，奔腾如虎风烟举"这一回收录其中。

这些作品被选入语文教材或读本，首先是对金庸语言功底、文学造诣的认可。他的小说语言文白并用，有着大量传统文学的要素，如白描的人物刻画、诗词歌赋的串接等，处处彰显着传统文学手法的魅力。他的小说情节跌宕起伏，一波三折。就如选入上海高中语文读本的《天龙八部》中那一回，从萧峰出场的先声夺人的气势，到面对强敌环伺毫无畏惧的胆色，再到三兄弟分别对战的豪情，读来让人荡气回肠，爱不释手。随着金庸作品进入语文读本，学生将会从中学到许多传统文学的精彩之处，从描写手法到谋篇布局，从渲染烘托到章回呼应，都有诸多值得细品之处，具有重要的文学语言价值。

金庸小说进入语文读本，还有社会教育价值值得挖掘。文学作品反映了民众的生活感受，折射了人们对人生观、价值观的追求。人们总是歌颂真善美、鞭挞假恶丑。金庸小说中许多大侠被人们反复提起，不仅仅是因为他们武功高强，更因为他们身上闪耀着的人性的光辉。例如《天龙八部》中的萧峰，《射雕英雄传》中的郭靖，都不算各自小说中最强者，但他们却被读者公认为真正的大侠，正是因为他们一个豪爽仗义，最后以自尽的方式消弭两国的战争；一个木讷善良，一生秉持"侠之大者，为国为民"。精彩激烈的故事情节，让读者迷恋不已；英雄崇高的品行，让所有渴望正义的学生为之神往。

金庸小说进入语文读本，还有着广义文化价值的拓展。金庸小说汇聚了中华传统文化诸多内容，诗词、书法、绘画、古曲、弈棋、菜肴，这些传统文化要素处处可见，还有传统文化中佛、儒、道多种思想的交融并蓄，有些还被用于武功招式，让读者在潜移默化中受熏陶。语文是基础性人文学科，是传承中华民族传统文化的载体。金庸的小说进入语文读本，将帮助学生认识中华文化的博大精深，从中汲取民族文化智慧。

从世界文化范畴来说，我国的武侠童话，中世纪西方的骑士文学，日本的武士文学，现代西方的超级英雄系列，都是英雄主义文化在不同民族、不同时期的不同呈现方式，既有共同之处，又有独特的民族烙印、民族精神。在语文读本选材推动下，金庸小说将会培养学生对世界文化的认识和判断，了解到不同民族、不同文化之间是相互碰撞，又相互渗透融合的。在不同文化之间的比较体验中，感受文化的多元性、民族性。文化的全球化视野，将是语文老师不可或缺的，也是将来学生应该具有的。

最后有一点必须重视，作为成人阅读物，金庸小说中过于暴力、色情的东西还是不少，在引入时需要删除。

# 评书与语文

小时候，每到夏天，总因为不想睡午觉、晚上不想睡太早而发愁。那时，家中没有电视机，对我们来说最好的陪伴就是广播里的评书了。每次中午十二点半，晚上八点半左右，我总是立刻把广播频率调好，等待着最熟悉的声音响起："下面请欣赏单田芳评书《三国演义》……"然后，一个略有些沙哑、辨识度极高的嗓音便响起了："道德三皇五帝，功名夏后商周。英雄五霸闹春秋，顷刻兴亡过手。青史几行名姓，北邙无数荒丘。前人田地后人收，说甚龙争虎斗……"

这声音，有着无穷的魅力，把好动的学生牢牢拴在广播旁。在夏日炎热的午后，刚放下饭碗我就坐在小凳子上，托着腮帮，耳朵里只能听见广播里传出的抑扬顿挫，根本听不到母亲要我们去睡午觉的再三呼唤；每个在户外乘凉的夏夜，趴在凉床上，头紧紧挨着广播，不想漏过一句话，手里的蒲扇都忘了扇。那时候，《三国演义》《三侠五义》《童林传》……一段段精彩的评书，一个个鲜活的人物，都让人回味无穷。在没有电视画面的时候，这声音本身就充满张力，给人无限的想象。这声音陪伴了很多人的童年，陪伴了很多人成长，这声音也是很多人的小说启蒙。"通俗而不庸俗，广博而不浅薄，有时苍凉悲苦，但善意绵绵"，将人物和故事说得栩栩如生，成为我们那一代人成长和学习过程中不可缺少的一部分。

随着时间变迁，电视、电脑全部普及，视频是人们接收信息的主要渠道，就连我们的课堂上，从投影仪到互动电视，乃至虚拟现实，似乎无论什么内容都能以硕大而高清的画面展现在学生的眼前，可能反而忽略了声音和语言在传播上的重要性。在新科技、新技术应用越来越普遍的同时，我们也愈发要重视教师以自己的语言组织课堂的不可替代性，我们的课堂特别是语文课堂要灵活起来，可以从评书这传统艺术形式上借鉴许多。

## 一、惊堂木与定场诗——课堂的导入

评书面对的是剧场里闹哄哄的听众，说书者上台后一般先拍一下惊堂木，提醒听众集中注意力，放下手中无关的事情，把关注点集中到说书人身上。然后便是一段定场诗，如开头的"道德三皇五帝，功名夏后商周……"又如"一治一乱圣人留，争名夺利几时休，汉高祖灭秦楚，龙争虎斗……"定场诗交代人物背景以及故事主题，让听者对整个故事有大致了解。这个入场的环节在每一个新故事开头必不可少，有较多的陈述与铺垫。我们的语文课堂也是如此。教师进入课堂，如果平时没有养成良好的习惯，教室里的学生还是乱哄哄的，静不下心来，教师也需要拍一拍"惊堂木"，让学生尽快安静下来，把注意力放到课堂上来。当然，老师只会用教鞭敲讲台模仿惊堂木是不妥的。我看到有的老师是先声夺人，和学生一起来两句诗、半首歌，就把学生纷乱的心思聚拢过来了；有的老师是以静制动，自己不发一言，以目光对视和动作交流就能让学生静下来；还有的则是"深入走访"，在教室中转一圈，几句关怀，一段闲聊，于不经意间让全班学生把目光都放到老师身上……我们语文老师正是用这些或轻或缓的"惊堂木",让教室里的学生尽快安静下来,转入上课的状态。

我们语文课堂的"定场诗"也应更具特色。在每个单元学习开始之前,如何提纲挈领地概括单元内容,把握单元主题?在每一节新课学习之前,如何激发学生学习和阅读兴趣?这些都需要我们好好琢磨导语了。教师需要事先仔细研读,把握核心。导语应该像定场诗一样简明扼要,又生动鲜明,一下子就能抓住学生的心,让他们对接下来的课充满期待。因此,制造悬念,能够环环相扣,以及要富有语言的美感,都是需要考虑的因素。

定场诗绝不会千篇一律,导入语也会根据不同课文有不同的形式,比较常见的导入方法有情景渲染法、设疑激趣法。如《桂林山水》的开头"我们的祖国是美丽的。她有连绵起伏的崇山峻岭,有壮阔秀美的江河湖泊,还有一望无际的良田沃野。祖国南方的桂林更是以山清水秀的风景闻名于世,有'桂林山水甲天下'的美誉。现在我们一同来领略桂林山水的美好风光"。《生命桥》的开头"它像被一把利斧从中间剖开一样,陡峭险峻。一群羚羊被狩猎队逼到了这里,前面是万丈深渊,后面有冰冷猎枪,羚羊们陷入了进退维谷的绝境,在这族群存亡的最后时刻,羚羊们搭起一座通往希望的生命之桥"。有的课文则适合在开始之前猜个谜语,如《蟋蟀的住宅》,"老师出一个谜语,打一种动物,看谁最先猜出来:头长两根毛,身穿咖啡袍,平生爱打架,赢了唧唧叫"。

评书中,除了第一回开始的定场诗,从第二回开始,就是"上一回书,咱说到……"因为此时听者已经对整个故事有了初步感知,只需要对上一回进行简单回顾,然后尽快进入下一回书中。我们语文课堂也是如此,在第二课时、第三课时,最常用的导语就是对上一课时内容的回顾了。这样的回顾,应该是简洁的,可能少了些情感的渲染,但必须落实到实在的内容上。时间也是需要严格控制,不可主次不分,让"上回书"内容挤占"本回书"的时间。

## 二、伏笔与扣子——课堂结构的组织

因为依靠口传耳听,所以评书的叙事结构一般是简单的单线叙事,线索太多，听众可能记不住或者容易混淆，但是，如果评书都是平铺直叙，就会千篇一律，缺少起伏和曲折。因此，评书者在线性叙事的基础上，加入诸如"倒插笔、伏笔、补笔、扣子"等多种叙述技巧。

"倒插笔"近似于倒叙的写法；"伏笔"就是较早地埋下故事的暗线，在后面需要时才挑明，让人感到前后照应；"补笔"，就是在主线之外补充与完善人物资料；"扣子"则是让情节显得更加错落有致，如《杨家将》中的一段："皇帝大怒要杀杨六郎，满朝文武纷纷保本，皇帝就是不准。"这本来是很紧张的情节，但说书人却有意把这件事搁置不提，反而很风趣地转到另外一件事上去："皇帝不准本，满朝文武面面相觑，突然丞相王袍跪倒丹墀以下：'启奏万岁，臣已年过古稀，耳聋眼花，窃位素餐，不能为国效劳，实感寝食不安，请万岁恩准为臣回乡务农。'皇帝心说：我没准本你就用辞官来将我的军！'好，三日交印，五日腾府，准奏。''谢万岁！'王袍下去了。他刚走，'扑通'又跪倒一个人，谁呀？双天宫寇准：'启奏万岁，臣年过五旬，耳聋眼花，窃位素餐，不能为国效劳，实感寝食不安，请万岁恩准为臣回乡务农。'皇帝心说，嗯！还是这套：'好，三日交印，五日腾府，准奏。''谢万岁！'寇准刚走，'扑通'又跪倒一位，颜查散：'启奏万岁，臣年已三十，耳聋眼花……'"（《评书的七种笔法》）。扣子让故事情节层层相扣，悬念迭起，使得原来平直的叙事变得妙趣横生。

我们课堂的教学，如果都只按照课文顺序依次讲述，就会单调乏味。因此，在讲述时，也会采取类似的方法。例如，"倒插笔"的应用，先说结果，设置悬念，反推过程，会让学生有自己积极探究的兴趣。比如，为了帮助学生理解，使用"补笔"补充资料，如《伟大的友谊》一文中，作者重点叙述了马克思与恩格斯之间相互帮助、相互关心的事情，因此他们在共同的目标上建立了一种伟大的友谊。但由于篇幅的限制，作者并没有展开介绍他们之间是如何相互帮助的，因此教者在教学中补充了三段资料：①马克思为了革命，被迫流亡，生活极其困窘；②恩格斯为了在生活上资助马克思，宁愿到自己十分讨厌的资本家的公司工作；③马克思去世后，恩格斯帮马克思整理、补写完《资本论》。通过阅读这些资料，学生对马克思和恩格斯为了共产主义共同奋斗的伟大精神有了透彻的认识。

在课堂上，如果课堂气氛一直低调平稳，就会出现教者有心，听者无意的现象，学生缺少充分参与的积极性。激发教学高潮的反馈是师生情绪饱满，互动活跃，活动高效。为了激发教学高潮，我们语文课堂可以借鉴评书中"伏笔、扣子"这样的笔法，通过环环相扣、层次推进的方法，让我们的课堂高潮有"波浪式""螺旋式"的递进。

### 三、评书与说书人——课堂的个人风采

评书的故事来源很多，大部分是以现成的小说改编，如《三国演义》《水浒传》《三侠五义》等，但从小说变成评书，都是经过说书人的加工改造，加入很多个性化的内容。同一段评书，不同艺术家在表演时，也会有截然不同的特点。例如单田芳的评书就是声情并茂，形神兼备，有着干净利落的节奏，通俗简练的语言。这是他独有的风格，也是他的评书广受欢迎的原因。

首先，他的声音稍有一些沙哑，对于评书艺术家来说这是缺憾。但是他针对自身的不足，采取节奏轻缓的方式，避实就虚，像长辈娓娓道来。听者习惯之后，就适应和喜欢上了这种嗓音风格，后来还专门美誉为"云遮月"的风格。其次，他播评书时，神采飞扬，全情投入。比如有时压低声音，"嗒嗒嗒"地模仿马蹄声，声音由低到高，听者仿佛看到骏马从远处飞驰而来，直冲眼前；有时他会变换声调，模仿一个粗声大气的嗓门，一个莽汉形象油然而生；又有时，说到高潮时，声音也是逐渐升高，乃至一声大喝，惊堂木一拍，声惊四座，听者的心都被提到嗓子眼了，让人大呼过瘾。

教师在课堂上以自己的语言为知识载体，与评书类似，对声与色就有很高的要求。对教师来说，嗓音是天生的，无法更改，但是可以通过训练，找到最适合自己嗓音的表达方式。通过训练，从练气发声开始，让自己的声音更有层次，更有质感，在抑扬顿挫中彰显力量。我们可以注意到，有些年龄较大的名师，在连续数小时上课、研讨、交流之后，声音仍是坚定有力、从容不迫。而不少普通老师一上午的课上下来，就会出现声音嘶哑、破音，甚至连话都不想说的情况，这正是对自己声音运用不够合理的表现。

除了声音的训练和运用，教师在课堂上也应该像评书艺术家学习，声情并茂、全情投入地演活角色。教师如果一直以播音腔、播音范来讲述，即使字正腔圆、发音标准，也会显得与文本疏离，与学生疏离。教师在课文讲述时需要入情入境，在《青蛙写诗》里，有这样的句子："下雨天，雨点淅沥沥，沙啦啦……青蛙的诗写成了，呱呱，呱呱，呱呱呱呱……"在这里，拟声词"淅沥沥""呱呱，呱呱，呱呱呱呱"，需要教师放下身段去演绎，才能将文字转变成大自然鲜活的声音，让童心童趣荡漾在课堂。而在《穷人》里，教师则需要体会文中的情感，读出那最大的善良。

今天，我们在感受评书仍具有蓬勃生命力的同时，还要从中汲取许多我们能在课堂教学中利用的智慧。

# 漫谈小学阶段的科幻类题材习作

在我听的许多写话、习作类示范课里，想象类作文出现的比例高于纪实类作文，这正是因为小学阶段的学生，想象力是最丰富的，最少拘束的。不过，也能看到，目前就我所见的想象作文，无论是低年级还是高年级，基本都局限于童话类，科幻类很罕见，这不得不说是一个遗憾。本文仅就小学阶段科幻类题材作文谈一些自己的观点。

## 一、重视科幻类题材是时代的要求

在历时数载的研究和反复论证后确立的《中国学生发展核心素养》中，提出学生应该具有人文底蕴、科学精神、学会学习、健康生活、责任担当、实践创新等六大素养。科学素养，一般定义为了解科学知识，了解科学的研究过程和方法，了解科学技术对社会和个人所产生的影响三个组成部分。我国公民科学素养水平逐步提高，但与发达国家相比仍有差距。在整个工业科技体系从追赶模仿到领先创新转变的今天，科学素养和创新思维的培养至关重要，而教育正是提升我国公民科学素养的主要因素。语文课程是基础课程，在培养学生的语言文字运用能力基础上，还要提升学生的综合素养，为学好其他课程打下基础。因为语文学科的基础性，对于从小培养学生的科学素养非常重要，而科幻类题材习作的训练，对学生科学素养、创新思维的培养，将有着不可替代的作用。

20世纪80年代初，我国曾经掀起一股科幻的浪潮，比较著名的作品有《珊瑚岛上的死光》《飞向人马座》等，还有专门针对儿童的《小灵通漫游地球》系列作品。比较有趣的是，在我国，科幻类作品一直被归为儿童文学大类之下，这或许也寄托着以科幻文学来激发儿童想象力的向往。从小爱科学、学科学的初衷，就像以前学生被问长大以后做什么，很多学生的回答是"长大当科学家"。但是随后很长时间，科幻类作品在儿童读物中的比重逐步下降，科幻文学的代表性期刊《科幻世界》订阅量萎缩，而与之相对应的，国外的科幻类的文学、影视一直占据重要的地位。在世界电影票房榜排名前十的，科幻类作品占据一半，像《阿凡达》《侏罗纪公园》《星际穿越》这样的大片，在票房大热的同时，也为学生普及了基因克隆技术、意识控制技术，使学生对外星生命、黑洞有更多关注和想象。这正是科幻类文学作品的巨大力量。

国家对培养公民科学素养与创新精神的急迫要求和本国科幻类文学作品发展的不足是相悖的。因此，当刘慈欣的小说《三体》获得世界科幻类最高奖项——雨果奖时，他被誉为"这个人单枪匹马，把中国科幻文学提升到了世界级的水平"。原国家副主席李源潮也借此特别提出，科学幻想因其源于现实生活、激发新奇发现、放飞自由想象，对科技发展和社会进步发挥了重要的引导作用。科普科幻创作肩负着展现中国梦的时代责任……努力点燃青少年科学梦想，激发全民族实现中国梦的想象力创造力。2019年春节档的两部最受欢迎的电影《流浪地球》和《疯狂的外星人》都是改编自刘慈欣的作品，因此，2019年也被称为中国科幻电影的元年。在此大背景下，小学、中学都将会掀起新的科幻热情，科幻类题材的作文正是时代的要求。

## 二、科幻类与其他想象类作文的界别

越是低龄的学生，在感知世界、理解世界过程中越偏重于想象，这想象的基础仍是来自从已知到未知。比如，最初学生描绘天上的云朵，可能会把云朵想象成小狗、花朵，因为这些才是他们生活中熟悉的事物，所了解的事物，是已知的；而随着年龄的增长，见识增多，学生又可能会把白云描绘成连绵的山脉、凶猛的狮子，这就是学生通过日常的观察和积累获得的新的已知；再到后来，还可能把白云描绘为一只振翅高飞的凤凰、一匹昂首嘶叫的骏马，这就表明学生的已知和积累愈加丰富，获得的来源从直接的观察发展到书本、影视等渠道，并且这种间接占了更高比例。等到了一定阶段，学生会把云理解为空中水蒸气的集合，并且根据云的形态推测未来天气的变化，此时表示学生抽象思维开始占据主导，并且开始通过判断和推理来进一步感知事物的联系。科幻类题材作文基于学生已经拥有的已知的科学知识推想未知，并且需要学生有一定的抽象思维，需要学生对事物的本质和相互联系有更多的认识，与其他想象类作文有明显界限。

对于低龄段学生来说，由于其知识体系远远不够，对科学知识的已知太少，科幻类想象一般是无法实现的。对他们而言，童话类想象更适合他们。如在低年级段非常受欢迎的动画片《小猪佩奇》，有一集名为《镜子》，情节是这样的：佩奇拿着一把汤匙照镜子，然后问猪爸爸为什么看起来镜像是倒过来的。猪爸爸回答说这是因为凸面对于光的反射，还没说完，佩奇就抢着说："是魔法！"猪爸爸也应和着说："对，是魔法。"这样的剧情与花大量时间详细解释光的反射与镜子形状的关系相比，明显更适合这个年龄段学生的观感。因为他们获得的已知基本来自直接观察和各类童话故事，对于未知以"魔法"来解释，合情合理，这在低年级段是值得鼓励的。但是这和建立在科学知识体系上的科幻想象就不同了。例如，在创意比赛中，让学生发挥想象，设想一种具有新的功能的笔。低年级段学生就可能设想成"我的笔会吐出很多很多的金币，然后买东西吃""我的笔就像神话里的一样，画的动物会变成真的"。这种神话式的、非理性的想象，是低年级段学生最常见的创造想象。

随着年龄增长，学生的科学知识、生活常识迅速充实起来，从各个学科和其他媒介中获得了基本知识体系，对于事物之间的联系也有了初步认识。此时，他们的叙述将更加现实，符合实际。他们的创造想象就会更多基于科学知识，同时力图寻找与现有事物的合理联系。比如高年级的学生设想一种未来的笔，可能会这样设想："我设计的笔，有自动感应系统，可以自动调节笔杆硬度，不会磨手指。它还带有摄像头和汉字识别系统，可以识别我有没有写错字，如果发现错字，就会发声提醒我。"这样的创造想象，需要掌握足够的科学知识，注意到事物直接的联系，使用较多的专业名词，并从解决问题的角度出发。这是科幻类作文的起点，也显示了科幻类与其他童话想象类作文的区别。

另外，把动物、植物等进行人格化来作为故事角色，这与科幻类设定并不冲突。为了增加趣味，增强故事性，动物、植物为主角的科幻、科普童话相当多，但故事情节和幻想部分也都是建立在科学知识体系的基础上。这就使得雨果奖和星云奖等获奖作品中，有《基地》《沙丘》《2001太空漫游》这样的被视为典范的科幻作品，也有《哈利·波特》《魔戒》这样的奇幻作品。这样的分类如果逐渐被我国接受，可能以后会让科幻类与其他想象类作文界限慢慢模糊，更注重学生能够自由展开想象。

### 三、勤阅读，打下科幻类作文的基础

1.阅读范围要广泛。

阅读是输入，表达是输出。任何作文类型的表达都首先建立在大量的阅读积累的基础上，科幻类作文尤其如此。到了中高年级，学生的阅读范围一定要广泛，除了名著、散文诗歌等文学性的读物，还应包括历史类、社科类、科普类读物。读物来源也不仅仅局限于书籍，还包括电视、宣传栏和互联网。这样才能多领域多层次地吸收营养，增长见识。广泛地阅读不同类型的读物，有助于提升学生阅读兴趣和通过阅读获取信息的能力；通过广泛的阅读，学生能够对社会、历史、科学各个知识体系有初步的概念和认识；通过广泛的阅读，学生能够获得大量的专业知识和名词；通过广泛的阅读，学生还能初步学习科学分析与思考的方法。有了这样充实的积累，才能有表达的内容和愿望。

语文教师要有良性的阅读习惯，要有广阔的知识面，才能以身示范；除了教师推介之外，要允许学生多看看"闲书"，有自己挑选的乐趣。一些

优秀的科幻类作品，情节跌宕起伏，充满了对奇异多姿的自然界的描写，并且把各种知识融会到惊心动魄的故事中，如凡尔纳的经典三部曲、安德系列小说，将会是学生喜欢的"闲书"。

2.要有科学的阅读方法。

过去的语文大多强调精读、分析性阅读，对于每篇课文都要细致分析主题思想，讲解生词修辞，而现在强调在精读之外，中小学校还应注重快读、默读、猜读、互文阅读等阅读方法的教学。对科幻类作品而言，科学的阅读方法很重要，比如比较阅读、创造性阅读就非常适合。

比较阅读。比较阅读是阅读中常见的一种方法，通过把内容或形式相近的一组文章放在一起，对比着进行阅读，在阅读过程中细致地比较内容、观点和方法。把科幻类作品与普通文学作品放到一起比较阅读，就会有更多的收获。例如英国作家笛福的《鲁滨孙漂流记》，是推荐学生阅读的作品之一。主人公因为风暴在荒岛上生活了几十年，但他乐观积极，通过自己不懈的努力，克服了诸多困难。这种奇特的冒险经历、不向困难屈服的勇气和乐于创造美好生活的精神打动了无数读者。而法国著名科幻作家凡尔纳的科幻小说《神秘岛》也是荒岛求生的故事，可以对这两个作品开展比较阅读。

同样是流落荒岛，与《鲁滨孙漂流记》不同，《神秘岛》里是四个人落难到荒岛，分别是工程师、水手、记者和学生。他们每个人都有自己的专长，特别是工程师，他还是博物学家，知识面涵盖动植物、地质、化学、机械等诸多领域，是四人团队的大脑。刚进入荒岛，工程师就根据凸透镜的光学原理，利用手表镜片解决了生火的问题，随后又考查了岛上矿产和动植物，从侧面给读者介绍了大量的地质知识。后来，还是利用手表，根据经纬度和时差的原理，计算出了荒岛位于大洋中央，附近没有陆地，从而做出长期在荒岛生活的计划。在共同努力下，他们制作了炸药、改造了瀑布，甚至架设了电话线路。他们正是在工程师的渊博的知识指导下，在荒岛上做出难以想象的举动。小说中还有一个情节，在不远处的另一个荒岛上，有一个孤独的流浪者，虽然也有不少物资，但没多久就因为孤独陷入半疯半狂野的状态，这似乎暗示了独自一人的鲁滨孙的结局会是怎样。

通过对比阅读，作家在这本小说中希望表达"知识就是力量"，以及人类团结协作才能对抗和改造大自然的主题。通过对比阅读，学生也会明白原来这就是科幻类作品所关注的主题。

创造性阅读。创造性阅读是指在阅读过程中，产生超出材料的新思想、新观点。古人就说过"尽信书不如无书"，在理解的基础上，可以提出自己的质疑。这样的创新思考，在阅读科幻类作品时尤其需要。科技飞速发展，人类探索的脚步从不停歇，在此过程中，也会不断改正原来错误的认识。科幻类作品中有些设想，在过去是不可思议的，然而，如飞上天空、潜入海底，现在都已经实现了。作者限于当时的认知，在作品中出现的一些错误，学生阅读时就可以大胆指出，提出自己的创新想法。比如过去的科幻小说中出现的海底船只，还要用船员划桨，学生可以就此畅谈现在的潜艇如何航行，或者畅想未来的船只是如何行进的。又如过去的不少科幻小说就假想地球内部是空心的，主人公深入地心探险，发现里面有一个神秘的未知世界。学生在阅读作品时，应该知道，根据现在的研究和探索，地球内部并不是空的，更不会有那么多原始生物。但我们仍会感叹当时的作家大胆奇妙的想象，激发学生探索未来世界的愿望。

## 四、科幻类作文的训练序列

随着年龄的增长，小学生的作文有语言运用和思想内容积蓄的过程，有从句子、片段到篇章的训练序列。科幻类作文因为其特别的视角和思维的方式，也应有自身的逐步递进的训练序列。

1.从大胆的想象开始——科幻画与话。

一方面，想象是低年级儿童认识和描绘世界的方式。在想象中，学生往往忽略了其中的科学合理性，船儿可以在陆地上行走，城市建设在海底或者太空。另一方面，科幻画虽是幻想，却有很多是反映学生对现在存在问题的思考。他们一般从书本或者电视等媒介了解到现在普遍存在的空气污染、垃圾处理、水污染等问题，常常幻想有一种神奇的机器就能解决所有这些问题。学生不需要思考凭借现在的科学技术，这些设想能否实现，"今天的幻想，将会成为明天的现实"，能够大胆展开想象，就值得鼓励和赞赏。为了让想象更加具象化，还应该以科幻画的形式把自己的想象描绘出来。不同于成年人科幻画的艺术性与科学前瞻性这些高标准，学生的科幻画不需要什么绘画技法的训练，而应更注重帮助他们把原本零散的想象缀合，在绘画的过程中，想象将会进一步拓展和丰富，描绘出一个未来的神奇世界。

有了画的支撑，下一步就是鼓励学生把自己科幻画的构思描述出来，写下来，这样就从科幻画变为科幻话了。与普通的看图说话写话不同，画作是学生自己完成的，在描述时会重点偏向他最希望别人关注到的幻想内容，这也正是以科幻画训练学生思维能力和想象力的目标所在。在此过程中，保护和鼓励学生对未来的好奇心和想象力尤为重要。

2.从想象凝练出创意细节。

与天马行空的想象相比，创意与现实联系更加紧密，往往是已有的事物的改变和组合。比如，一个学生设计了智能手杖，他设想手杖可以带上语音导航功能，为使用者导航；手杖带有摄像头，可以提醒使用者前方道路有积水、坑洼或者其他障碍物。又有一个学生设计了一种特别适合老人的鞋子，防滑又能电加热，还会给老人不停按摩。

诸如此类的创意设计，在中高年级学生中层出不穷，这首先反映了学生对外在事物认知越来越详细，科学知识储备越来越丰富，可以使用更多专业词汇，建立了更多的语言和思想积蓄。其次，这是学生针对身边存在的盲人外出困难、老人急需照顾这些细节问题设计的，这些问题一般是他们自己亲眼观察到的，亲身感受到的，他们开始逐步形成留心观察周围人和事的习惯。另外，创意设计的描述，是向别人陈述自己的观点，谋求别人的赞同和认可，这种文体的训练对作文应用与人际交往非常有效。

3.从幻想和创意编织故事。

有了大胆的想象，有了精巧的创意，把这些都编入一个生动的故事中，就是一篇优秀的科幻作文。例如，刘慈欣的小说《圆圆的肥皂泡》，主角就是学生喜欢吹的肥皂泡。他设想我国西北的一座城市，干旱缺水。市长的女儿有一次吹出了一个巨大的肥皂泡，罩住了整座城市，还引起了人们的恐慌，市长却从中得到启发，用很多巨型泡泡把雨水从遥远的海边运送到城市，解决了缺水的问题。这正是作家以自己小女儿吹的泡泡为起点展开的美如童话的科学幻想故事。

又如一个学生的作文《太阳城》，则是从现在常见的太阳能发电展开想象，描绘未来的城市面貌：

我们一家先去参观太阳城居民的住处。这里到处都是蓝色的太阳能转换器，房屋的屋顶在太阳光的照耀下，闪烁着蓝色的光芒，而且，这里没有烟囱，没有用油加热的装置，空气很好。这时，来了一位导游，导游阿姨说："欢迎来到太阳城，我们这里不但空气好，房屋也是千姿百态。"导游边说边带着我们往前走，"你们看，这里的房子有的像彩色的金字塔，有的像金黄色的向日葵，还有的可以跟着太阳旋转……"接着，我们乘着没有噪音，没有污染的太阳能汽车来到大街上，突然，太阳能汽车要没能量了，司机就把车子开到加能站加能量。这里不是用油罐加油，而是一个个能量插座，司机只要把插头插到这些插座上充能量就行了……

这些想象、这些构思，奇特而有趣，都是作者以科技创造未来美好生活的畅想，寄托着他们无限的希冀。

《中国学生发展核心素养》中确立了要发展人文底蕴、科学精神、学会学习、健康生活、责任担当、实践创新这六大学生核心素养，这是适应世界教育改革发展趋势、提升我国教育国际竞争力的迫切需要。注重探求，注重创新，注重社会担当的科幻类作文，将成为发展核心素养的重要一环。

李敏，专科学历，中共党员，合肥市作协会员。现任肥西县桃花工业园中心学校教师。曾获合肥市2016年小学语文青年教师课堂教学评比特等奖，第八届"七彩语文杯"华东四省区小学语文协作交流暨优质课评比活动特等奖。

# ▶▶▶ 分层分组　大道行远

## 目标，我们想做什么

"学习共同体"是一种新型学习模式，也是我们工作室目前正在试行的管理模式。李亚玲小学语文名师工作室现有22名成员，且分布在全县各个乡镇，统一管理有难度。为了促进成员之间的互助成长，领衔人李亚玲老师依据职称、业务能力、教龄等不同层次将工作室22名成员分成四个学习小组，小组内设组长1人，副组长2人，成员2～3人，在小组内有效开展活动，实现了"组长带头"与"成员参与"的有机统一。

第一小组现有成员6名，按职称来分层，有高级教师1名，一级教师2名，新教师3名。小组里教龄在十五年以上的是三位组长（组长：李敏，副组长：张瑞聪、韦霞君），其次是教龄在五年以上的张小燕和徐娟，最小的是参加工作才三年的余征宇。小组成员的配置比较合理，小组内的引领和学习都能达到较好效果。

### 一、我们的成员

首先对小组成员做个简单的分析。

张瑞聪属于沉稳型的老师，能代表我们小组的风格。她的课，在设计上无可挑剔，但在课堂组织上有些拘谨，不敢随意妄动，也不敢轻易露出笑容，步调收敛，活动范围以讲台为中心。在我看来，她的课过于稳，甚至不会出一点错，这是她的优势，但同时也是束缚。我们面对的是个性差异比较大的学生，要允许自己出点错，也要允许学生出点错，才能真正成长。

韦霞君老师的性格不算活泼，但也绝不呆板，执行力很强，做事有自

165

己的思考。她的课堂，教学理念与时俱进，教学风格清新自然，能和学生打成一片。唯一不足的是气场不够，可能是太文气的缘故，说话轻声细语。这种润物细无声的教学方法是我们追求的，但在工作室送培送教活动中很难调动学生。面对不同的学生需要随时调整状态，让自己"高调"起来，与学生互动起来。

张小燕老师活泼热情，对人倾其一片真心，不计回报；做事积极，反应快，有悟性。如果能将生活中的生动、有趣付之课堂，再辅以一定的语文素养，那就十分完美了。

徐娟老师在授课时总把教学设计摆在讲台上，眼睛盯着设计来上课，但依然紧张，语言表达不顺畅，我觉得是没有在备课上做足功夫。当然，对于教龄不足五年的老师来说，习作指导课确实难为她了。所以，要在业务能力上有提升，光有热情是不够的，还需要脚踏实地，稳扎稳打。

余征宇老师的课在设计上挑不出什么毛病，课堂上的呈现也比较完美，不论是语言，还是应变，表现得都很好，但她有着几乎所有新教师共同的毛病：教学设计大于学生。有完美的设计，不等于就有了理想的教学效果，还需要执教者在课堂上关注生成，做到以生为本。

## 二、我们的研究

小组自成立以来，我们一直在做"利用绘本提高低年级学生写话能力"的课题研究。绘本画面精美，文字精练，情节生动有趣，蕴含着优质的写话资源。同时，绘本画面丰富，叙述了一个完整生动的趣味故事，为学生的想象提供了广阔的空间，可以激发学生表达的兴趣。

绘本写话课，我和韦霞君老师都曾经上过，并代表工作室到其他学校进行了教学交流。从课堂表现上来看，学生对于绘本非常感兴趣，这得益于绘本故事的有趣和图片的精美；听课的老师对于绘本的写话作用也非常惊讶，这文字加图片的故事原来可以提供这么多可以写话的素材，实在不简单。利用绘本写话的目的就是充分挖掘绘本丰富的写话元素，利用图画强烈的表现力和文字的"留白"，培养学生的观察力、想象力，唤醒学生乐于说话的愿望，激发学生乐于写话的意趣，使绘本成为学生写话资源的重要组成部分。

# 行动，我们怎么做

小组成立后，我们确定了研究主题，以教研促管理。组内成员大多是第一次接触绘本，对如何将"绘本"和"写话"结合在一起更是一头雾水。为了让大家尽快了解、掌握小组的研究内容，我从网上找了许多名师的教学实录和视频推送到小组群里供大家学习，包括窦桂梅老师、曹爱卫老师和何捷老师的教学设计和教学视频。这几位老师在绘本研究上由推荐绘本阅读转向绘本与写话，有实例和理论的支撑，更易于初学者模仿。在学习前辈经验的同时，我们也开始在课堂中寻找方法。

## 一、组内示范课

韦霞君老师在经开区学校工作，市区的教研氛围浓，学习机会多，对于绘本有所了解和接触，她首先在小组内准备了一节绘本写话示范课。她选的绘本是《母鸡萝丝去散步》。《母鸡萝丝去散步》是一本外国经典图画书，色彩鲜艳，内容幽默，深受儿童的喜爱。绘本里的文字非常简洁，可以通过对画面的想象来丰富文字的内容。韦老师在备课时也充分利用了这一点，在教学设计中围绕"观察"和"想象"来推动故事的发展，并利用聚焦一张插图重点指导学生讲故事的方法，带领学生以口语表达和书面表达两种形式在故事里"走一遍"。

观摩这节绘本写话示范课后，我们集中讨论了绘本在写话中可以利用的语言训练点，如：内容补白、故事续写、句式模仿等，确定了指导学生语言表达的方法，如：观察、想象、推测，梳理出了利用绘本指导写话的初步环节：情境导入—指导说话—落实表达—展示作品—点评修改，为小组活动的开展明确了方向。

## 二、组内分工

在小组活动开展中，我们常常会因为教学设计上某一个问题的设置产生争论，但争论带给我们最大的实惠就是相互取长补短、共同获得进步。老教师可以学习新教师的理念和方法，新教师可以学习老教师的教学经验和优势，每个成员身上具备的优秀素养都可以拿来借鉴，最新的教学思想和最实用教学资源得到最大程度的共享。

为了更好地落实小组分层学习的任务，我们小组在课堂教学的扎实有效上提出了"三个一"要求：一个教学目标的定位，一个重难点的突破，一个简单有效的方法。其目的是精简教学内容，在重点环节舍得投入时间，促进学生的发展。在全员参与磨课时，要做到组长统领有方，成员分工有序。组长负责整个课堂环节的安排和时间的把控，张瑞聪老师负责把关教学目标的定位是否明确合理，韦霞君老师负责推敲教学重难点的安排是否恰当，新教师负责厘清教学思路和指导方法。评课时各自把看到的问题提出来讨论、修改，做到推翻和重构教学设计有据可依。最后把这些建议集中反馈给授课教师，为后期修改设计提供有力帮助。

## 三、在磨课中落实送培送教活动

李亚玲小学语文名师工作室的主旨是通过送培送教活动来提升我县语文教师习作教学的能力，小组的工作任务也以此为中心。在每学期的工作任务中，小组要承担一至两次送培送教活动，每个成员都要完成相应的任务，有人负责上课，有人负责讲座和主持研讨，分工不同，目标一致。

小组成员大多分布在全县各地，要实现面对面的教研有一定的难度，于是，我们借助网络平台开展研讨活动。一节示范课从选课到设计，都是在网上进行的。设计成形后，一般会有三次现场观课、磨课、集中评议，逐步完善教学设计。执教者在每次重构教学设计的过程中如果遇到问题，也同样可以借助网络，得到团队成员的帮助。

网上磨课，具体操作步骤是这样的：先让执教者自己熟读绘本，试着解读绘本，找到绘本中可供学生写话的切入点，再进行教学设计，随后上传电子绘本和教学设计，小组成员集体评议。这样一轮下来，执教者对于绘本写话课会有一个初步的了解。接下来的正式磨课，就是实战训练了，我们会根据学情再次进行环节和教学策略的调整，直到学生真正在写话上有所得。

在绘本写话的设计之初，组内的几位新老师走了许多弯路。比如，把写话课上成了欣赏课或阅读课，一节课训练写话的点达到三个之多，教师讲得多，学生练得少，训练要求不明确，等等。所以，磨课之后的评议，我们做得非常细致，会一个环节一个环节地交流，从导入环节到这节课的重难点，再到后面学生的练笔和反馈，一个环节定稿，再进行下一个环节。这样做需要大量的时间，但往往有事半功倍的效果。

小组成员徐娟老师是个教龄不足五年的老师，在第一次执教绘本写话课时，对文本的解读发生了偏差，这是很多新教师容易犯的错误，拿到教材后立即进入设计环节，或是从网上找个教学设计来应付，这样的教学效果往往会很差。绘本写话教学和语文教材中文本的处理方法是一致的，先要读通读懂绘本，梳理出主题，再去寻找、发现绘本中的图或文字中可以用来指导学生语言训练的切入点，把绘本作为一个例子，拓展学生的观察力、想象力、思维能力和表达能力。为了避免这样的错误再次发生，我们要求小组成员在设计之前做到多次研读绘本，厘清绘本表达的主题和方法，最后再设计这节课。

徐娟老师在第二次执教绘本写话课时已经能做到独立完成设计，在情境创设上也有了属于她自己的方法。分层学习共同体将原来的个人学习方式转化为集体学习方式，这种合力促进共同体与个体同步发展，让教师在专业成长的道路上不再单飞。


# 成长，我们思考什么


目前小组研究的写话课题、对年轻教师来说是个挑战。小学语文教学目前的主流应该还是阅读课，习作课只是近几年才被重视起来，在教材中的地位并不高。要想年轻教师快速成长起来，单单走习作或写话这条路毕竟还是单薄了，阅读课教学是年轻教师的必经之路，这就需要双管齐下，打好阅读课的基础，才能为写话和习作教学提供更好的保障。

利用绘本来教学低年级段写话，最根本的一点是利用绘本激发学生说话写话的兴趣，所以，写不是目的，写得好更不是我们要达到的目标，我们首要的任务是要让学生喜欢上绘本，在此基础上自然而然地产生言语表达的欲望，对写话不再有畏难情绪。这是我们目前需要努力的。

分层学习共同体的学习模式在整合优化上有其独特的优势，为工作室的管理提供了有力保障，但同时也存在一些问题。

1.组内成员的任务分工过于单一，成员缺少存在感，只能在自己的位置干自己的事。每个小组的两名副组长在组长的管理之下非常被动，并不能充分发挥他们的个人优势。应明确任务分工，细化工作内容，拔高要求，做到"1＋2＞3"。

2.分层学习在小组内要完善考核制度，做到每学期每人要完成相应的工作量，做到分层落实、分层考核，不能以集体的任务代替个人工作量。建议确定组长考核制，由组长考核副组长，副组长考核成员，确保每个成员每学期都有机会参与工作室的活动。

3.小组内活动目前多是组内形式为主，在自己的圈子里转，缺少组外的指导和经验交流，处于自己摸索的状态，不利于长远发展。应加强与其他小组的合作学习，或是邀请相关专家来把脉和调整，实现小组之间的融合和多元化发展。

## ▶▶▶ 分层教研　立心于行

### 我的第一节送培送教课

2014年3月17日上午，县小学语文教研员朱红梅老师带着我们工作室一行人来到柿树岗中心学校开展送培送教活动。这是工作室成立以来的第一次送培送教活动，也是我加入工作室以来的第一次送教，执教内容是六年级上学期的期末质量检测中的习作。习作为半命题形式，以"谢谢你，××"为主题写一篇习作，通过一两件事去感受别人对你的爱。

设计之前，我调查了此次授课对象的习作情况，在朱红梅老师的办公室待了一下午，把柿树岗中心学校六（2）班46个学生的作文浏览了一番。从他们的作文情况看，学生能理解题意，能在规定时间内完成习作，且能从平时生活中搜集作文素材，记录自己以及身边真实的人、事和感受，体现了较好的语言文字综合运用能力。然而，考场作文中反映出来的一些问题也不容忽视：一是选材上陈旧老套，又多雷同之处，没有生活积累；二是事例描写抓不住重点，只是简单叙述，缺少细节。

面对学生集中体现的问题，我将本次习作的教学重点设置为细节指导。在随后的磨课中，领衔人李亚玲老师和几位工作室成员对我的这节作后点评课进行了三议三改，最终形成定稿。在设计上主要抓住三个大环节：欣赏、指导和练笔。三个环节相扣相容，在欣赏段落时起到范文指导的作用，在指导作文时落实细节描写，最后学以致用，练习写一个片段。

在指导"细节描写"这个环节时，我是这样设计的。

先出示一个学生的习作片段：

我从一年级开始作业就书写得很潦草，老师看了之后都会耐心地教导我，可是我总是坚持不了一段时间，老毛病又复发了。

昨天的写字书发下来了，我打开一看，上面就批了个"阅"字，心里很不是滋味。这时老师喊我上讲台，我的心里很害怕，担心又是一顿批。

老师翻开我的写字书，说："你看，全班就你写得最潦草，能不能改改这个毛病？写字时一笔一画都要认真，从一个人的字里就能看出他学习的态度。"

我听了点了点头。

老师又说："来，老师这正好有本字帖，拿去好好练习，只要坚持下去，你肯定会进步的。"

我说了声"谢谢"就回到座位上了。

然后我和学生讨论这个习作。

师：请同学们读一读这个片段，评价一下这件事写得好不好？好在哪里，不好在哪里？

生：整个事件只写到了老师和学生的对话，人物描写太简单了。

生："我"被老师喊去讲台时的心情也应该写一写，还有走下讲台的时候也应该写一写心理变化。

师：现在请一名学生来和老师表演一下这个场景，重现当时的情境。提一个要求：在表演时，注意观察人物的动作和神态。

（师生上台表演）

师：请同学们把刚才表演的片段用文字表达出来。

（生写片段）

最后进行课后反思：

"新课标"在写作教学中提出：应注重培养学生观察、思考、表现、评价的能力，要求学生说真话、实话、心里话，不说假话、空话、套话。"作后讲评"的出现给作文教学带来了一股新生的力量，指导性更强了，实效性更大了。

老师常常在指导习作时忽略了学生的想法和感受，随着学生年龄的增长，他们的想法也变得复杂了，越来越不愿意在作文上说真话、实话，与老师"坦诚相见"，担心"隐私"外漏，遭到嘲笑和批评，或是与人产生不必要的矛盾，他们选择了说假话或是虚构事例。作后讲评课却又必须将学生作文的内容大白天下，于是出现了作文内容越来越虚假的现象，一写事都是大事件，一写人都是道德高尚的人，完全脱离了学生的实际生活。如何激发学生乐于写真话，并坚持写下去，这就需要老师在作文讲评课中从以下几个方面保护好学生写作的勇气。

## 一、课前真诚交流

曾有一段时间，我在学生作文内容的真实性方面甚为苦恼，每次交上来的日记、作文都说着一些无关痛痒的话，同一事例出现在不同学生的习作中。我自以为他们都是有故事的人，因为班里大部分学生都是农村孩子，他们的家庭十分特殊，有的父母离异，有的亲人不在身边，他们应该拥有一颗敏感的心！可事实却是他们都不愿意说真话，无视亲人、亲情，有点麻木不仁。为此我多次在课堂上板着脸批评他们，他们听后，一个个低头思索。几天之后，作文交上来还是老样子，他们根本不想去触及发生在自己身上的事。

我不得不反思：他们不愿意打开心扉，批评就能解决吗？心结在哪里？我想，应该是他们小小的自尊吧，他们担心写真实的事会伤了自己。叶圣陶先生曾经说过，作文就是用笔来说话。作文要说真话，说实在的话，说自己的话，不要说假话、空话、套话。于是，在习作课上，我把自己曾经经历的一些不光彩的事向孩子们倾诉：小时候不听妈妈的话，在大雪天里被光脚罚站两个小时；上中学因为叛逆经常和妈妈吵架，那时不好好学习，整天沉溺在武侠世界里……孩子们听了瞪大眼睛，不敢相信这是他们语文老师的所作所为。我笑着总结了一句：有了过去的经历才让现在更加精彩。这次谈话之后，孩子们渐渐地乐于表达自己的内心，高兴的、痛苦的都愿意在纸上倾诉一下，他们的心结终于打开了。

在这节讲评课上，我采取了同样的方式，在导入环节时借助一封信来诉说老师的心里话，在老师饱含深情的朗读声里，那一桩桩曾经经历过的事，那一段段真实的情感，再次拉近了老师和学生的距离，为后续环节做好铺垫。

## 二、课堂及时肯定

讲评课首先是一个被肯定、被欣赏的过程，每个孩子都有被尊重的需要。这就要求老师在课堂上及时给予点评、肯定，不要吝惜自己的表扬。每节讲评课上，我都会精心挑选敢于说真话的作文作为范例，哪怕只有一句话。在这节习作讲评课上，我就大胆地出示了几个对老师"出言不逊"的句子：

1.老师站在讲台上，如果有人不写作业或者写错了，就会板着脸，对他河东狮吼："出去!"

2.他一生气就用本子打同学的头，两眼严厉地瞪着那人，一边打，一边还不忘骂上几句。

3.只见老师手里捏着一支粉笔，盯着郭同学，目标锁定，准备射击，"嗖"的一声，不偏不歪正打在郭同学的衣服上，随即跑过去吼道："搞什么搞，上课还画画，给我!"吐沫星子都喷到郭同学的脸上了。

4.他每次上课的时候都会把他的宝贝手机拿出来。上课时他没事，就坐在一旁，拿出手机开始玩起来，只要教室里有一点声音，老师都要说一句"讨厌"。

有同事善意地提醒：这似乎对某些老师有些不敬。我想，学生都愿意说真话，老师却没有勇气去承认，以后还怎么要求学生去说真话呢？在欣赏环节上我充分肯定了三点：真实、勇敢、精彩。

在这惊讶又惊喜的一节公开课上我收获的是学生那颗真实的心，这比什么都重要。

### 三、课后的有效训练

如果说讲评课上的欣赏是一种肯定和鼓励，学生乐于表达内心的意识被激发了，那么在课后就需要我们理性地思考和耐心地指导，将这些被激发的情绪落实到作文的修改中。讲评课上我们欣赏学生习作中的亮点，修改习作中的不足，这节课也许可以画上一个完美的句号，而真正置身课堂之外，我们会发现大多数学生对处理人物内心和情感的体验上的描写还是少之又少。在讲评课中处理的只是某次作文中出现的一两个大毛病，剩下的细枝末节并没有得到完善，课后修改又将成为讲评课之后的重要环节。我喜欢班里有些学生的"作文修改版"，二次作文中出现了更多视觉上的亮点和情感上的惊喜，讲评课之后的修改又将是他们难得的一次内心独白。

总之，我们的老师如果能在作后讲评中最大限度地鼓励学生大胆表达内心真实的情感，经过长期的训练，相信学生的习作篇篇都是好文章。

# 我的第一次远行送教

2015年10月28日下午，李亚玲小学语文名师工作室送培送教到肥东县长临河小学。我执教的课题是人教版六年级语文上册的习作七《看报道写故事》。

本次习作是想象作文。根据图片报道，进行合理想象，然后写一个故事，做到内容具体，感情真实。习作提供了一个非常新颖、有趣的话题：在加拿大快节奏的生活中，巡警乐于俯身从下水道挽救小鸭子，人们乐于停下车子为小鸭子让路，从这些寻常的动作中充分体现了人性的美。该报道以生动的事实告诉学生：和人一样，动物不仅有浓浓的亲情，也有一定的应变能力，进一步激发学生对动物的了解与热爱，同时也引导学生感受人与动物的和谐共处，深化对本单元主题的认识。学生通过认真观察图片、读新闻报道即可了解事情的梗概。习作的重点与难点在于：围绕这则图片新闻，可以进行哪些合理的想象，然后还要引导学生思考，可以在哪些方面进行细致的描写，使习作的内容更加具体，感情更加真实，主题更加鲜明。

一直以来，写想象中的事物是小学生比较喜欢的，因为他们可以无拘无束地发挥想象。教学时让学生将单幅画面想象为连续的几幅画面，对其中的一幅展开想象，并加以细致引导，最后串联成一个完整的故事，说一说，写一写，这样既形象直观又生动活泼，既可拓展学生的思维，又能降低写作的难度。

于是，我有了如下的设计：

## 一、创设情境，激情导入

1.观看一组温哥华图片

师配词：这里是温哥华，加拿大的一座临海城市。这里有蓝天碧海，也有迷人的湖边小路；有融入科技元素的现代化建筑，也有保存完整的传统建筑。温哥华是世界著名的旅游城市，也被誉为"世界最佳居住城市"。

2.根据图片，谈谈对温哥华这座城市的初步认识。

3.师小结：温哥华不仅拥有这些外在的美，还有属于它自己的独特气质。有人说，温哥华是一座温暖的城市。这是为什么？现在让我们一起关注一则关于温哥华的新闻报道。或许，从中我们可以找到答案。

## 二、初步感知新闻报道

1.出示新闻图片

师：仔细看，你看到了什么？

2.出示新闻报道的文字（学生快速默读）

（1）课件出示："据古巴《起义青年报》9月29日报道：一群憨态可掬的小鸭子正在鸭妈妈的带领下漫步在温哥华街头。突然，几只小鸭失足跌入了路旁的下水道。危急时刻，鸭妈妈沉着冷静，向巡警求助，并带领他赶到出事地点，巡警从下水道中捞出了将要被冲走的小鸭子，目送他们摇摇摆摆地上路了。（摘自《参考消息》）

（2）师：读着，读着，你的脑海里会浮现出什么词？根据这些关键词我们可以拟个什么题目？

3.提出习作要求

新闻报道这种体裁还决定了这段文字简明扼要、内容不多，给我们留下了想象的空间。现在让我们根据图片报道，合理想象，来写一写这个故事。（板书：看报道写故事）

4.引导想象

师：事情究竟是怎样发生又是怎样发展的呢？很遗憾我们没有亲眼见到报道所叙述的场面，不过我们可以通过丰富而合理的想象来再现这动人的一幕。请同学们再读读这段话，看谁能根据这几句话来厘清事情的起因、经过、结果。（根据回答PPT出示：漫步街头，失足落水求助巡警，设法施救，小鸭得救，目送上路）

三、步步追问，写好细节

1.师：大家想一想，如果你是记者，你最想拍下这其中的哪些照片？

2.根据回答，教师梳理出以下几个问题，引导学生展开合理的想象，补充故事情节。

（1）鸭妈妈是怎样向巡警求助的？（求助的方法，求助时的表现，如鸭妈妈咬着巡警的裤管不放，把他拉到小鸭子掉下的下水道旁；鸭妈妈指挥另外的小鸭子把下水道围成一圈，不停地鸣叫，引起了巡警的注意）

（2）鸭妈妈是怎样带领巡警赶到出事地点的？

（3）巡警奋力搭救小鸭子的场面是怎样的？其他司机是怎么表现的？（神态、动作等）

3.师：面对这么多细节，你会着重表现哪个情节？小组展开讨论。（板书：有详有略）

4.小组汇报，教师指导如何说具体。

四、明确要求，尝试习作

1.课件出示习作要求和习作建议

习作要求：根据图片报道，进行充分想象，然后选一个有意思的故事，做到内容具体，感情真实。

习作建议：

第一，按事情发展的顺序，一步一步地写清楚；

第二，用生动的细节展开最有意思的部分，把这个最有意思的画面写具体。

第三，可以站在当事人的角度，以第一人称来写。

2.学生写作，教师巡视

五、交流赏析，丰富故事情节

1.学生修改完毕后，可以读一读自己习作中最满意的段落，请其他同学赏析。

2.品读范文，感悟写法

（1）教师带领学生欣赏习作，将习作出示在大屏幕上。说说文章好在哪里，哪些地方使你深受感动。

（2）找出习作的精彩之处，说说作者是怎样描写具体，表达真情实感的。

（3）再看看文章，说说你觉得什么地方不够好，提出修改建议。

（4）教师小结：本次习作是看图作文，小作者之所以写得这么好，是缘于合理的想象，将故事情节补充得特别完整，许多细节描写生动传神，在展开合理想象的同时，将自己的感受表达出来，发表了自己对这件事的看法。

## 六、升华拓展，引发深度思考

1.《参考消息》为什么要刊登这一幅图呢

2.指出图片的价值所在

## 七、作业：

完成本次习作。

短短四十分钟的习作指导课结束后，听课老师给予了很高的评价，长临河小学王校长也给予了高度评价，工作室领衔人李亚玲老师终于露出了笑容。在这之前，工作室送培送教的地点都是肥西县内的学校，这次受肥东县教体局的邀请走到县外，压力还是很大的。在这之前的几次磨课中，我们一直考虑如何将故事情节中最精彩的部分呈现出来。后来在设计中，我们将选择权交给了学生，让他们找最感兴趣的部分进行交流，于是，我们看到了几处精彩的情节。如此看来，这节课之所以有可称道的地方，是因为我遇到了一班好学生，他们愿意和你畅所欲言，他们愿意学鸭子着急时发出的喊叫，愿意表演鸭子着急时的动作，他们在角色的转换中触发了课堂中有效的生成，于是，就有了这一节有趣的课。

# 我的第一次参赛课

2016年4月，我在工作室里最忙碌的日子开始了。

这个4月，我参加了三场语文教学比赛。第一场是校内选拔赛，当时只有一个名额，很遗憾，我落选了。几天后，教研室给了我们工作室一个额外的参赛名额，于是这唯一的机会又落在了我身上。李亚玲老师比我更珍惜这个机会，利用周日的时间带着工作室的其他成员来给我磨课，大家为我出谋划策，让教学设计更符合赛课特色。李亚玲老师是这次县里比赛的评委，正式比赛那天上午，她比我还紧张，坐在高高的评委席上左顾右盼。等我的课上完了，她在工作室群里只简单地说了一句："这节课让我可以自信地面对其他评委。"至此，我算是挤进了县里的获奖名单了。这次比赛给我最大帮助的是程晖云老师，因为这节习作教学的设计是比赛前一个晚上才确定的，程老师陪我一起设计，帮我熟悉教学环节，甚至是比赛前一个小时，还在和我梳理环节，给了我极大的帮助和鼓励。

等到熬过了县里这关，市里的比赛也开始了，县小学语文教研员朱红梅老师带着我们几位选手一起去合肥抽课题。记得那时已是夏至，天气渐渐热了起来，全市将近五十名参赛选手紧张地坐在六安路小学一楼的阶梯教室里，听不到说话声，也听不到笑声。我当时抽到的比赛题目是人教版三年级的习作《我喜欢的一项活动》，序号是七号。

抽签回来后再次进入紧张的准备阶段。我清楚地记得这节比赛课前，大大小小的磨课加起来有五次，教学设计修改了八次，直到比赛的那天下午去巢湖团结路小学的路上，还没有定稿。这日子总算一天天走过来了。比赛当天，李亚玲老师又有了赛前紧张综合征，既不敢陪我去参加比赛，也不敢和我说话，比赛结束后，她也没有发一条信息问我比赛情况。她只是私下里问了她的一些好友，打听比赛的结果。后来，比赛成绩公示了，我得了市级特等奖，她第一时间就将这个喜讯传开来，比我这个获奖的人还要激动。

同事们得知后纷纷前来祝贺，我说只是幸运而已。是的，我很幸运遇到了团结路小学那班三年级的学生。

记得比赛的那个下午，我是第一个参赛的选手。我和程晖云老师早早地来到比赛地点，程老师帮我调试投影仪，我在旁边教室里备课。等到离比赛只有五分钟的时候，我很奇怪：怎么学生还不来？我探出头一看，这一看，太让我惊讶了，孩子们已经端端正正地坐在教室里，一点声响都没有，就等着老师了。一墙之隔，我既没有听到他们走路的声音，也没有听到挪动课桌椅的声音，这素质，我可是第一次见。

开始上课了，他们积极配合着我，那情景，就好像我是远道而来的客人，他们在热情地尽地主之谊。其间，他们谈笑风生，让我忘了原来的设计，课堂上我们交流着自己喜欢的某个活动，一切都真实地发生着。遇到团结路小学的这一班学生，我是幸运的。

**教后记：**

关于磨课，我们一直在做。工作室里有磨课，学校的教研活动有磨课，甚至县里举行的课堂大赛也设置了"最佳磨课团队"的奖项。聚集这诸多的人力和物力，无外乎是要打磨出一节精彩的课，或是一件教学上的艺术品。

"磨"是过程。其过程真可以称得上是工匠精神，大到教学内容的设计，小到教者的一个表情和动作，参与磨课的老师都能从细微处找到需要改进或改正的地方。我给不少的年轻老师磨过课，也被很多的老师、专家打磨过，个中滋味，只有经历过的人才能体会。

这次参加合肥市课堂大赛前的那几场磨课应该是一场痛并快乐着的经历。在抽签决定课题之后我们便匆忙进入了教学设计和磨课的活动中。我清楚地记得，在不到一周的时间里，我的设计在每一次的磨课之后都要做出调整，为了能让学生敢说、乐说，即使下午就要正式走进赛场了也没能定稿。因是比赛课，既不能提前接触学生，也不能获取学情，心里空荡荡的。等到茫茫然进了课堂，循着心中的设计与同学们交流，竟然找到了顺畅的感觉。这不得不归功于在磨课中做足了功夫，课堂中同学们已经会的和不会的，容易出错的和不会出错的，需要点拨的和不需要点拨的，都在磨课中做到了心中有数。

"课"是终点。磨课中最痛苦的莫过于教学策略有效性的问题，即让学生真正参与其中，有生成，有收获。磨课，看似一群人围着一个人在不断地审视、思索、修改、塑造，然而，课堂上执教者无非是个媒介，是用来连接知识和学生的。磨课，看似在打磨执教者，其实，学生才是磨课最强劲的动力和出发点，这一系列磨课的动作都是以生为本，具体到每个环节的设置，每个问题的提出，每个学生不同的评价语等，无不站在学生的角度去考虑。

可见，磨课最终要落地生根，这"根"要落实到学生这片土壤上，因生而为，因生而定，才能长出茂盛的草木，这样的一堂课才能因此生发光与彩。若是一味地打造执教者，无异于演员的排练，观众看到的只是舞台的效果。而一节以生为本的打磨课，即使是让最笨拙的教师去上，也是真实的课堂，真实的存在，真实的发生。

磨课在精，不在多。我们也不能因磨课而磨课，无形中加大了磨课的次数和难度，给执教者带来无谓的压力与烦恼。次数不能代表质量，不是说一节课磨得次数越多，课就上得越好。这其中要考虑到：一次磨课要切实解决一个问题，一次磨课是一次提升，一次磨课要产生一个新的思考。除此之外，还应该给予执教者更多的时间去思考、内省。一个优秀的教师之所以会优秀，和个人的反思能力是有很大关系的。

要让磨课这种群体活动发挥更大的有效性，我们需要先进的教学理念来引导，既不能一堂言，也不能各执一词，更不能让执教者全盘接受。这些磨课中产生的分歧，必然会起到一定的副作用。磨课不是代替，我们不能把自己观课后的想法强加在执教者的头脑里，让他无条件接受，教一步，走一步。而应该是一道溪流轻轻地流淌过，冲洗并带走枯枝与泥沙，给人一种豁然开朗的感觉。每位教师的教学风格都独具特色，如果我们都要求执教者按照自己的方式方法来执行，那无异于是生产加工厂，磨课便失去了意义。

磨课的目的应该是：让我，更像我自己。

# 我的第一节绘本写话课

## ——绘本写话《长大做个好爷爷》教学实录

### 【绘本简介】

绘本《长大做个好爷爷》讲述的是一个关于亲情的故事，也是一个关于成长和陪伴的故事。

### 【教学目标】

1.在阅读绘本中，通过图片和文字的学习感受亲情的重要。

2.能够对绘本中的图片进行观察、想象，并用文字简单表达其中的某一个场景。

### 【教学过程】

#### 一、开启故事

师：同学们，这节课老师给大家带来一个非常温暖的故事，是关于小小熊和他爷爷的，故事的名字叫《长大做个好爷爷》。（课件出示绘本封面，师板书课题，请大家一齐读题。）

（生齐读课题）

师：现在开始讲故事喽，注意仔细听。

每个星期五，小小熊都会去看爷爷。爷爷总是问："我最可爱的小小熊，你好吗？"

"我很好，"小小熊说，"那我最可爱的爷爷，你好吗？"

"很好啊，就像一个好爷爷那么好。我老喽，这样子已经好得不能再好了。"爷爷回答。

师：你们喜欢这样的问好方式吗？

生：喜欢。

师：那我们就分角色来读一读，老师读爷爷的话，你们读小小熊的话。
（师生合作朗读对话）

## 二、阅读故事，引导观察

师：每个星期五，他们都会一起喝茶、吃点心。小小熊喜欢透过窗户看爷爷的花园。花园里，有一棵很大很老的树，树上搭着一个摇摇晃晃的平台，爷爷管它叫"树屋"。小小熊最喜欢到树屋里玩了。同学们，你们猜一猜树屋会是什么样子。

生：就像鸟窝一样，搭在树上，风一吹还会摇。

生：树屋就像一间屋子，可以坐在上面喝喝茶什么的。

生：树屋肯定很高，让人有点害怕。

师：看，这就是爷爷的树屋。（出示图片）

小小熊和爷爷从树屋里放眼望去，他们可以看到爷爷的花园。花园可真漂亮！你看到了什么，闻到了什么？

生：花园里有美丽的花，站在树屋里就可以看到，还能闻到花香呢。

生：花园里，有花有树，还有绿绿的小草。

生：还有好多小鸟在飞来飞去，有几只小鸟就落在小小熊和他爷爷身边。

师：同学们观察得很仔细。小小熊和爷爷站在树屋上还可以看到远处的风景，远处有什么？再远点呢？

生：远远望去，有一条小河，还有一座山。

生：可以看到大树、农田，再远点，有一座山，山上还有三块大石头呢。

师：我们试着先说近处看到的景物，再说远点的景物，最后说最远的地方。谁来用几句话介绍从树屋看远处的风景？

生：近处有几棵高大的绿树，远点的是农田，再远点的是一座大山，山顶上还有三块大石头。

师：是啊，从树屋里可以看到这么多、这么美的风景。互相依偎的爷爷和小小熊已经融入了美景中，他们也成了最美丽的一道风景线。爷爷和小小熊经常会爬到树屋上去，不管是阳光灿烂的时候，起风的时候，还是雨点滴答滴答的时候，他们都能在树屋上找到乐趣。这一天，阳光灿烂，爷爷和小小熊爬上了树屋，他们会做什么呢？他们看到什么，听到什么，说些什么？

生：小小熊和爷爷爬上了树屋，看到阳光照着大树上，阳光也照在他们身上。小小熊说："好暖和啊！"他们就躺下来晒太阳了。

师：是啊，真的是太舒服了。

生：还可能晒着太阳就睡着了呢。

师：在天气晴朗的日子里，祖孙俩可以晒太阳，那么在雨天、刮风的时候，或者是下雪天，爷爷和小小熊又会看到什么，听到什么，又做些什么，说些什么，感觉到了什么？我们拿起笔来写一写他们在一起的快乐时光。

（生练笔）

片段展示

片段一：

下雨时，小小熊和爷爷一起爬上树屋，打着伞，静静地，一边听小雨"沙沙"声，一边看着远处朦胧的景色。小小熊说："爷爷，您看，远处的景色好美啊！"爷爷抱起小小熊，笑眯眯地说："嗯，的确很美。"小小熊和爷爷甜甜地笑了。

片段二：

起风的时候，大风吹过树梢发出"沙沙"的声音，落叶随着风姐姐在林间飞舞，像一只只美丽的蝴蝶，树屋上的围栏也轻轻摇晃着。爷爷拉紧小小熊的手，小小熊对爷爷说："爷爷，树屋多像摇篮啊。"说完，他们俩都笑了。

师：爷爷带着小小熊尽情体验着大自然赋予的一切。他们一起沐浴金色的阳光，一起看落叶像蝴蝶一样飞舞，一起听小鸟在枝头歌唱……小小熊因为有了爷爷的陪伴，日子过得安静又幸福。同学们，这样的爷爷算不算好得不能再好的好爷爷呢？

生：当然算。

### 三、感受生命的可贵

师：可是，小小熊有一天去医院看爷爷，妈妈告诉小熊，爷爷睡着了，睡得很沉很沉……小小熊问："爷爷什么时候醒来？"妈妈张开双臂，紧紧地搂着小熊，说："他不会醒过来了。"此时，小小熊的心情会怎么样？

生：好难过啊。

生：以后爷爷再也不能陪小小熊在树屋上玩了。

师：小小熊和妈妈一起伤心地回到爷爷住的房子。他们顺着梯子，爬上那个摇摇晃晃的树屋。他们坐在一起互相拥抱着，看着远处那些熟悉的景物，静静地哭了。小小熊抽泣着说："等我当了爷爷，我一定要做个好爷爷，就像爷爷那么好。""会的，小小熊，"妈妈说，"你一定会的。"

师：同学们，小小熊为什么会有这样的愿望呢？

生：我觉得是因为爷爷给他那么多的爱，让他也学会了要爱别人。

生：小小熊有了这样的愿望就能时时记着他的爷爷。

师：你觉得小小熊会成为好爷爷吗？

生：一定会的。

师：好了，同学们，故事就讲到这儿。从今天起让我们也学着关心、爱护身边的人吧。

### 教后记：

说起文本解读，现在似乎成为一种虚设。因为网络上有很多名家的设计供我们借鉴，因为较长的教龄已经让我们习惯按自己的模式去设计每一课。

所以，备课的时候，我们往往最先抛弃的是文本，转身去找教参，找课件，找设计，稍加修改或不改就站到讲台上。至于关乎文本角角落落的那些细节是否厘清，已经不是关键的所在。

阅读教学是这样，在绘本阅读课上也同样出现了忽视文本解读的问题。当然，绘本中的文字少而精，更主要的是一大幅一大幅的图片。所以，在阅读绘本时要兼顾的东西要更多些。

如果拿到一个绘本，你只读出了有趣，那是不够的。我们发现，一些经典的绘本，它的文字和图片不是一个作者，文字是文字的高手，图片是图片的高手，相映成趣。绘本中的很多细节是藏在文字和图画中的，它们又是相互补充的，这就需要读的时候一遍一遍去发现。

绘本多是给小朋友看的，作者却都是成人，他们的创作源于个人对生活的理解和还原。所以，作家简介和创作背景也是需要找来读一读的，说不定会带给你惊喜。

另外，有些绘本在创作时是以系列的形式存在的，一个故事的结尾可能是下个故事的开头，那就有必要找来读一读，找到故事的来龙去脉。

在我看来，只有在充分地阅读后，我才能找到自己最需要的关键部分，为我们的教学设计打好基础。

## ►►► 分层学习　勤思善问

### 种好人生的第一粒种子

我们延续着古人"耕读传家"的理想，雪窗萤几，知书达理，修身养性，以立高德，寄予不尽的尊崇与向往。我们深知，阅读风气的兴衰总与文明程度休戚相关、互为因果。凡读书蔚然成风之时，也必为思想活跃、文明进步、精神文化拔节生长、社会人心昂扬进取之世。

我们历来重视经典的诵读和教育。在某些特定的历史阶段，许多杰出的人物，就是凭借着孜孜不倦地阅读经典，使自己的人生汇入历史之中，汇入人民之中，从而树立起为人类解放而不屈奋斗的坚定信念。他们的经历告诉我们：一个人，即使没有在世界一流大学接受教育，也可以通过阅读经典与巨人同行；如果没有读过人类文明的经典与精华，很难成为一个真正有知识、有能力、有博大胸怀的人，也不可能成为一个真正的、全面的人。

阅读经典，让经典照亮自己的人生，就仿佛是跨越时空，与人类文明史上的巨人对话。阅读经典，与"听人阐释经典"完全不同。所谓阅读经典，是指必须亲自去阅读经典原著，而不是阅读别人对于经典的阐述，更不是迷信别人的阐述，甚至让别人代替自己去阅读。

古人云：天下第一等好事无非读书。但读书一事本来也是有规律可以遵循、有误区需要规避的。历史上嘲笑书呆子的事情屡见不鲜，就因为那样的读书人脱离了实际，走进了读书的误区，变成了"两脚书橱"。当今时代，几乎人人都能认字，阅读已成了全民盛事，但同时新的读书误区也在显现，希望引起广大读者的警醒。我们并不是要否定图片对阅读的帮助，只是希望不要轻易让图片阻碍了文字对心灵的滋养与哺育。

功利化阅读古已有之。宋真宗劝学诗中的名句"书中自有黄金屋"，就是以功名利禄为读书的诱饵。在此刺激下，文人士子所读的，自然多是跟科举有关的书。今日的父母为了哄孩子好好学习，也常常将读书导向功利化，比如："课外书有什么用？考不好一样没前途！"古今何其相似。

功利化阅读的盛行，有其社会环境的背景。知识体系的细分以及激烈的竞争，客观上导致窄而深的实用性阅读越来越多。而在这个快节奏的社会，人人都追求效率与速成，急功近利的心态也蔓延到了阅读领域。更有一些无良出版商为了追求利润最大化，贩卖"成功学"之类的幻想，将图书市场变成了欲望的加工厂。

读书少的人，犹如一个人营养摄取不足，肚中饥饿，容易走向狂躁，再往深点说，是容易暴露无知；而读书多一点的人，有时又易于落入轻信的窠臼，奉书本为圭臬，把理论当教条。我们常常看到那些捧着书本当圣旨的人，迂腐之气让人好笑。还有那"两耳不闻窗外事，一心只读圣贤书"的，脱离实际，自我迷醉，读白了头发，到头来也只多添几分迂腐之气。世人常常以"书呆子"相讥，李白也以"鲁叟谈五经，白发死章句。问以经济策，茫如坠烟雾"相嘲，对这种脱离实际的"教条主义"不以为然。

古人说："世事洞明皆学问，人情练达即文章。"其实读书也是如此。孟子云："尽信书，则不如无书。"多疑少信应该成为读书的重要方法。读书不仅要博学多览，入乎其内，更要审问慎思，出乎其外，形成个人独到的见解，不盲从，不轻信，不做书本的奴隶，如此方能做到明辨之、笃行之，才能真正有所收获。

曾经舒缓悠长的阅读生活，如今或是被不知名的力量鞭笞着"快点、再快点"，让人顾不得看个仔细；或是与日常生活交相铆合，读书时独与天地精神往来的驰骋之乐难得一会——阅读焦虑潜行于我们许多人的内心，或多或少，时隐时现。

作家聂震宁在《舍不得读完的书》中说道：舍不得读完的书，往往是我们个人挚爱的书、人书情未了的书、精神气质契合的书。我很高兴，你找到一本舍不得放下的书，一本属于你自己的书。

希望社会上的每一个人为了享受阅读的乐趣而捧起书来。

# 走出"自我"的漩涡

如期在这样一个宁静的夜晚与《中国教师报》再次相遇，墨色与字香总能让我找到心的归属。翻阅，即收获。在读到《教师如何走出自我实现的困境》一篇时，让我阅读后有了自己的新思考。

"身正为师，学高为范"，在大多数普通人眼里，教师是读书人，有文化，影响着社会的发展。事实上，教师的智慧长期被埋没，很重要的原因是教师缺乏自我学习、自我研修的欲望。

其实，无论在中小学，还是职业学校，老师一直在努力改变一些东西。现实的困境、地位的相对弱势，不意味着我们可以无所作为，任何文化和制度的缺陷归根到底都是人的问题，教师要尽可能把这些问题在自身化解。任何大的改变都是由小的改变聚合而成，不要想着自己能做成什么，而应该想想自己能做什么。没有做，就无所谓成，哪怕不能改变结果，也不要沮丧和抱怨。因为这个世界多了一个想去修复和改变，让世界变得更美好的教师。

历史已经无数次证明，制度的变革不意味着观念的变革。任何环境之下，人都有自我完善、自我坚守的责任与可能。在这个意义上，与其说是成为一个什么样的教师，不如说想成为一个什么样的人。

为什么我们会迷茫？为什么会困惑？原因很简单，是我们失去了理想和信念，没有理想的人生就像大海中没有方向的船舶，随风、随浪到处漂泊不定，不但到不了心中的彼岸，还会不停地撞礁。

理想是我们心中的一座灯塔，指引我们，让我们有了方向、目标和动力。那么你就会问，我怎么就没有理想？我不仅有理想，而且还很大，从小就有，但是一直碌碌无为到现在。其实原因就在这里，你的理想不应该只珍藏在心中。

可以试着拿起笔，找一个本子，从今天开始，从现在开始，写下你的理想，要有非常明确的目标、翔实的步骤，你的理想可以很大，但近期的计划要非常具体，一定要有具体的时间，具体到日、到周、到月、到年。

然而在现实中，我们往往会今天决定做这个，明天决定做那个，兴趣一来，又觉得做另一个比较合适。我们在工作、学习、兴趣、爱好等各个方面，都会遇到这个问题。我们在收拾房间的时候，发现了自己以前买的英语书，买的字帖，买的工具书……回想一下，要是自己能够坚持下来的话，早就把英语学会了，早就练就一手好字了，早就学会一门技术了……可是我们直到今天还是一无所获，什么都没有学会，什么也没有干成。

这是因为我们都忽视了积累的重要作用，不停地因兴趣的喜好而转移方向，或者因为工作的繁忙而一拖再拖，最终一事无成。

"冰冻三尺，非一日之寒"，这就是积累的作用。积累的范围很广，不仅仅是学识、资料上的积累，还有思想上、道德上、记忆上、智慧上、人生上、物质上的积累。我们一直在碌碌无为，就是因为我们没有重视积累，也没有掌握积累的技巧。

要懂得积累是渐进的，积累是需要恒心、细心、信心和毅力的。养成良好的个人习惯有着巨大的作用，每天早晨早起半个小时，每晚晚睡半个小时，将你要学的、想记的，重复温习一遍，别忘了多动笔写一写，进一步加深、加快积累。一定要及时将你心灵的感悟写在纸上，每一天都要看一遍，并学会找到你不满意的地方，适当地加以修改。

在许多成功励志书籍上，我们很容易发现"热情"两个字，我的看法是热情确实很重要，但还应该再进一步，我认为应该拼命才行，做任何事情，不拿出一种拼命的精神是做不好的。拼命不仅包括了做事情的热情，还包括一种力量、一种韧劲、一种狂热。古今多少科学家，如果没有对科学、对事业的狂热追求，是获取不到科学成果的。我们要达到人生的顶点，获取成功，就要有一种拼命的精神，一种狂热的人生态度。具备了拼命的精神，就会锲而不舍、坚持不懈，不会被任何的困难打倒，不会被任何的问题阻碍，不成功誓不罢休。

这个世界上没有什么比人的胸怀更广阔了，同样，也没有什么比人的胸怀更狭窄的了。我们应该用宽广的胸怀去包容一切人或事，能忍不忍之事，能容不容之人。一个人的胸怀有多大，他所取得的成就就有多大。一个心胸狭窄的人，处处都在计较个人的得失，费尽心思算计他人，将所有的精力都用在了害人上，哪有时间去考虑成功，一生在他人的阴影下得小失大，没有作为。如果对每一件事都耿耿于怀，不仅气坏了自己的身体，还失去了成功的机会，最终在埋怨和悔恨中度过一生。

我们需要一种方式，不停地锻炼我们的心智，增强我们内心的力量，正如出家人的修行一样，不过我把它称为"苦修"。苦修的力量是巨大的，苦修的行为是持久的，是走出人生困境的一把利器。

我们思考的方式决定了我们的命运，"为什么"这三个字在现实中所产生的作用是不可估量的。我们一辈子做了许许多多的事情，树立了大大小小的目标，可成功和实现的非常少，甚至什么都没有做成。这就是我们不善于问"为什么"的结果。人们常说，失败是成功之母，请问，失败真的是成功之母吗？如果是，那我们为什么在不停的失败之后还是失败呢？不是说失败是成功之母吗，可成功在哪呢？其实，这句话只说对了一半，失败只有在我们失败以后去问为什么会失败，吸取教训、积累经验后才能够成功，在成功后我们还是要问为什么，继续发挥优点，避免错误，才能够从胜利走向胜利，从卓越走向辉煌。

其实，上面所讲的每日苦修，已经包含了自我反省。但是，绝大多数人都不愿意反省，不懂得反省。我们犯了错误，然后接着犯错误，在一个地方摔了一跤，紧接着又在同一个地方再次摔倒，过不了多长时间，我们仍会在同一个地方跌倒。我们不停地重复相同的错误，难道自己就不疲惫吗？自己真的就这样无能吗？等到失去理智、积错成渊的时候，后悔是来不及的，欲哭无泪是最好的形容。反省不仅仅是一种方法，更是一种能力，通过反省完善我们的人格，获取成功的要素，成就心中的梦想。

在反省的过程中可以自责，正确的自责是很有必要的，但是千万不要自责过度，否则，就会掉进自怜自艾的深渊。

用心发现你身边值得感动的每一个人、每一件事，努力去做你认为值得一做的事情，感动别人，温暖自己。让我们都去用心感动、理解感动、创造感动吧，我们的心灵会得到洗礼，我们的灵魂会得以升华！

# 一场写作的革命

休闲衣、休闲鞋、旅行包，为小学习作教学发动了一场说走就走的革命。

他，就是管建刚，写了十几本作文教学著作，又因为"指向写作的阅读"的提出在"小语界"掀起巨浪。外界褒贬不一，内心始终如一。

其实，在阅读教学中渗透写作方法，我们的课堂也曾有过。之所以说有过，是因为我们往往点到为止，不敢过分地拿阅读的时间来指导习作，用管老师的话来说就是"习作只是阅读教学的附庸"。我们说得少，学生自然也听得不明不白，习作时还是不会用，还得利用习作课来专项练习。管老师呢？他可没有时间在课堂上羞羞答答，而是心无旁骛，直奔目的，甚至用了半节课的时间去教学生写作方法。目标明确，大刀阔斧。

习作教学和阅读教学能在一节课里同步完成吗？我想，在《水》这节课的教学中，我找到了答案。

这节课分为两个板块：一是阅读教学，指导学生学会概括课文内容；二是写作教学，指导学生学会具体描写的方法。两个板块，用时几乎均等，但细细看来，阅读始终是为写作服务的。

管老师的指导方法也很有特色。

片段一：

师："我"出生在一个缺水的地方，生活很苦。"我"写了两件"乐"事：下雨天洗澡、一勺水洗澡。请问，哪一次洗澡时间长？

生：下雨天洗澡。

师：哪一次洗澡人多？

生：下雨天洗澡。

师：哪一次洗澡场面大？

生：下雨天洗澡。

师：哪一次洗澡发生的事儿多？

生：下雨天洗澡。

（生读板书：奔跑跳跃、大呼小叫、张嘴吃水）

师：一般来说，哪一次洗澡，有更多的内容写，能写得更长？

生：下雨天洗澡。

师：数一数，下雨天洗澡有几节？

生：一节。

师：一勺水洗澡有几节？

生：三节。

师：数一数，下雨天洗澡，写了几行？

生：10行。

师：数一数，一勺水洗澡，写了几行？

生：18行。

师：这就怪了！下雨天洗澡，明明时间长、人多、场面大、故事多，偏偏写得少；一勺水洗澡，时间短、人少、场面小、故事少，却写得长，为什么呀？

生：一勺水洗澡，更能看出"缺水"，因为洗澡，只用一勺水。

师：这叫"典型"。作文，要把典型的事写具体。

生：我觉得，"一勺水洗澡"，显得新颖。

师：对，作文要把新颖的事写具体。只有写得新颖，读的人才感兴趣，读的人感兴趣了，作文就成功了一大半。

（板书：典型、新颖）

片段二：

师：看来，作文不是"有话则长，无话则短"。要考虑事情是否——

（生读板书：典型、新颖）

师：有的事，明明话很多，却不典型、不新颖，那就要少写。然而有的事，像"一勺水洗澡"，时间短、故事少，一定要写长，比"下雨天洗澡"还要长。这可怎么办呢？作者有一个秘诀，叫"特写"。这个"特写"，藏在4、5、6节的哪一节呢？请选择。

师：选择第4节，就伸出4根手指。选择第5节，伸出5根手指。选择第6节，应该没有吧。

（生伸出5根手指）

师：请你们朗读第5节，我给你们的朗读计时，看这个特写镜头，你们读了多长时间。

（生朗读）

师：你们读了45秒，而水从头顶滑到脚板，不过几秒钟。作者的文字，要读45秒，长了十几倍。作者是怎样将一瞬间拉"长"的呢？奥秘在哪里呢？请你默读第5节，寻找哪个句子让你感觉时间慢下来了，一瞬间被拉长了。请划下来。

生："从头顶倾注而下的水滑过了我们的脸，像一条小溪流，顺着脖子缓缓地滑过了我们的胸和背，然后又滑过了我们的大腿和膝盖……"

师：划了这一句的，请举手。我也划了这一句，这句话怎么就能让时间慢下来呢？

生：写了好几个地方。

师：几个？我们一起来数。

生：头顶、脸、脖子、胸、背、大腿、膝盖，七个。

师：哦，"滑过了"身上的七个部位，作文里的时间，是可以这样慢下来的，读——

（生朗读）

师：七个部位，也可以很快的，"从头顶倾注而下的水滑过了头顶、脸、脖子、胸、背、大腿和膝盖"。作者怎么让七个部位慢下来的呢？

（生语塞）

师：看，有几个"滑过了"？

生：三个。

师：三个"滑过了"，七个部分，放一起，时间就慢下来了，读——

（生读）

师：不会写的人，只会这么写：从头顶倾注而下的水慢慢地、慢慢地、慢慢地滑了下去。会写的人，这么写——

生读："从头顶倾注而下的水滑过了我们的脸……"

师：我觉得还不够慢，还可以再来一个"滑过了"。滑过了"头顶、脸、脖子、胸、背、大腿、膝盖"，中间漏了两个地方：肚子和屁股。

师：可以这么写：从头顶倾注而下的水滑过了我们的脸，像一条小溪流，顺着脖子缓缓地滑过了我们的胸和背，又滑过了我们的肚子和屁股，然后滑过了我们的大腿和膝盖……

（生笑）

师：你笑什么呀？

生：我笑"肚子和屁股"，怪怪的。

师：你的感觉是对的。肚子和屁股，放在这里，不雅，不适合。

生：写三个也够了，"三"表示多。

师：三，在中国是个奇妙的数字。入木三分，真的是"三分"吗？约法三章，真的只能是"三章"吗？火冒三丈，真的是"三丈"吗？对，"三"表示多。看来，书上的这句，最好、最合适，再读。

（生读）

师：不看书读。

（生背）

师：这句话中，水刚到膝盖，还没到脚板呢。在哪里，作者又让"水"再待了一会儿？

生交流："在水的滑动中，我听得到每个毛孔张开嘴巴的吸吮声，我感觉得到血管里血的流动在加快。"

师：如果说，上面那一句，是眼睛看到的，那么这一句的内容不是看到的，而是——

生：感受到的。

（师板书：内心）

师：这感受，是内心的感受。作者不只写外面的、看得见的水，还写流淌在心里的、看不见的水，也就是内心的感受。作文里的世界，有两个世界，时间就慢了下来。这又是写"长"的秘诀。读——

（生读）

师：写"毛孔的吮吸"那一句，太有才了。我写不出，但我懂他的意思，你懂吗？

生：就是很舒服的意思。

师：是的，就是"舒服啊，舒服啊，好舒服啊"。不会写的人，写到这里，只会写：在水的滑动中，我感觉好舒服、好舒服，舒服死了。作者太有才了，读——

（生读）

师：你写得出这样的句子吗？反正我一开始也写不出来。读到自己怎么也写不出来的地方，我有一个习惯：背，背出来，占为己有。

（师背、生读、生背）

师：不光写外在看到的，还要写内在的心灵感受到的，时间就这么拉长了。

…………

这样条分缕析地教，你试过吗？真是不曾想到，然而管老师做到了。如果说课文只是例子，那么，管老师就把这个例子的作用发挥到最大化，用最直接的方法让课文这个例子真正为学生所用。为管老师的勇气和智慧鼓掌！

## "真作文"观

我在《小学语文老师》中读到了谈永康老师关于"真作文"的一番阐述。谈老师强调了作文的真，是对假作文的一种忧患意识，他认为目前小学生作文的现状已经假到了不得不说的地步，这才一吐为快。

我在网上搜了一些关于谈老师的文章，其主要的观点是"做一个幸福的老师"。那么，要做一个幸福的老师，首先得是一个真实的老师。真实的语文老师应该不会说假话，言传身教之下，他的学生也应该也不会说假话，即使说了写了，老师也会及时发现、纠正。

那么，我们首先要找找学生说假话的原因。

一个孩童从日记开始才算是真正地迈入与文字对话的门槛。刚起步，一切都是崭新的，他们看到什么记录什么，发生什么记录什么，从早上写到晚上，原原本本地记录了自己的日常。这样的内容应该是非常真实的吧，可是这真实的内容被我们老师冠名为"流水账"。啰啰唆唆的日记只能被老师一个"阅"字打发回去重新写。几次三番后，学生开始动脑筋了。悟性好点的，按老师的标准写，过关；偷懒的，依然我行我素，在无数个"阅"后索性不写了。

老师对学生日记总是怀揣一个标准，学生达不到这个标准，就是不合格，就得重写。长此以往，何来兴趣可言？这就算是抹杀了孩子的真，原因就在于我们的老师。不妨让学生记记流水账，让孩子的手写孩子的心，真真实实，完完整整，没有谁规定日记必须得像作文那样写得规范。

还有一些老师认为日记就是为作文服务的，每周一篇日记就是一篇作文，还莫名其妙地命好题让学生回家写。学生有自己的想法，自己的事情偏偏不让写，非要找个模子把学生框起来。学生为了通过只好生搬硬套地搬些假材料往框子里填，而那些发生过的真实的素材只得丢弃。这是学生的错吗？教师成了学生真实作文的第一杀手。

为什么现在的学生面临无真话可说的尴尬境地？我也想问问我们的老师：

1.学生说真话，老师愿意听吗？

2.学生写真事，老师愿意看吗？

3.学生谈真情，老师能感受到吗？

## 观摩后该做什么

每逢有语文名师的观摩课，我们总是乐此不疲地奔去。因为，大师的思想在那；因为，名校的光芒在那。

听课的现场总是人头攒动，我们都会想尽办法赶早占位子，三餐匆忙而又简单，只为近距离目睹大师的风采。听课时，也多是虔诚地埋头记录，生怕遗漏大师的半字片言，有的听课老师甚至带上录音笔和摄像机，装备齐全，全揽盛况。

每每听到大师们的精彩言语，看到大师们的精湛技艺、精彩纷呈的教学风格、巧妙深入的设计，我们都为之折服与惊叹，深感不虚此行，但求学得一招半式，好在自己的课堂上一展风采。

曾经，我也是这众多追随者之一。然而，我们只顾着一直朝前奔着，心里装下了那么多精彩的课，唯独忘记了自己的课堂。总以为大师的课都是用来模仿的，都是可以拿来的。今天这位专家是这种观点，明天那位专家又是那个理念……听课之路似乎就是迷失之路。

近来，我参加了两场语文观摩课活动，从北京到合肥，从专家教授到一线老师，各类课型，各种展示，我突然有了种深恶痛绝的感觉，这种小小的罪恶逐渐发展壮大，我扔了笔，什么也不想听了，不想记了，我想笑，甚至想离开，想从这纷繁复杂中寻得一点简单与回归。

参加工作室的这几年，我也算是阅课无数的老教师了。从前的热衷和虔诚，现在的茫然无措，因是观摩课，果也是观摩课。爱也是，恨亦然。

我常常想，我们不是蜜蜂，无法做到采得百花酿成蜜。所以，观摩课不都是促进自我成长的正能量，只有适合自己的才是最好的。那么，在学习归来之后，我们应该做什么，这才是值得每位听课老师思考的问题。有的人喜欢写观课有感，有的人是三分钟热度，也有的急于在自己的班级做试验……

# 教学语文的过程是什么

阅读杨再隋教授的《重结果，更应重过程》这篇文章，最打动我的是这句话：教学正是让学生从失误中看到希望，重拾信心，保持恒心，坚定决心，通过不懈努力，最终收获学习成果。

这句话何止是在叙述学生学的问题，在我看来，也是在冷静地看待教师教的问题。教学，不就是师生相长嘛，一起经历过程，最终获得成果。

这个"过程"，其实就是我们教师的日常，是最普通的每一天。

我见过这样的"过程"。有的老师平日里上课糊里糊涂，分不清第一课时和第二课时的教学内容，也不知道一节课的教学重点，甚至是自己都写不好作文，还要批改学生的作文；有的老师从一年级开始就让学生抄课文，一个生字写三行，写话规定一百字，小小年纪，作业成堆。一到复习阶段，每晚再多做几张试卷，以练习代替教学。一到期末，他们总能取得好成绩。

我也见过这样的"过程"。有的老师不遗余力，带领学生一起体验生活，写生活作文，推荐学生发表作品，带着学生一起阅读，拓展阅读量；有的老师课内教学扎实，课外带着学生开展丰富的活动，所有的学生都热爱语文。可是，一到期末，他们的成绩往往不尽如人意。

在家长看来，考量一个老师是否合格，是否优秀，分数才是王道，他们可没有时间和耐心来看你的过程。这样的现象很普遍，也刺痛了一些一线老师的心。

我也时常在想，我们到底该教给孩子什么呢？有人说，听说读写；有人说，阅读量和写作能力；有人说，是基础知识和语文素养。语文这门学科太具有包容性，学生的字写不规范，审题不细心，思维不够发散，都是语文这门学科的问题，其他学科只要管好自己的一亩三分地就可以了，唯独语文不行，枝枝蔓蔓，扯不清关系。

在我看来，语文的教学过程应该有这样的"三取"和"三去"。

首先是"取静去燥"。如今的公开课是个秀场，至于某些大型的主题活动更是一种热闹表演。很多老师学习的欲望强烈，学得轰轰烈烈，回来也用得热热闹闹。流行什么，学什么，回头都用在自己班的课堂上，取他人之长，补自己的短板，唯独不能静下心来考量学生的学情，学生到底需要什么；也不能静下心来写一写自己的教学反思，找一找自己到底需要什么。

其次是"取简去繁"。多媒体的使用逐渐变得理性了，但教学内容的繁杂又开始让40分钟不堪重负。很多老师喜欢拖堂，因为课堂上该教的知识没有教完。如果没有授完教学内容就会影响接下来的教学进度，这样看来是对学生负责，实则不然。我有一次同一位家长聊天，他说他的大孩子也是这个学校毕业的，每次放学来接孩子，都不能按时接到，老师总是拖堂，一拖就是六年，这让他感到厌烦。他问我，这个老师教学水平如何。我说优秀。他继续问：一个老师，上课经常拖堂，说明根本没有好好备课，这样的课堂根本没有质量，没有条理，没有重点，否则在国家规定的正常教学时间里他怎么不能完成任务？这位家长的一番话让我反省：一个教育的外行人都能发现教学内容的问题，我们却身在其中，不识庐山真面目。

再者是"取实去名"。近年来涌现出一大批具有"名师"头衔的老师，到处送教、讲座，工作的时间大多在路上跑，空中飞，收获掌声，收获鲜花。还有的老师将学校变成功利场，心思全放在追名逐利上。有的老师有点时间要游玩，要时尚，还要刷朋友圈的存在感，实在是做不到静下心来写一笔字，读一篇文章，更不要说写一写教学反思了。在我看来，这些行为都不符合一名教师的身份。一名教师，只有把名和利关在门外，带着学生一笔一画专心地练字，和学生手执书本一同发出琅琅读书的声音，与学生在课堂上有思维的碰撞，这才是教学该有的模样。这样的过程是经年累月的，是反复上升的，也是行之有效的。这样的过程，也是我们语文教学独有的过程。

重视过程，或许这一阵子并不能收获什么好的结果，可是，慢慢来，最终会越来越好。教学，就是让学生看到希望。

# 由《我喜爱的水果》一课想到的

程老师的这节习作指导课到今天已经磨了三次，其内心的纠结与痛苦，我感同身受。磨，不是折磨，不是摧残，不是打压，是鞭策，是提升，是迈进。过程都是痛苦的。

参与磨课的班级的学生在习作水平上存在良莠不齐的想象。有的班级的学生说得热热闹闹，提笔写又局限于别人的观点；有的班级的学生说得七零八落，写起来更是寥寥数句。参与磨课的四年级几个班的学生书面表达能力差姑且不说，说出的句子也零零散散，毫无组织，东一句，西一句，这样的习作水平令人担忧。所以，我建议程老师要在语言训练上下好功夫，该规范的规范，该细致的细致，哪怕用一节课就教他们好好说话。

一节课的精彩之处在哪里，我个人认为首先是导入。面对不熟悉的学生和老师，第一印象非常重要，导入时语言的亲切和凝练不可或缺，学生的亲近与崇拜是教学互动的第一要素，应该想方设法在前五分钟里调动起学生学习的兴趣。其次是这节课的重难点部分。《我喜爱的水果》这节课，我认为难点是怎么指导学生写出自己对水果的喜爱。程老师采用的是"摸、看、闻、尝"四种方法训练学生写作的敏感度。我认为方法是对的，只是依着学生的喜好，重点自然落在"尝"这个环节上。怎么写好尝的过程？果实的色泽美、滋味好是外因。外因打好了底色，自然就过渡到内因的喜爱之情。既求写得好，又要不失个性，这个确实难，尤其是对没有经过训练的学生来说。所以，突破了这一点，精彩自然而生。

第三次磨课，因为课件的原因，程老师在课堂上显得有些犹豫，说话也没有底气。设置的"谜"还没有上课就泄露了，也令学生缺少了一份惊喜，无准备之仗确实令人方寸大乱，直接考验一个人的心理素质。作为旁观者，我还是很敬佩程老师的，在这乱糟糟的课堂上坚持把课完整地呈现出来，这份责任与坚守值得称赞。

# 有趣的"预测策略"

四年里，工作室领衔人李老师帮我们每位成员都订阅了一份《小学语文教师》。每次高高兴兴领来，多是大体浏览一番，查阅是否有涉及自己感兴趣的内容，如果没有，多是置之一旁，只等着闲暇时再读。

这么一等，已是一年岁末，新年伊始了。

近年来，《小学语文教师》的内容多是围绕统编教材来做文章，富有前瞻性和引领性，可也苦了我们这些走在老教材路上的一批教师，缺少专家引领，缺少新方法，只好黯然神伤，自己烧冷灶。

我利用寒假时间翻开《小学语文教师》来读了一下午。现在若是让我说出读后的感受，我也说不好，不过，倒是感觉到了"有趣"，这似乎很重要。

我阅读的这部分内容是部编版教材三年级上册第四单元的三篇课文教学设计，分别是《总也倒不了的老屋》《胡萝卜先生的长胡子》《不会叫的狗》，单是看课题就觉得有趣，内容自然也是新颖有趣。我甚至有点替我的学生难过，他们怎么就没有赶上教材改革这趟列车呢？我寻思着要不要开学时也给他们订一套部编版教材。

这个单元安排的是阅读策略，指向"预测策略"的学习，一篇精读课文，两篇略读课文。《小学语文教师》提供了曹爱卫名师团队合作的教学设计。一路读下来，我也明白了几分。

关于"预测策略"，吴忠豪教授是这样注解的：读者阅读时根据自己的经验和背景知识，针对阅读文本的线索，对文本内容形成假设，并带着假设继续阅读，不只是猜测文章的内容，而是须有不断地检验假设的过程。通俗来说，就是对文本内容的一种推测延续，让读者在文本中循着蛛丝马迹和自己的理解去推动故事继续发展。这就是我们经常用到的续编故事，把故事停下来，猜一猜后面会发生什么，结果怎么样。

既然是一种阅读策略,那么方法必然也会如影随形。在《总也倒不了的老屋》这篇设计中,曹爱卫老师借助表格来完成预测,让学生找到预测的依据和内容,最后完成故事续写。这样的设计非常细致,指导也有法可循。随后的两篇设计也同样用到了表格。

然而,在教学中,我们发现了这个阅读方法在文本使用时遇到了难题。正如曹老师所说,教科书上的课文学生早就阅读或是预习了,课堂教学的预测就失去了真实性。

这种一眼被学生看穿的故事情节在我看来算不得坏事。好看好玩的故事,哪个孩子不喜欢呢?这是孩子阅读的天性。我们总不能因为读过某部小说就不去看改编拍摄的高分电影呀。相反,我们会怀着好奇,在观看的同时,与小说的情节做对比,高下立见。那么,一个被学生读过的故事如何再次进行"预测"?这是方法的问题。在重读时,如果老师的设计巧妙,同样可以达成教学目标。

教材无非是个例子,我们也完全可以把课外阅读拉进课堂,在学生完全不知道的情况下进行"预测",进行阅读方法的指导。

我在教学绘本故事《要是你给老鼠吃饼干》时也用过这个办法。绘本内容如下:

如果你请老鼠吃饼干,他就会跟你要一杯牛奶。

你给他牛奶,他一定会跟你要吸管。

喝完牛奶,他就会要手巾。抹过了嘴,他就要照镜子,看看嘴上有没有留下牛奶胡子。一照镜子,他就会说头发也该剪了。他一定会跟你要一把剪指甲的小剪子。

他给自己剪过头发,就会开口要扫帚扫地。他会认真地扫起地来,会越扫越起劲,把所有的房间都扫过,还会卖力地拖地板。

干完了,他一定想睡个觉。你就得替他弄个小盒子当小床,还得有枕头,有小被子。他会爬上他的床,看看怎么躺才舒服,还会一遍又一遍地拍松他的小枕头。他一定会叫你念个故事来听。

你依他的意思,给他念你的一本图画书,他就会叫你让他看里面的插图。他一看插图，高兴起来，就会说自己也想画一幅。他会跟你要纸、要蜡笔。他会认真地画一幅图画。画完了，他要签名，就会跟你要一支钢笔。

签完名，他就会说想把他的图画挂在你的冰箱上。他的意思是叫你帮他找透明胶带。他贴好了图画，就会退后几步，站着欣赏。他看着冰箱，就会想起有点口渴。当然啦，他会跟你要一杯牛奶。

他一开口要牛奶，八九不离十，一定还会要一块饼干，好让他就着牛奶一起吃。

在设计时，教师可以将故事里的情节发展进行拆分，再一个个单独呈现给学生，让学生在阅读完"老鼠喝牛奶"后进行猜想、推测，小老鼠接下来会做什么。引导学生根据自己的生活经验说一说，推动故事的发展。

我们在进行"预测策略"时不难发现，故事的发展有两种方式，一种是反复式的描写，一种是发展式的描写，但故事的结局绝对不止两种。这就需要教师站在儿童的立场用好教材，在实践中提高学生的阅读能力，对于中年级的学生真的是有必要又有趣。

# 在阅读中享受每一天

高子阳老师在《整本书阅读，人人能用的五种简单方法》中提出：读书方法没有什么高大上，至于整本书阅读指导，更应该是复杂问题的简单化，而不是简单问题的复杂化。于是，他向我们娓娓道来整本书阅读的五种方法：一页一页翻着看，大声朗读整本书，经常停下来猜一猜，读完以后说一说和读后还要写一写。单是从五种方法关键词的提炼上，让人读着就觉得简单、安心，有种落地生根的感觉：哦，原来就是这样的方法啊，这些方法我们也是天天做的啊。

高子阳老师用孩童的眼光去看书，又用智者的思维去点拨教师如何指导整本书阅读，读后总能让人在收获中进行反思。

整本书阅读是目前扩大中高年级阅读量和提高学生阅读能力的一种阅

读方法，很多一线老师都在用，只不过有的是有章可循，有的是杂乱无章。关于整本书阅读的策略，很多名师都有过解读。尽管阅读整本书的方法百花齐放，最终要达成的目标都是让阅读支撑起学习语文的能力和素养。

关于整本书阅读，我在教学中也一直采用着。

我推荐三年级的学生阅读了《格林童话》和《安徒生童话》两本书。尽管这些童话故事学生大多耳熟能详，但多是删减或修改过的，缺少原汁原味，再加上这个年龄段的学生想象力丰富，于是我们开始了这段"重走童话之旅"。在故事脉络里、环境描写中去感受人物的喜怒哀乐，去发现童话故事里的真善美。我们通过"读一读""画一画""演一演"的方式重新认识童话里的主角，在此基础上进行故事创编。前些天，我把他们三年级时写的那些故事发下去，有个学生惊讶地说："呀，这些故事是我写的啊，写得这么好。"我在想，如果现在重新让他们写童话故事肯定不如那段时期了，也许语言表达上会流畅，故事情节安排更完整，但想象和天真是无法逾越的。

我推荐四年级学生阅读的是《三国演义》和《水浒传》。这两本书相对深奥一些，当时阅读的要求设计也相对简单一些，只要完成两项作业：一是记录人物和事件，二是向别人推荐你最喜欢的人物。因为我想着，这两本书在六年级时还需要重读。

我推荐五年级学生阅读的是《城南旧事》和《呼兰河传》这两本书。这是两本好书，如何让学生咀嚼出其中的味道让我颇为头疼。先是在班级开展读书摘抄活动，为期两个月，每天利用中午的习字课时间让他们做笔记。为了调动他们的积极性，我又联合六年级的学生进行"高年级读书笔记评比活动"，并预先告知奖品是图书，给他们打打气，鼓鼓劲。于是，一摞摞的笔记本就像小山似的堆在我面前，就连班里最不爱写作业的文琪同学也会每天拿着她的读书笔记到办公室来给我过目。转眼一学期过去了，寒假到了。阅读的第二轮活动开始了，我让他们每天在群里上传朗读《城南旧事》不少于500字的录音。某个冬日的早上，我躺在床上，随手点开李梓博刚刚上传的录音，那声音清脆、流畅，给人身临其境的感觉。哦，那声音真好听，小英子仿佛就在那声音里，微笑着站在冬日的阳光里看着骆驼队……这让我不禁感到这是多么美好的一天啊！

至于自选书目，他们的阅读就比较杂了。起先有读公主王子一类的童话故事，有读《阿衰》，还有读杨红樱的故事系列，慢慢地，发生了一些变化，有的学生喜欢读《查理九世》，有的喜欢读黄蓓佳和汤汤的作品，有的喜欢读沈石溪和曹文轩的，还有的喜欢读国际获奖作品。这些阅读中的变化和老师的推荐阅读有很大的关系。阅读好似一道门，很多爱读书的学生一直读着最简单的书在门外徘徊，有的学生已经在老师的引领下推开那扇门走进更广阔的阅读世界。

所以，一个好的语文老师不只是引导学生学会阅读整本书，更要为他们寻找到更多更好的儿童作品，这样的阅读才能为他们的成长补钙。

# 由两节作文课想到的

2014年8月18日上午，肥西县小学语文年会在上派实验小学举行。会上县小学语文教研员朱红梅老师安排了两位老师分别给我们展示了两节无生作文课。

展示的两位老师都是今年在市级课堂大赛获得大奖的，所以，听课时，我的精力都用在捕捉两位执教者的风采和教学艺术，以及对于目前作文教学现状的思考上，希望能从这两节课得到启示。

两节展示课都是作文指导课，我想朱老师这样的安排是直面我们当前小学语文作文教学不容乐观的局面，以此为契机，唤醒我们对作文教学的思考吧。

两位老师的课，我用三个词来概括：唤醒、遵循、激励。

## 一、唤醒

目前的作文状况不容乐观，作文"假、大、空"现象已经到了不得不说的地步。很多语文老师都在追问：学生的写作素材都去哪儿了？我们在武断地责怪学生的同时，也应该反思自己。学生的写作都是奉命而作，在

205

命题出来后，老师就已经在他们面前设计好了条条框框来束缚他们的思想，一篇作文规定几个自然段，开头和结尾必须得这么写。更有的老师为了训练作文，牺牲日记，不让学生去观察、记录每天发生的事情，天天在日记本上写命题作文。学生每天捧着老师的"圣旨"伤透脑子，无话可说。

今天的两位执教者在设计上都体现了以学生为主体的教学观，在激起学生对作文的兴趣上动了脑筋。

余姐老师的课重在活动体验，以体验来唤醒学生的写作兴趣。"独臂穿衣"这个体验活动，从生活中取材，简单有效，让学生在玩中学，在学中乐，在兴趣中培养学生的观察力。教师指导学生观察要有序、要细致全面、要有自己的独特发现。枯燥无味的指导课被有趣的活动取代了，条条框框的限制没有了，学生不再绞尽脑汁为作文犯难，你怎么玩就怎么写，观察到什么就写什么。在这样的体验里，学生的生活经验充实了，素材丰富了，写作轻松了。这样的作文课，是体验，更是享受，学生心向往之。

杨敏老师执教的《父母的爱》，是以情唤醒学生生活中的记忆。杨老师在环节设置上，利用音乐、诗歌、家庭生活照来创设情境，把握学生情感的脉络，情动于中而行于言。素材来自生活中的点滴小事，捕捉了情感，还原了生活，从小事上细致地体现父母的爱。用情感唤醒生活，用生活提升感情，杨老师的课侧重人文性的关怀。

由此可见，我们的作文只有缩短和生活的距离，再加上方法上的引导，让学生全身心投入生活中，我们的作文课才能真实有效起来。

## 二、遵循

今天两位执教者在设计上都遵循了从说到写的原则，这是小学作文教学的基本规律之一。读和说，说和写，有机结合，相互促进。说的形式也有多样，如个别说、小组合作交流说，在说中渗透了方法，形成坡度，循序渐进，有效缓解了写的难度。我们应该合理创设言语交际的情境，让学生充分地说，有滋味地说，才能有效地将说的精彩延续到写的环节。反观我们目前的作文教学，很多老师在学生句子写不通顺的情况下就要求学生整篇整篇地写长文。前几天，和家长聊天，得知这样一个情况：她的孩子今年一年级，暑假作业老师给他们布置了10篇日记，她就很为难，因为孩子不知道什么叫日记，不知道怎么写日记。其他班的家长却羡慕这个班级，说老师教学严格。这样的教学有效吗？

作文教学必须准确把握学段要求，不拔高，不放松，不流于形式，这样才能让学生扎扎实实地一步一个脚印地走下去。

### 三、激励

在今天的课堂上，我听出了老师对学生习作的欣赏与鼓励。从范文的引导上，采取的是读和评；在生活体验上，采取的说和评；在作品展示上，采取了点评激励。教作文最终回归到评价，用激励来激发学生的兴趣，这是治疗作文弊病的方法之一。所以，老师不要吝啬自己的语言，不要一味地找学生的错。我们现在能做的就是利用一切方法来鼓励学生的写作兴趣。

听完两节课后，我有一个建议：一节课的信息量不可过多，因为我们的作文出现的问题不是几节课就能解决的。还有，在讲评中，学生作品展示不在多，在精；点评时，要放胆让学生去参与。也许想要抓住的精彩太多，它却在时间里溜走了。哪怕在40分钟里只围绕一点，突破一点，学生有一得，这就是我们的成功。

## 听作家谈习作

前些年多是以读报打发时间，报纸是老爸定的，读报的人只有我和他。孩子幼小，正是贪玩的年纪，老妈只钟爱菜园地里那几棵葱葱绿绿的蔬菜。

于是，午饭后，几方斜斜的阳光掠过小屋时，一杯茶，一张报，足以抵挡漫漫时光。那段日子现在回忆起来旧旧的，有灰扑扑之感。偶然的一次，读到一篇《关于韭菜的怀想》的文字，内心有大欢喜。任谁能想到有人居然能把那平常的韭菜写得那么有滋有味，字里行间透露出的闲适与疏淡会让一把韭菜带着你穿过杨凝式的字帖与水墨画，那掩藏的古气就汩汩地冒出来了。

我郑重地看了一眼这些文字的作者——胡竹峰,再看简介,有些咋舌,居然只有二十几岁,二十几岁居然能写出这么气定神闲的文字。难道大山里走出的孩子都沾染了山中草木的灵气不成,才会有这像云一般的闲淡?我试图开始猜测起这位作家是怎样从大山中一步一步走过来的。

日子过得像翻书一般,这位胡作家已经被我远远抛在脑后。前几天又听到他的消息,说是来县内做讲座,于是,我决定要去见见。

天公不作美,一连几天的雨。我一大早冒雨进了会场,依然是听课,不见作家身影。中午十一点的时候,一群人簇拥着一个人进来会场,不用猜就是胡作家。他蓄着长发,气质较好,与各级领导就座主席台上。按照活动的安排,专家先对两节示范课进行点评,他左右观望,不禁微微笑,等待中,他拢了一下头发,似乎在拂去此刻不该有的急躁。接着是主持人介绍今天莅临的领导和专家,他用手摸了一下暗格的围巾,好像在整理心情,又像是按下心中突然闪过的哪个不合适的字眼。一个作家坐在一群教育者中间,不知心情是糟糕,还是忐忑?不管是何种心情,我有些同情他了。

开始讲座了,题目是《护佑心灵的读与写》。他站着,声音哑哑的,说起他年轻时的一个梦想:成为一名老师。我知道,这个话题是为了契合今天的主题,来的都是教师或者教师出身。那么,接下来的讲座,对我而言,绝对算得上是心灵的触动。

"一个人最大的悲哀就是你回到家里还是安静不下来。"

"坐下来就回到自己的世界。"

"回岳西老家,翻看自己儿时的日记,那里面保存着一个鲜活的生命,尽管有些句子是不通的,但那是我。"

"我以前蛮认真地对照老一代作家的照片,他们年轻时并不好看,但晚年时眼睛都是明亮的。"

"思想就是灯光,打开了一屋子就亮了。"

"文脉一直在变化,有时在水墨画里;有时在草书里。"

"把留白做到极致,以少许胜多许。"

"喜欢18岁的自己,朴素,世俗气。"

"一个人太雅，那是没有办法交流的。"

…………

我以为，一个人在成长的过程中离不开陪伴，正如一棵树与整片森林，共生共荣，休戚相关。人与人之间也有着千丝万缕的关系，有复杂，有简单，有明争暗斗，也有相濡以沫。

然而，这些人为的物质的因素总觉得缺少了点什么，不能让你的心得到熨帖，让你与人交流时英雄气短。这"气"就是"腹有诗书"给予的涵养，少一分，都觉得不如意。

我常想，文学是什么？文学就是一股气，可能是浩然正气，可能是兰芝之气，也可能是至关紧要的呼吸之气。这股气存在着，流动着，时时让你心明眼亮，觉得每一天都不带重样的。

然而要将这股"气"焐热了交到儿童的手中，仅仅靠文学来护佑是不够的。想那七八岁的孩童，天生就是游戏的创造者，贪玩、闯祸才是他们的正经事，你让他整天捧着本书，太沉重，谁乐意过不开心的日子？于是，家长寻过来向老师抱怨：孩子不喜欢读书，不喜欢写作文怎么办？

这股气到这时还能延续下去吗？我想：一个好的语文老师是不会见死不救的。他们在教书育人的同时，还要替孩子们打开一扇扇门，去眺望这个世界的过去和未来。

有很多人会认为语文老师不务正业，不能好好地传授知识，交给孩子应付考试的秘诀，整天去强调读好书，写好字；也有很多人在成年后回忆起自己的老师时，总是把眼光穿过岁月的交替聚焦到儿时的语文老师身上。他们记得的不是老师的名与姓，也不是某一节精彩的课，而是语文老师散发的那股温暖与温情，隔着万水千山都能时时热腾起来。

小学时教过我的语文老师有三位，他们要么是民办教师，要么是代课老师。匆匆地来，匆匆地去，流水一样。可我一直记得读小学的那段时光：一大早走了好远路，母亲亲手缝制的布鞋被露水打湿，只为了不错过早读课上老师那动听的朗读声；夜晚在灯光下端正地书写，只为了得到老师一个红圈圈；认真记录下发生的每件事，是为了听到老师在同学面前大声读我的作文……这就是语文老师的模样吧，他不是眉清目秀的组合，也不是喜怒哀乐的变化，就是那么淡淡地入你的心，最后融入你的血脉中，让你和他一模一样。

今天，我也是一名语文老师，我教学生一笔一画地写字，教他们规规矩矩地做人，与他们品味一段段文字，想着把我的语文老师传递给我的温和热交付给他们，让他们也能温情地对待这个世界。

# 由一次阅卷想到的

这次阅卷的内容是四年级的作文，习作要求介绍一处风景。写景作文在历年的小学语文试卷中鲜有出现，这次可以说是个例外。老师们不禁在想：这样的作文好写，我们的生活处处是景，我们的眼中处处有景，有的景色甚至已经浓缩到每个家庭中，比起写事的作文，他们更有话可说。

然而，我们想错了。写景的作文对于四年级的学生不好把控，只在苏教版三年级的课本中出现过，人教版是否有，我不知。我们在批改时看到一些很随性的、拼凑的作文，看不到一定的顺序和条理；而经过老师指导的作文，似乎中规中矩的又太多了，大多按空间和时间的顺序来描写，不够活泼，没有新意。此两种程度，后者明显得分高些，但优秀作品少。

未经指导的作文好似没有经过雕琢的玉石，质朴、天然，依然保持着纯粹的天性，有棱有角，习作内容随性，缺点诸多，但却真实。他们记录的都是生活中的某次旅行，思维在何处停止，风景也在那里歇脚，往往是途中的写得多，真正到了景区却又三言两语打发过去，匆匆过场。我还注意到，大多学生在习作时，只要到了习作要求的字数那（作文格子中300字的区域）就开始草草收笔。300字，多一点也不愿意，真是大煞风景。

而那些经过指导的作文，有模有样，但过于整齐划一，有些失真，甚至连春、夏、秋、冬四季描写的景物都是雷同：春有花草，夏有荷花，秋有黄叶，冬有白雪。这样的景物描摹起来内容单一、空洞，景物立不起来，是人为的造景，没有活泼的儿童气息。再者，景色中人的行为描写过多，如写到冬雪，都采用打雪仗、堆雪人这方面内容的铺垫，这种动静结合的方法虽体现了他们对四季的喜爱，但季节独特的美还是没有较好地表现出来。

当然，我们也可喜地看到很多学生还是存在把作文写好的愿望。有的学生在作文中知道运用一些优美的词句，想要把心中的风景写好，但词不达意，如写景色难忘，他用了"不胜其烦"和"美不胜收"这对词语，显然是对词义不甚了解，表错了意。还有的学生能够模仿写景的课文的写作手法来写身边的景色，也是值得称赞的，尽管写得不好，但对待作文认真、努力的态度，还是值得阅卷老师点赞的。

我们也在众多的习作中看到一些另类的作品：整篇地把学过的课文默写出来；将试卷中的阅读题的内容一字不落地抄写在作文上；还有就是整篇都是一个"大"字，到了300字那戛然而止，你虽然看不懂，但一定明白作者的心；也有的学生在作文结尾处还给我们的阅卷老师写了一段内心告白：我们老师说了，作文不在字数的多少，只要写得通顺具体就可以了，写多了，都是废话，反而会扣分。孩子，言多必失，你让我们语文老师情何以堪。

阅了将近八百篇的作文，看着学生写的或工整的楷书，或东倒西歪的"狂草"，我觉得作文写得好与不好都不重要，"态度"二字，对语文学习的态度，甚至上升到对中国汉字文化的态度。老祖先留下的瑰宝在被一代又一代的人无情地挥霍与抛弃，长此以往，我们还会剩下些什么，只是分数吗？

我们现在面临的书写的问题、习作的问题等各种语文的问题，我们期待改变，提出切实可行的策略让学生喜欢上语文，爱上写作。

# 愿所有的花都为你盛开

我手边的这本书——《一路走来，春暖花开》，是李亚玲老师的第二本教育专著。瓦蓝与土黄分割的背景衬托出封面的淡雅。这两种颜色使我想到了晴空里高邈的蓝天，也想到了晴空下广袤的土地，一个是仰望天空，一个是脚踏实地，隐隐中，一个穿着红色长裙的人慢慢清晰起来。

这是一本有追求的书。

我和她是同事，彼此也认识，但真正地了解她，是加入工作室后。我印象中的她是个工作狂，是个有追求的人。熟识她的人都知道她的起点是比较低的，只是中等师范幼师专业毕业的，似乎也和小学语文教师不太相干。然而，时间是公平的，二十年之后的她赫然成了小学语文教育方面的专家，也成了肥西教育的领军人物。有人说：走得慢的人，只要不丧失目标，也比漫无目的地徘徊的人走得快。她，就是这样的人。

我想，这其中的艰辛，只有经历过的人才能体会。我在阅读描述这段跨越时间的文字时，心里无不感动着。这蓄积着温暖和力量的文字从心里传到笔尖，最终畅快淋漓地呈现在我的眼前，并迅速抵达我的内心。

这是一本有担当的书。

有时候，选择是个大难题，选择花去了你所有的时间，而你依然不知道你能够做什么。翻看这洋洋洒洒的文字，我们不难发现，其中有多篇是她个人在专业发展上记下的随笔，很朴实，很接地气，有时甚至把工作上的细节如数家珍地向我们抖出来，让你看个明白，看个透彻。这些文字很真实，你只要愿意学，完全可以拿来为己所用，如此几年下来，你也会成为一个优秀的教师。所以，在我看来这本书是厚重的，它承载了一个教育工作者应有的责任和担当。

这份责任和担当，让我想起了在工作室的无数个日子。那些日子因为她的存在而变得"难熬"，是的，确实是难熬。倘若你想轻轻松松、浑浑噩噩在这混三年，那无异于拿起刀剜她的肉。她是个珍惜时间的人，并强制你也得和她一般，否则，你会时时觉得身后有人拿着一把无形的鞭子，在你懒惰时随时给你一下。这样的日子，我熬过了三年，这期间不知道磨了多少节课，不知道送了多少场课，更不知道多少个夜晚在灯下苦思冥想。然而，我终要感激这难熬的日子，也要感激这手中拿鞭的人。

这是一本盛满爱心的书。

美好的文字和美丽的花朵一样，总能赋予人芬芳。专家常常挂在嘴边的一句话是：赠人玫瑰，手有余香。是的，在工作上，她关心每个小伙伴的成长，有时体贴入微，连家中的人和事都要管一管，她希望身边的每个人都能和她一样，工作和生活一起进步。我在她叙述散步的文字中感受到了她对生活的热爱，对工作的坚定和执着。翡翠湖也许是平常的，自从有了她与爱人携手漫步，又变得不寻常了。

每个人身上都应当有一件终身信守的东西，这东西凌驾于肉体和精神之上，使我们的行为不至陷于盲目，再因盲目而苦闷。我在这本书中似乎找到了这个终身信守的东西。

## ▶▶▶ 分层展示　且悟且进

## 绘本写话《我的幸运一天》备课经历

### 一

用两天的时间去收集和挑选一本合适的绘本，这是一个庞大的工程。

说它庞大，在我看来，没有一点虚张声势。先是从舒畅老师那要来三百多本绘本，就是到现在，绘本还没有完全下载完毕。再是挑选。这个比较伤脑子，我一直在考虑绘本内容，同时还得兼顾画面的色彩与清晰度。再好的绘本如果画面过小或者是模糊，都是要舍弃的，因为是教学，必须顾及所有人。个人阅读，那倒无妨。

说说《最喜欢的事》这个绘本吧。整个绘本就12幅图，内容比较简单，一群孩子闲聊着自己喜欢的事情。说的不是什么大事，都是生活中的小事，小到都不算事，只是一种感觉。不过这感觉挺好，让我想起"童年"一词，当然，还有这样一句话：我们看起来不一样，但我们的心是相通的。

我在想，童年应该是每个人生命中最温暖的记忆吧。不管是平常的人，还是文学大家。当然，前者封存在回忆里，后者流淌在笔端，传递出去。

比如林海音的《城南旧事》，萧红的《呼兰河传》，琦君的《桂花雨》。

今天读到这样一段话：阅读与写作有关，但各有侧重。阅读偏整体，不断章取义，在整体上感知、审美。写作是文章，章有章法，所以要解剖。在我看来，绘本习作是小学生作文的一种，它是写作，不是阅读，所以，绘本习作教学中，绘本只是一个道具而已。

那么，在设计《最喜欢的事》时最应该做的是学习语言。然而，这个绘本的文字只是简单的一两句，于是，我们还需要丰富语言。

我试图将《和竹子在一起》和《小鱼的春天》两个绘本中的某个片段拉进来，然而效果并不好，因为没有现成的图片，做起来麻烦不说，且出力不讨好。于是，我又将作家笔下的童年片段放进设计中，让学生模仿写。

现在的问题是如何细化内容让语言丰富，来还原孩子们心中最喜欢的事。这是章法的问题，我不禁头疼起来。

# 二

记不得有几个夜晚浑浑噩噩地呆坐在电脑前，心里急着要设计，脑子却跟不上，空空荡荡的，想不出一个好策略。这跟不上的节奏似乎在提醒我：备课，贵在平时，决不能有丝毫懈怠。

说实话，我本来是不乐意接受上公开课这个任务的，特别是在大众场合下。说不清为什么，自从前年参赛回来之后，心里对于公开课就有些抵触。

有段时间，我一直在思考，我脚下的路该怎么走。功名利禄，不是我想要的，再者，以我的性格，也出不了名，干不成什么大事。当下，最应该做好的是守住自己的班级，静心耕好自己的田。

然而，任务来了，推卸不了。于是，开始选题、设计和试上。我这个人做事比较慢，一个设计在别人看来可能只需要半天，我却需要一天或两天的时间。

先说选题。考虑到是四年级的学生，我最初选择的是《小鱼散步》这个绘本，我个人也比较喜欢绘本中那种淡淡的笔触和童年的味道。就在设计已经完成大部分的时候，图片的灰暗不得不让我舍弃这个好的故事。随后，我又试图选了几个绘本，并不满意。上课的时间越来越接近，才决定用庆子的绘本《我的幸运一天》。

设计这个绘本一共有三稿。

第一稿设计的对象是四年级学生，主要通过狐狸和小猪的心理变化来体验人物的语言和推动故事情节的发展。试上过程中，学生大多关注了故事情节，忽视了人物对话，真正是顾此失彼，于是草草收场。

第二稿设计的对象是二年级学生，简化了一些环节，给学生的语言训练提供了支架，如提示语句式的比较，以及将绘本提供的提示语句子设置成生活情境进行模仿，另外，就是关注人物对话分段写。二年级的学生对童话故事本身是比较感兴趣的，但对提示语使用并不乐意，他们更喜欢用平日里的某某说，直接、方便。于是我准备再设计一些更适合他们说话的情境。

晚上，当我坐在灯下思考时，李亚玲老师发信息要求上四年级的课，同时也把她的设计思路发了过来。于是，我又开始重新设计，围绕人物说话时的心理、神态、动作来丰富提示语。这节课其实要突破的就是三张图，三张图都和对话有关。难点就是第三张，既要有对话的训练，又要在对话中推动故事情节的发展。第三次试上结束后，我对自己彻底没有了信心。一想到第二天上午就要上课，这边设计还没有完成，这一夜便在辗转中度过，脑子里全是第三幅图，以及预设的一些策略。

直到我站上众人目光集中的那个小小的场地时，心里还在忐忑，那时，所有的方法和策略都被遗忘了。我心里想到的就是，带着学生真正融入这个故事中去，找到那个他们感兴趣的切口，那么所有的对话就自然而然地产生了。一节课上完，我们似乎找到了那个对话的兴趣点。

现在，当我试着记录备课的过程时，我的内心告诉我：只有在备课时关注"教什么"（内容），才能在课堂上解决"怎么教"（方法）。备课，真的要用一生的时间去做准备。

# 从激励入手，寻找日记的快乐

写日记是提高学生写作能力的基石，也是自由表达、展示个性创作的平台，更是一个了解社会、认识自我的重要方式。写日记，第一贵在兴趣，第二贵在坚持。如何让学生持之以恒地将日记进行到底？我尝试了以下几种做法：

## 一、印章——图文魅力

起先，因为刚开始学习写日记，有话长说，无话短说，他们有的是劲头。然而，时间一长，不少孩子开始唉声叹气："其实，我最怕写日记了，别看我的日记本上有很多的九十分，也得了许多奖品，可那都是我费了九牛二虎之力才写好的。今天，我绞尽脑汁，可怎么也想不出题目和内容。"日记写出来，内容流于形式，个个俨然账房先生。写日记陷入了僵局。

"兴趣是最好的老师"，那么，我就来找找兴趣点，换个方式来改日记。怎么在批改上做文章？之前的日记都是大体浏览下，给个适当的分数，鼓励一两句，打发下去。现在，为了激发学生对写日记的兴趣，我居然也开始学着低年级的老师买来红红的印章，找到好词好句在旁边印上一朵小红花、一张笑脸，在文末印上"有进步""加油""作业很用心"。别说，这样一篇日记改下来，看着"一朵朵小红花"盛开在日记的"土地上"，还真是赏心悦目。学生翻开这样的作业本，一个个美滋滋，看到老师对日记细微处的肯定，定然别有一番滋味在心头。为了"红花"荣耀，他们又铆足劲向前冲。

## 二、写信——真情碰撞

所谓"日记"，就是记录下每天生活中看到的、听到的、想到的。班里很多学生每天都在辛苦地找素材，有的学生甚至说："苍天啊，大地啊，救救我吧！找不到内容怎么写日记啊？难道让我每天写流水账吗？如果每天都有一些事情发生在我的身边让我写，那该多好哇！"可见，他们的写作之旅又走进了误区，认为写日记就必须得是大事件，无大事无以记录。

那么，我们就换个新颖的形式来写。不是抱怨没有什么事可写吗？那么就每天给老师写一封信吧，把每天发生的事或者想说的、不敢说的话告诉老师吧。第一封信收上来，很多学生支支吾吾，欲言又止的样子，还有的学生很正统地写下"老师，您辛苦了，我要好好学习"之类的话。我挑选了几篇敢于说真话、实话的日记给予了奖励。这样一来，他们才放下思想包袱，和我坦诚相见。

《给老师的信》这一系列日记，他们一口气写了十二封，有的学生刹不住笔，还要继续往下写。他们的每一封信都让我陷入沉思中："现在的我，每天就像混在男生堆里，旁边座位上全都是男生，只有右边没有男生，确是一面冷冰冰的墙。""老师，您别看马金淘他们平时上课傻模傻样的，一下课就联手欺负女生，女生都恨透他们了。老师，您要给我们女生做主啊！""老师，在我的童年里，只有吵闹和不安，我很烦这样的生活。""后面的两个星期我们开始说话了，不过大都是一些冷言冷语，深具讽刺意味，像什么'哟！就你知道！''凭什么，你算什么！''我跟你讲话啦？'"……从这些稚嫩的文字中，我认识了他们不为老师所知的另一面，他们与人交际的苦恼，他们生活中的伤心事。除了学习上的困惑，他们还需要我在生活上加以引导。我读着，收获着，感动着，反思着，试图用我的笔解答他们一个个小小的难题，也在我的课堂中实实在在地帮他们解决学习上的难题。因为日记，我走进了孩子们的内心，我们的距离更近了，我成了他们知心的朋友和信赖的师长，他们对我言无不尽，都倾吐在日记本上。

### 三、颁奖——作家享受

在学生坚持写日记时，我总是想方设法地鼓励他们。从最先的"佳作点评"，到物质奖励，这些已经不能满足他们的成功感。从五年级起，我开始了一项"最佳日记"颁奖活动。

此活动，每周一次。将一周内日记达到九十分的作品收集上来，邀请一位评委老师从中选出五篇最好的作品，准备好奖品（小本子），利用一节课的前二十分钟让评委老师对孩子们的作品进行点评、鼓励，然后颁奖，获奖的学生上台领奖，颁奖老师郑重地和他们握手，说些鼓励的话，他们接过奖品喜滋滋地下去了。前二十分钟颁奖结束，后二十分钟我们用笔及时记录这喜悦的一刻。孩子们这样记录着："我和老师握手时，我的手激动地都抖起来了。""老师的话我深深地记着，我会努力的。""刘老师的颁奖方式很特别，说话也幽默，我喜欢。"渐渐地，孩子们爱上了这项活动。我们班的颁奖活动也越做越大，前来颁奖的评委从授课老师到学校的领导，学生的自信心强了，写作的动力也越来越大。

### 四、短信——分享激励

如果说，写日记最大的快乐是享受记录的过程，那么，分享日记的快乐是对写作的最大嘉奖。写，是为了享受生活；奖，是为了更好地写，两者相辅相成。在日记分享的过程中，我们不仅做到了生生分享、师生分享，还乘着信息时代的翅膀，做到了家家分享。

身处城乡接合部，网上交流的方式不是家家都能做到的，手机却是人手一部。只有选择切合实际的方式才能达到人人参与的最佳路径。每天，我挑选出学生写的精彩片段敲打成电子稿，通过"飞信"发送到每位家长的手机上。家长可以第一时间读着孩子们写的文字，省时、省力、省钱，一举数得。他们在感叹之余，由衷地感到自豪，也从中找到鼓励孩子写作的方法。班里孩子的写作情况，家长一清二楚。一段时间后，家长不再抱怨孩子因为隐私问题不给他们看日记的问题了，他们和孩子之间的关系也越来越融洽。

毕业季，我带的学生毕业了。关于日记，他们说："我觉得写日记是件幸福的事，因为可以和老师一起分享快乐和烦恼。以前只要老师提到'日记'两个字，我都要抓狂，今天最后一次写日记，我却有了依依不舍之情，我希望可以继续写下去。""这是小学阶段最后一篇日记了，有点高兴，也有点失落。回想以前写的日记，它们都记录了我的喜怒哀乐，记录了我生活中的点点滴滴，长大以后再回头看一看，一定会感到很可笑，可里面却有了最童真的记忆。"

是啊，孩子记录的不只是生活，还有他们最真的童年。如果语文老师能在孩子12岁之前带着他们在日记里有滋有味地走一遍，他们就会拥有一个最幸福的童年。愿我们都找到恰当的方法，走进孩子的内心，鼓励他们将写作进行到底。

# 让多媒体与习作教学比翼齐飞

有人说，语文要做的两件事就是读和写。在形形色色的课堂上我们总能看到师生把"读"做足了功夫，而"写"却成为语文教学中不可触及的痛。

习作教学的难点在哪？我反思过，兴趣应该是其中之一。如何激发学生写作的兴趣？我认为有效地利用多媒体为习作教学服务不失为一件法宝。

作为一名农村的语文老师，我在多媒体的运用方法上也曾经历了三种境界。

十几年前，校内校外掀起了轰轰烈烈的利用多媒体上课的热潮，校长三令五申要摒弃只带一本书、一张嘴、一支粉笔走进课堂的传统方法。于是乎，我认为课堂上只要热闹、花哨就是一节成功的课。公开课《海底世界》我是这样设计完成的：新课导入，为了活跃课堂气氛，我播放了一段音乐烘托气氛（与这节课内容毫无关系）。接着，出示了一幅幅精美的海底动物图片，学生惊呼不已。进入新课了，我又把文中介绍的几种动物以图片的形式展示出来，让学生讲讲它们的活动方式。至于课文，只是简单地走个过场。最后，我播放了《大海啊，故乡》这首歌，让学生谈谈对大海的印象。至于什么抓关键词品悟、品读句子，找写作方法等全部被弃于一旁。评课的结果可想而知，由于我的片面理解，几乎在语文教学中误入歧途。冷静下来，我清醒地认识到自己犯下的错误，我把语文教学最本真的东西给丢失了，捡了芝麻丢了西瓜。迷途知返，犹未晚矣。

知耻而后勇。在接下来的几年中，我潜心研究语文教学，并试图将多媒体和习作教学融合在一起，更好地为习作教学服务，让我们这些乡下孩子足不出户也能见到外面的大千世界，去了解、发现新世界。

刚开始，我只是利用图片来训练学生的观察能力和想象能力。一幅图、一组图，精美地呈现在学生的眼前，一段话、一个故事精彩地写入作文本中。渐渐地，他们开始不满足于看图写话了。我就找来视频，有声有色，有滋有味，如同坐在电影院里身临其境。在写《九寨沟的秋天》这篇习作时，很多学生无话可写，只是一味地模仿课文，内容单一，既抓不住景物的特点，也没有真情实感。这也难怪，那么美的地方我都没有去过，何况阅历浅的他们，凭空捏造又哪来的真情流露。为此，我特意找来了大型纪录片《九寨沟》，刚一播放，他们就被那神奇的故事、天堂般的景色深深迷住了。作文交上来了，九寨沟的原始森林、瀑布、蓝天白云、五花海等在他们稚嫩的笔下变得更美了。

在"写景片段描写"这节习作课上，我打破常规，播放了一段音乐——《森林狂想曲》，让学生仔细聆听，根据听到的音乐联系生活中的经验，再加以想象来写一段关于森林的文字。音乐起，各种虫子的浅吟低唱就吸引了他们的注意力，一个个侧着耳朵，眯着眼睛，分明是入情入境了。音乐落，我给了他们一段整理思路的时间。随后，我让每个学生挑出他们想象中森林的某一处景物练习说话。一个学生说，不足的地方其他学生进行补充，逐步丰富景物内容。最后师生合作口头完成片段写话，其目的在于带领学生将听到的素材有条理地完整地描述出来。课后，同事都十分惊讶于我的尝试，但他们一致评价，用音乐来训练学生的习作能力虽然有难度，但学生很感兴趣，也说得非常精彩。这些鼓励让我在以后的习作教学中更加不遗余力地为学生创造更多习作训练素材。

如今，我又尝试着带着相机去记录学生成长中的点点滴滴：他们认真学习时的神情，玩耍时动人的笑容，一段快乐的游戏……这些都成了习作教学的第一手素材，我在课堂上还原真实的生活，唤醒他们内心真实的记忆，让他们有了更多的有感而发。多媒体让习作教学变得越来越精彩。但是，怎么利用多媒体让学生持久地保持习作的兴趣？这又是我目前所面临的问题，值得深思。

功夫在诗外，更在诗内。只有当多媒体更好地服务于习作教学，它们才能比翼齐飞。

# 量变与质变

我刚开始接触小周是在四年前，那时他才二年级，印象很浅，只知道他内向、不善表达，或许是家庭教育的原因，或许是天性使然，但他乖巧的模样我很喜欢。

我在平时的作文教学中所关注的是积累和实践的问题，于是我把重点放在课外阅读与日记练笔相结合上。小周的父母非常关注孩子的写作水平，总是担心他在这方面有所欠缺，于是搬回了许多书。在这两年的时间里小周阅读了很多，先是各类的作文书，再从杨红樱系列到沈石溪系列，阅读之路由窄到宽。可在写作水平上，我却看不到他的进步。我猜测：原因是他读书不专心，疲于应付，乐于追逐情节的曲折变化。

他的变化起于这学期。这学期他写的日记谋篇布局，错落有致，细节之处不惜笔墨，有时轰轰烈烈，有时娓娓道来，有时惊心动魄，有时黯然神伤。

"动物之间的爱是最高尚的爱，没有真假虚伪，只有爱得透彻，爱得幸福。"

"湖安静地睡去，只有湖畔的杨柳在晚风的吹拂下轻轻散开她那少女般的头发。"

"感悟，是上帝送给人类的宝藏。"

"残忍的一幕上演了。老妈首先抓起一条鱼，快刀斩乱麻地用剪刀'咔嚓'一声剪去鱼头，手中的鱼尾和身体还在摆动。'咚'的一声，被剪去的鱼头掉进水里，一股鲜血在水中弥漫开来。"

"猫的两只眼睛炯炯有神，就像两把闪烁着绿光的手电筒在黑夜里扫射。"

我在他的笔下发现了一个全新的世界、全新的他，简直可以用"震撼"

一词来形容我当时的心境。小周和他的父母也沉浸在收获的喜悦中。

古人说"读书破万卷，下笔如有神"，是不无道理的。只是这个结论需要经历一个不短的过程，追求短期效应的人往往事倍功半。有家长常常问："我家孩子也喜欢读书，为什么写作水平总是上不去呢？"我只能说，方法很重要，但阅读量也必须达到，在内化的过程中，有的孩子快，有的孩子慢，需要静心等待。

也许班里的许多孩子作文水平一般，他们或许正在经历小周走过的路，在耐心等待花开的同时，我们还需要细心地指导、培育，才能让他们朵朵绽放。常言道：厚积而薄发，就是这个道理。

苏霍姆林斯基说过，让孩子变聪明的办法不是补课，不是增加作业量，而是阅读、阅读、再阅读。小周的故事就是个很好的例证。

# 作文训练的章与法

作文教学的现状一直不容乐观，不仅仅是学生感到作文没有内容可写，或是下笔写不长，教师也面临着无从指导的境地。一言以概之，教师无教法，学生没学法。

在实际教学工作中，我发现很多老师没有明确的习作指导要求，要么以字数来确定习作目标，诸如三年级三百字，四年级四百字；要么拔高习作要求，低年级做中年级的事，中年级做高年级的事，高年级无事可做。

根据语文课程标准的要求，指导低年级学生写话，要求用一两句完整的话来概括图片或事件；指导中年级学生作文，要求具体有条理地叙述一件事、一处景和一个人；指导高年级学生作文，要求要有读者意识，融入真实感情，恰当地表达自己的观点。纵观之下，脉络清晰，层层递进，若能以此为"法"，不同的年级抓住不同的训练点，学生的作文水平必能得到稳步提升。

回过头来再看看学生作文：不能正确使用标点符号，内容烦冗、不具体，主题不明确等。这应该是大多数学生习作上存在的问题，当然，也不乏少数优秀的学生写出惊为天人的作品，但这不完全是老师的功劳。

　　学生之所以存在这些言语表达上的问题，与教师方法的指导和平时的训练有着密切的关系。

　　我试图从自身教学实践中来反思习作教学中存在的一些问题。

　　我现在带的班级是四年级，学生的习作能力一般，有几个孩子到现在还不会写作文，提笔就是几行字，和一年级学生水平差不多。这类情况的发生，是不是说明这几年的作文教学几乎是无效的？

　　当然，这是特例。还有这样一些问题：不能写出一句完整通顺的话（病句）；标点符号乱用；写作时内容空洞，仅仅局限于把一件事写出来（内容不具体），缺少亲身体验的细节描写；等等。批改作文时这些问题令人头痛。

　　我也曾让他们坚持写日记，并给予一定的奖励。现在看来，写日记只是学生对生活的简单记录，虽然在选题上比较自由，内容丰富，学生比较感兴趣，但缺少专项训练，笔力不能集中于一处，整体上给人一种散乱的感觉。所以，日记写得出色，不能代表作文就出彩。

　　在中医看来，"头痛医头，脚痛医脚"这句话是完全错误的。但是把这句话放在作文教学中，还是有一定的道理。当学生在习作中出现某个问题时，不妨集中精力，花些时间带着他们一起找错、纠正，这样可以做到各个击破。如果胡子眉毛一起抓，反倒乱了手脚，出不来效果。

　　吴立岗教授在其《努力构建科学的小学作文训练序列体系》一文中就非常明确地指出小学作文教学各年段的训练要求。"中年级作文教学要求学生用文字概括和交流周围世界比较复杂的信息，掌握'构段'的基本思路……通过有目的、有顺序、精确的观察，学生可以把握客观事物时间先后的关系、空间位置的关系以及局部和整体的关系，边观察边思考，由表及里，由浅入深地把握客观事物的本质。"在我读来，这"构段"的训练其实就是细节的一种描摹，只是在方法上给予了更多的支撑。

　　我近来也在带着学生进行片段练笔。刚开始的时候并不得法，只是在规定的时间里完成一百字的任务。学生交上来的多是一篇作文的简单叙述，内容空洞，这与我预期的目标背道而驰。随后，我要求他们将练笔的对象转移到一个点上，比如一朵花的样子、一段有趣对话、一种想法等。然而，他们还是不能将文字集中于一点，叙述时絮絮叨叨，接近目标时又戛然而止。几经思考，我决定从构段方式中最简单的方法入手，让他们按照总分关系或是并列关系来描写某个事物，如用总分构段方式描写傍晚时的夕阳，在写作方法上要求更加细微具体。这样一来，他们只能心无旁骛地去观察和描写。

当然，这种方法过于模式化，我更愿意他们在练笔时既能"向前看"（顺序），也能"停下来"（描写）。当学生将"构段"的基本功打牢，再加上连缀过渡，一篇好的习作必然也不会遥远。

吴海燕专辑

　　吴海燕，汉语言文学本科学历，一级教师，肥西县骨干教师。从教十年，一直坚守在语文教师和班主任的岗位上。多次辅导学生在读书活动中获得佳绩。在教研方面孜孜不倦地追求，撰写的教学论文、教学设计以及微课多次获市、县级奖，在第九届全国互动课堂教学评比中获二等奖。

▶▶▶ **分层分组　大道行远**

## 走过来，就是一季花开

我能认识李老师，并加入李老师的团队，完全是机缘巧合。2013年10月，我参加肥西县多媒体应用课堂教学比赛，按照赛前的应战经验，无生上课时眼睛一直注视着讲台前的评委。我发现一位评委穿着白色的小西装，恰好和我赛前准备的"战斗服"是同款，就忍不住一直盯着她。

后来，因为那次比赛，我被推荐参加12月份的市赛，在备课过程中我深感自己专业知识浅薄，教学经验捉襟见肘。恰在此时，县教育局网上发出了一则肥西县小学语文名师工作室招募学员的通知。我一直在偏远的农村学校工作，教研气氛淡薄，也很少有外出学习交流的机会，根本不知道李亚玲老师。于是闲暇时在网上看了看，才知道原来那位和我撞衫的评委老师就是李亚玲老师。真正让我下决心试一试，还是在11月末，在另一次演讲比赛上的偶遇。那天在会场上看到李老师，她穿了件绿袄子，好像是换了发型，看上去挺随和。她坐在前排和一些人交谈，褪去了评委严肃的光环，看上去也就和我身边的那些岁数略长的女同事一样。我默默注视她很长时间，想去请教一些在备课中遇见的难题。后来，事实证明李老师非常热情，又非常严谨。面对我冒昧莽撞的求教，她一一解答。聊了一会儿，活动就开始了，她给我留了电话，约好回去再联系。当天晚上我就收到了她发来的短信，细致地谈了她的教学构想，我握着手机激动不已。第二天，我就鼓起勇气递交了申请加入名师工作室的表格，最后居然被选中了。就这样，我们算是结下了不解之缘。

2014年5月，我第一次跟随工作室到严店学校送教，那天送的是余姐老师的单元习作指导课《记一次体验活动》。我听课时就觉得余老师的课如行云流水般自然又轻松，没有斧凿之迹。学生的文笔也较平时活跃了许多，心里充满了钦佩之情。那时候我对一节课的诞生还是没有什么概念，回去的路上，李老师微笑着对我说："海燕，今天叫你来看看，学学余姐，以后送教可就轮到你啦！"

那次送教对我来说虽有所触动但并没有改变什么，似乎我也没学习到什么经验，依然在我的课堂上照本宣科。日子悠然地过着，转眼到了新学期。我忽然接到李老师发布的任务，十月份高店中心学校的送教课由我来上。接到任务，我就开始着手准备。我翻了一遍三年级上册的课本，觉得第四单元的习作"写一篇观察日记"比较容易操作，就东拼西凑完成了一篇教学设计。就在我以为差不多完工时，和李老师交流了几句，就让我这几天的劳动成果付诸东流。她希望我能有自己的想法，而不是按照"范文引路—写法指导—学生练笔"这样的老套路出牌。

后来经验丰富的余姐老师给我支着，让我学学名师管建刚，在教阅读课时选取训练点指导写作，上一节基于写作的阅读课。虽然有了方向，但是备课的过程依然痛苦。在选择教学内容时我很苦恼，不知道哪一篇教材适合，更不知道这一篇教材里哪个点值得作为写作训练点。纠结了很久，我拿出来一篇《学写人物对话》的教学设计，用孩子们喜闻乐见的动画片《喜羊羊与灰太狼》片段导入，激发兴趣，引出对话这种形式，接着出示书上的要求：认识提示语，了解提示语的位置变化以及相应的标点变化。然后创设一个上厕所的交际情境，让孩子们练习加标点。最后出示图片"妈妈喊我起床"，让孩子们练习写几句人物对话。

教学设计的初稿出来后，李老师召集工作室的老师先是在QQ群上为我诊断把脉、出谋划策，接着让我在自己班级里试上，看看效果。我录了课堂视频，斟酌许久，又做了一些改动。工作室其他老师又给了我许多建议，我一一改进，自以为差不多了，后来才知道这只是万里长征的第一步。

一个下午，李老师和工作室的几位老师为我现场磨课。这是我首次踏上磨课之旅。一节课上完，大家提了很多中肯的建议，我不停地记录，很多东西我还不太明白。但是，有一点我清楚：我精心准备的教学设计被大家砍得面目全非。我的课题被认为范围太广，不好驾驭，最终被改为切入点更小的《在习作中学用提示语》；我自以为能激发兴趣的动画片导入，被认为是画蛇添足；我自以为能装饰课件的许多小素材，被指出是干扰视听……在遭受一系列打击之后，李老师说："评课就到这里。海燕，你抓紧到我办公室电脑上修改课件，第三节课照这个新思路再上一遍。"话音依旧随和，对我却是一记闷棍！我刚刚上完一节课，又被点评了这么久，眼看第二节就要下课了，居然让我第三节课再来一遍！我脑袋全蒙了！

于是，我振作精神，重新调整思路，按照"认识提示语—学说提示语—学写提示语"的设计上了一遍，环节果然清晰了许多。课后，大家又聚在小会议室，评课议课，不知疲倦。放学了，暮色悄然笼罩了校园，唯有会议室的灯光格外温馨。

这一次难忘的磨课之旅并没有就此结束，我在李老师的鞭策下又熬了许久，虽然身心俱疲，苦不堪言，但是进步也是显而易见的。同时，我对工作室这个团队也有了新的认识。

虽然每一次成长都有迷茫、痛苦，甚至忍不住想要逃避，但还是坚持下来了。大约还是像李老师"嘲笑"我那样："上了我的船，想下去？没门！"不是没门，而是舍不得离开了。更何况，我是走进了一个新的圈子，新的世界，坚持走，走过来，会迎来一季又一季的花开。

# 感　恩

月初，我诚惶诚恐地接受了工作室领衔人李老师发布的任务，当时我刚刚完成高店中心学校的送教任务，浑身轻松，听见什么都回答好。可是才挂了电话，回味李老师的话，才反应过来，心里就像十五个吊桶打水——七上八下的。去肥东送教这样的任务，岂是我能完成的？一时间我不知道该怎么办才好。

我只能求助我的首席导师余姐老师。没想到她听了我的话，立即鼓励我："说你行，你就行。有我在，怕什么！"

确实，余姐老师为《学写对话中的提示语》这节课付出了很多心血，从之前教学设计的设想、构思，到课一步步成型，一直殚精竭虑。大家初次听课后，就提出了宝贵的修改意见。可是我脑子笨，听了难以消化，不知道从哪下手。余姐老师安慰我："别怕，我懂了就行，我教你。"她不厌其烦地一次次帮我渡过难关。

在繁华城市的夜晚，这一片安静的校园，顶楼办公室的灯光显得格外耀眼。几位工作室的老师为我的这节课煞费苦心，献言献策，从教学环节的调整，到课件的展示播放，细致到过渡语的设计、教态的规范，都帮我一一矫正。

晚上十点多，闹腾一天的城市似乎也在此时宁静下来，路灯眨巴着疲惫的睡眼，霓虹灯也掩不住困倦。这些热情的老师在凉风瑟瑟的夜色中匆匆归去，她们的背影坚定，她们的理想明朗。看着她们，我赞叹，又震撼，也忍不住惭愧。

由于我能力有限，最终呈现出的课堂教学也是状况百出，颇多遗憾，但是我仍然感激，感激肥西县小学语文工作室这个大家庭对我的帮助，无数个夜晚，大家牺牲休息的时间，在工作群里码字，把他们的金点子一条一条地传授给我，我都来不及回复，只能很不礼貌地"嗯嗯啊啊"。我感激，感恩，却不善表达。只好对他们说一声谢谢，有你们真好。

通过这次特殊的经历，我收获颇多，获益匪浅。说不好是否有进步，但我自己感觉得到这种潜移默化的影响。所以，我相信我以后不会再像以前那样惧怕，凡事只要认真去做，结果都不会太差。所以，我真心感谢大家的信任，感谢工作室给了我这样一次特殊又难得的机会。

感谢李老师搭建的这个平台，让我这个蜗居在偏僻乡村学校的"小菜鸟"有幸认识工作室中执着追求梦想的人。感谢工作室这个大家庭，让我明白除了名利实惠，还有梦想值得追求。感谢大家的热情，让我感受到除了家以外，还有这样温暖的真情……

要感谢的，值得感谢的，还有很多。我觉得最大的收获还是李老师分享的经验，无论是生活，还是工作，都要宽容、理解、和谐、感恩。

# 不忘初心，相伴前行

时间如白驹过隙，我在工作室的分层学习共同体中已经学习半年了，大家在大集体中学习交流，在小组内相互扶持，以饱满的热情、昂扬的斗志，在学习研讨中提升，在交流碰撞中收获。不久，工作室领衔人依照分层学习、共同进步的目标，把我们按照兴趣、学段进行分组，我们就不再像以前那样，平时各做各的工作，等重要活动来了，以工作室之力集中做准备，而是在教学之外，小组分头进行日常的教研活动。每个小组都有自己的教研方向，每个成员在平时的教学中要注意积累，相比工作室，小组人员少一些，更便于聚在一起探讨问题。比如我们小组有五人，教学中有什么问题，我们先在网上交流，再约好时间，聚在一起磨课。在磨课、评课过程中，我们对教材的理解更深了，对课堂的把握更自信了。

11月，我们小组接到送教的任务，大家立即开始行动。先是两位上课的老师确定好课题，结合我们小组读说写训练的教研主题进行教学设计，然后上传到小组QQ群里，大家相约晚上在网上磨课。万籁俱静的夜晚，我们在小组QQ群里面互相答疑解惑，献言献策。网上磨课让我们身处5个不同学校的老师备课研讨更顺畅，个中滋味只有身处分层学习共同体内的人才能真正体会。杨丽老师备课《中国美食》时精益求精，天不亮就在群里询问："我这样教形声字，准不准确？大家有好点子吗？"丁向鸣老师午夜还在思考："认识蔬菜与认识字词环节能否整合？在认识食材的过程中也把字词学习了。这是本课的一个重点与难点。"

还记得有一次在我的学校集中磨课。几位小伙伴在完成上午繁重的工作后匆匆赶来，杨丽老师早早就到我们班级去调试课件，熟悉学生。她那天试教的是《比尾巴》，丁向鸣老师试教《小书包》，为了让评课更有效，我们打印了工作室的观课记录表，分别观察、记录教师的教学行为、学生参与课堂的行为，有针对性地提出修改意见。两位年轻老师对课堂掌控能力都很强，但也存在一些问题。两节课后我们紧接着展开评课议课，每位老师都提交了自己的观课记录表，并发表了自己的见解，既肯定优点，也不漏一处缺点。基于大家的建议和两位老师自己的思考，他们很快就上传了修改后的教案。后来，我们针对这两课，又进行了二轮、三轮的网上磨课，送教前我们聚在一起，又磨了一次课。

在11月的送教任务中，我承担的任务是做一次微讲座。这个任务对我来说是艰巨的，我自知能力有限，从接受任务起心中就忐忑不安。我写好了初稿后，先是请我们小组的丁向鸣老师帮我修改。向鸣老师很年轻，但是他读过的书很多，是我们团队中的理论巨人，在单位中亦是身兼数职。即便这样忙，他还是抽出许多时间浏览资料，查阅书籍，给我三千多字的文稿写了详细的批注，帮着我领悟学习。小组其余几位老师也都是不遗余力地为我出谋划策。工作室领衔人李老师当时正在淮南出差，依然在百忙中给我提出了许多宝贵意见。经过半个多月的反复琢磨，我的这节微讲座经过反复删减、充实、调整、重组，可以说有了巨大的变化。经过大家的悉心指点，我对部编版教材有了更深层次的认识，明确了在教学中要充分利用课后练习来设计教学，精准定位指导"朗读"，强化整合"说、写"，时刻不忘聚焦"语用"，提炼把握得住的"干货"，争取一课一得，以达到提升学生读、说、写的能力。

每一次打磨，都是一种蜕变。

如今，我学习小鸣老师的做法，在班级设置了专门的绘本图书角，鼓励他们阅读。昨天我们班的一位家长还发信息告诉我，说现在孩子不仅养成了睡前阅读的习惯，还渐渐喜欢上读长故事了。我心里很开心，好的开始是成功的一半。我学习杨丽老师的读写绘做法，画一画，写一写，从写自己的心里话开始学写话。我还学习晨晨老师的专注高效，王老师的默默耕耘……就像领衔人李老师常说的，多做事，多积累，戒骄戒躁。教育，是一种情怀。如此，工作起来反而更加轻松，也有了职业幸福的体验。

我个人比较懒惰，也缺乏专业成长的自觉性，几年来业务水平一直停滞不前。加入分层学习共同体的半年来，工作室内，小组之间，组内成员之间，就像有一股无形的、向上的力量，潜移默化地影响着我的教学态度、教学行为，我深深感觉到自己在成长。这里，所有人都因为对小学语文教学的执着而聚在一起，相伴前行，成长蜕变，共同进步。独行快，众行远，在人人要求进步的环境中，不想进步都不容易，想慢一点都有担心。在工作室这样一个和谐的大家庭中，在我们小组这个互帮互助的小集体里，我们每个小伙伴都期待着，期待着给孩子们打开快乐读写的一扇窗！

## ▶▶▶ 分层教研　立心于行

### 读写绘：打开低段写话的窗

我们工作室由县级工作室升级为市级工作室后，就成立了"分层学习共同体"，分层学习，共同进步，我们小组几位老师因对部编版教材"读写说结合"的训练和尝试非常感兴趣而聚到一起。我们反复思考，查阅各类资料，在教学实践中参考当前很流行的绘本教学模式——读写绘，在教学部编版教材时把阅读、写话、绘画结合起来进行训练。

#### 一、我们所理解的"读写绘"

"读写绘"中的"读"就是读绘本中的文字和图画，"写绘"就是引导学生围绕这些故事展开想象，并把读绘本内容时产生的想法、感受用文字加图画的形式表达。所以，我更觉得它是"阅读"和"习作"的结合体。它将阅读、情感、思维、表达整合为一体。鉴于我们目前城乡接合部的现状，没有那么多可以阅读、共读的绘本，所以我们依托语文教材作为训练的主阵地。

目前使用部编版语文教材的主要是一年级和二年级，都属于小学低段，这些孩子具备一定的观察和想象能力，在阅读文本和课文插图后，他们会有自己的想法。而这个阶段的孩子识字量有限，引导孩子借助图画来表达读后的感受、自己的想法，是有理论依据的，因为在课程标准中关于一、二年级写话的训练目标是这样阐述的："对写话有兴趣，留心周围事物，写自己想说的话，写想象中的事物。在写话中乐于运用阅读和生活中学到的词语。"课程标准的要求，其实和我们读写绘的设计理念是一致的，都以激发孩子的表达热情为目的，让孩子易于动笔，乐于表达。

## 二、我们这样做"读写绘"

语文课本中选编的文章，都是精选的经典之作，其语言、格式、表达方法等都是学生学习的最好典范，是学生学习语言的重要载体。如果我们善于捕捉课文中的写话训练点，在课堂上对与课文有关但文中没有写或没有直接写的内容进行有针对性的补充、解释和说明，进行写绘训练，不仅能使教学内容更加周密、完整，提高教学效率，达到教学的目标，而且还能促使学生的情感得到升华。

一幅完整的写绘作品一般包括三个部分：第一是绘画语言，即一幅或者多幅画面。第二是文字语言，即画面上的相关文字。我们不是在创作儿童画，我们是在创作故事，是故事就一定要有文字和解释。从一开始就要让孩子写，写错了也不要紧。不要在乎孩子写得美不美，但求孩子大胆写，乐于写。第三是口头语言，即孩子的讲述。这一点也很重要，小学低段的孩子口语已经发展到相当成熟的阶段。现在，我们希望通过各种途径训练孩子的口语表达能力和综合运用能力。

具体教学中，我们会根据课文特点，采用多种途径来实现"以读促写""以绘促思"，让学生学会写话，享受语文，全面提高语文素养。

1.仿写课文中的话。

部编版教材的课文都是精心挑选的，文质兼美，不仅具有经典性，还具有时代性，适合教学。许多课文中简练生动的语言是孩子们仿写的好范例。在仿写的过程中，孩子去探索作家笔下描绘的世界，迁移文本中的精彩表达方式。如一年级下册的《四个太阳》这篇课文，按照夏天、秋天、冬天和春天的顺序叙述，每个自然段写了一个季节，段落结构相似，都是先写画什么颜色的太阳，再写在阳光照耀下，这个季节呈现的美好。全文语言优美、结构工整，读起来亲切舒缓。学习了课文后，孩子们进行了仿写创编。

有的孩子写："我画了个可爱的太阳，挂在游乐场的上空。小朋友们开开心心地一起玩耍。"

有的孩子写："我画了个红红的太阳，送给炎热的夏天，照进西瓜地里，让人们吃上了甜甜的大西瓜。"

还有的孩子写："我画了个七彩的太阳，送给春天，柳树发芽了，小草开花了，春天有一片美丽的景色。"

维果斯基认为，在学生的最近发展区内教学，最能调动学生的积极性，发挥起其潜能，超越其最近发展区而达到下一发展阶段的水平，然后在此基础上进行下一个发展区的发展。让学生"依葫芦画瓢"写话，或变换句式进行说写，对低年级孩子来说，是跳一跳就能摘到的"果子"，即孩子的最近发展区。教师在教学中引导学生对精美句子、重点句子反复诵读甚至背诵，然后进行拓展，让孩子说说自己的想法。经过语言的交流，想法与想法，思维与思维，都会发生碰撞，产生新的火花，通过写和画，锻炼学生运用语言和图画表达的能力。部编版教材选用了大量具有一定格式、内容浅显易懂、贴近儿童生活的儿歌，给学生提供了可供仿说、仿写的范例，比如《我多想去看看》《月夜》等。有的孩子写："我长大要当宇航员，我多想去太空看看，我多想去看看。"有的孩子写："我正玩着滑滑梯，就听妈妈叫着快回家写作业。哎，要是没有作业就好了，不过，写完作业就可以玩了。"

2.利用课文中的画进行创编。

把画画与写话有机地结合起来进行教学，更符合低年级孩子的思维特点。所以在课文的教学中还可以让孩子们既画画又写话，创编自己的故事。如学习了课文《小公鸡和小鸭子》这篇童话后，老师创设情境：在无边无际的森林乐园中，还有许多对好朋友，他们之间又会发生什么有趣的故事呢？引导学生创编故事，请他们讲一讲，演一演，然后根据自己想的、说的，进行写和画练习。当天就有孩子创编了《长颈鹿和大象》《小兔和小猴》《老鼠和猫》等有趣的小故事。

《长颈鹿和大象》：长颈鹿和大象一块儿出去玩。长颈鹿找到了许多树叶，大象够不到树叶，长颈鹿看见了，就摘树叶送给大象吃。

《小兔和小猴》：小猴和小兔走到果树林，小猴爬上树，它吃果子吃得很欢，小兔吃不到，急得直哭。小猴就摘果子给小兔吃。

《老鼠和猫》：从前，有一只强壮的老鼠，在它的同伴中是大力士，比赛每次都赢。于是它开始自大了，以为自己是天下第一了，把猫也不放在眼里了。终于有一天它决定去和猫决斗，只是它去过就再也没回来了。

3.根据课后练习进行写绘。

部编版教材的课后练习也可以作为写绘的训练。一年级下册的语文课本中，有的是引导学生基于文本语境，联系生活实际进行表达的题目，如《一个接一个》，"想一想你有没有和'我'相似的经历，和同学说一说"；《一分钟》，"一分钟能做什么"。有的是要调动语言积累和知识储备进行表达的题目，如《端午粽》，"你知道端午节或粽子的故事吗"。有的是让学生尝试书面表达的题目，如《我多想去看看》，"以'我多想……'开头，写下自己的愿望"。

我们利用课后练习，注重将语文与生活实际相联系，将学生平时的真实生活顺利地向说话写话迁移。

在课堂上有了充分的语言交流，课后孩子们的写绘作品也格外精彩。

这样的"读写绘"结合一方面增加了学生口头表达的机会，有利于提高学生的想象能力和表达能力；另一方面，因为写绘是由课文而生，能有效地促进对课文的理解。

4.抓住生活中的写话点拓展升华。

部编版教材的课后练习重视联系学生的生活实际，着眼于积累语言、启发思维，培养语文实践能力。教材安排了与课堂学习内容密切相关的延伸、拓展的语文实践活动，旨在引导学生将课内学习获得的知识、能力和情感体验迁移运用于日常生活之中。这既是对课文的更深层次的理解，又能提高学生的读写水平。

叶圣陶先生说过："阅读是写作的基础。"没有阅读就没有表达。管建刚老师提出"阅读课指向写作"，给我们打开了新思路，在阅读课中教写话，教写作，以课文为依托，创设一定的情境，创造一定的条件，在阅读中积累、在阅读中模仿、在阅读中思考，对低年级的学生进行有目的的读写绘训练，将阅读教学与低年级的写话启蒙联系起来，实现"读写结合"，真正让学生"乐于说，乐于写"。

李老师一直主张简简单单教语文，主张语文课要教会孩子带着一支能写文章的笔上路，我想读写绘也是如此。在读写绘的尝试中，写绘作业是重要的呈现形式，亦是我们观察孩子的一扇窗，透过这扇窗，我们可以看到孩子描绘的真实成长曲线，一段快乐的成长篇章。不过，作业也只是呈现形式之一，除此之外，还有我们看不到的呈现，所以，我们会将此尝试更进一步地开展下去，让其成为孩子成长路上最坚实的阶梯。

# 小妙招，大不同
## ——我们教习作的五个简单方法

作文难，难于上青天！学生搜肠刮肚凑字数，太费劲；教师愁眉苦脸做批阅，太煎熬。一篇习作，难倒了学生和教师。真的有这么难吗？习作，其实没有大家想象得那么难，写什么，怎么写，没有那么多的花哨。我们小组的五位老师在教学习作时常常交流，总结经验，使用了以下五种方法，效果不错。

## 一、轻轻松松谈习作

第一印象很重要！还没上三年级，老师就忧心忡忡地告诫学生："要多读书，马上三年级了，就要写作文了。"家长千叮咛万嘱咐："快看看作文选，不然写不好作文。"学生还没有真正接触到习作的时候，就已经被周围紧张的氛围感染，视习作为洪水猛兽，唯恐避之不及。面对这样有压力的事情，还怎么能轻松面对呢？兴趣是最好的老师。在学生最初接触习作时，教师要有一颗平常心，轻松愉悦、开放不拘地谈作文，教作文。我们在教学写作之前，先给学生读一周自己的日记，记录的都是教室里发生的真事，用的都是学生的真名，每次读完一篇，我就告诉学生，这就是作文。通过这样的方式拉近学生与作文的距离，拉近习作与生活的距离，唤醒他们内心的言语本能，让他们有一种写作冲动，进而释放他们的天性，摆脱习作难的紧箍咒，让他们带着一支笔轻轻松松地走在习作的大道上。这才是习作的正确打开方式。

### 二、有的放矢读范文

"阅读是写作的基础"，没有大量的阅读为基础，要写出好文章是难以想象的。所以阅读对写作有促进作用，这是毋庸置疑的。然而现实是学生平时虽然读了很多书，但大多是囫囵吞枣，只关注读物幽默有趣的语言或者曲折离奇的故事情节，很少会深入地思考，也没有内化为自己的知识，提笔写作时往往黔驴技穷，不知道该怎么下笔。这时候就需要教师在学生写作文前有意识地引导学生阅读相关文章。例如，教学人教版四年级语文上册习作四《写写自己喜欢的动物》，我从单元阅读课教学开始，让阅读教学也指向写作，引导学生对比阅读《白鹅》和《白公鹅》，同样是写鹅，丰子恺笔下的白鹅"架子十足"，高傲得很；而叶·诺索夫笔下的白公鹅颇有将军范儿，同样是鹅，不同的作家从不同的角度写出了不同的神韵。老舍笔下的猫淘气可爱，母鸡慈爱勇敢，我还向学生推荐阅读他写的《小麻雀》《鸽》。同一位作家写不同的小动物，会用不同的表达方法。除此以外，我还推荐了法布尔的《昆虫记》。通过阅读一系列描写动物的文章，以读促写，能让学生站得更高，看得更远，想得更深入，为动笔做好铺垫。

### 三、言之有物说出来

不少学生觉得作文难写，难在无话可说，而生活中每个发育正常的孩子都能用语言表达自己的见解和需求。叶圣陶先生说过："写作就是用笔说话。"作文就是通过文字进行表达和交流。可见只要做好口头语言到书面语言的转化，习作就不是难事。所以动笔写作之前，我们会在习作指导课上指导学生围绕话题说一说。"说"的过程，本身就是一个语言规范训练的过程。学生在说的过程中，一方面说给别人听，一方面听别人说，大家在一起相互倾听，相互学习，围绕话题把自己要表达的意思讲述清楚，并在师生交流中不断修正自己的语言，厘清思路，使表达得体，具有感染力。在这个过程中，语言得到了训练。学生作文中经常会出现病句，有的甚至是东扯葫芦西扯瓢，前言不搭后语。这些毛病在"说"的过程中可以得到有效的纠正。先说后写，以说促写，在此基础上，进行写作，下笔才顺畅自如，有利于实现"易于动笔，乐于表达"的习作目标。

### 四、互改互批来找碴

有一段时间，班里的孩子都在玩"大家来找碴"的游戏，就是把两幅图中不相同的地方找到标出来，他们乐此不疲，每找到一处都兴奋不已。由此我想到了习作批改也可以借鉴此法。可能是当局者迷、旁观者清的缘故，学生对自己习作中错别字、病句往往视而不见，对别人的习作就不能将就了，睁大了眼睛来找碴。因此，互批互改是个好办法，能让学生乐于修改习作。每个人的习作都要请三位以上的同学来批改，为了让互改互批更有效率，我借鉴魏书生的办法，列出十条明确要求：格式是否正确，卷面是否整洁，错别字有几个，有几处病句，标点符号有几处明显错误，看文章的中心是否集中、新颖、深刻、准确，看文章的选材是否恰当，看文章的结构是否合理，看表达方式是否得体，看语言是否简练、流畅、深刻。在批改中程度相等的同学可以共同进步，学优生可以把学困生习作中的错别字、病句修改过来，而学困生又可以利用互评互改的机会，学习借鉴学优生的好文章，唤醒其写作的意识。文章不厌百回改，反复推敲佳句来，在彼此不断的批改、交流中，学生会把习作修改得更规范。

### 五、发表大作求点赞

夏丏尊先生指出，读者意识就是最大的写作技巧。管建刚老师结合自身的写作成长经历，提出比读者意识更重要的是发表意识。几乎每一个作者都期望自己的文字能见诸报端。发表，既表明作者的才华被认可，又象征着作者获得了公众言说的权利。小学生同样如此。为了给学生一个公开发表的园地，我申请了微信公众号，每次完成习作后，由我和班级组稿小组共同评选出最佳习作、最佳开头、最佳结尾、最佳书写、最美语句等，发表到班级公众号，推送给家长，请家长带着孩子阅读、点赞、评论。为了激发学生参与的热情，请获得点赞多的小朋友上台朗读自己的作品，并拍照上传到班级群、公众号，再评选"佳作之星"。学生得到认可，兴趣就会被调动起来，习作的难题自然迎刃而解。

在习作教学中，教师做到鼓励学生，理解学生，尊重学生，保护学生写作的热情，恰当使用一些小技巧，给学生可以支撑的杠杆，让学生真正能"我手写我心"，习作教学就不再是难事。

# 绘写童心的太阳
## ——《四个太阳》读写结合教学案例分析

工作室分层教研正在如火如荼地展开，各个小组分别开展磨课送教活动，大家都收获颇丰。不管是经验丰富的中高级教师准备微讲座，还是初级教师备研讨课，都精心准备，反复推敲，每一次活动前的筹划，活动后的反思，都是进步的阶梯。回想之前的课堂教学经历，犹在眼前，我不禁记下了以下的案例。

这是部编版一年级语文下册第二单元第四课《四个太阳》，讲述了一个小孩子画了四个不同的太阳，给人们带去欢乐的故事，从课文里我们能体会到主人公善良的心地和美好的心愿。教学中我带领学生学习字词、朗读感悟后设计了一个拓展延伸的环节——绘写太阳。

## 一、感悟四季的太阳

师：小画家给每个季节都送了一个太阳，你最喜欢哪个季节的太阳？为什么？

生：我最喜欢夏天绿绿的太阳，因为夏天很热，有个绿绿的太阳，能给人们带来清凉。

生：我最喜欢冬天红红的太阳，因为他温暖了小朋友冻伤的手和脸。

生：我最喜欢彩色的太阳，因为他是一个多彩的季节。

师：小画家画了四个太阳，分别送给了四季，画个绿太阳夏天真清凉，画个金太阳秋收瓜果香，画个红太阳冬天暖洋洋，画个彩色的太阳，真呀真漂亮。你觉得这位小画家是个什么样的孩子？

生：我觉得小画家是个好孩子。

生：我觉得小画家是个懂事的孩子。

生：我觉得小画家是个心地善良的孩子。他有一个美好的心愿。

师：是啊！不仅小画家有一个美好的心愿，我们大家都有美好的心愿，你想画个什么样的太阳？你想送给谁呀？赶快想一想吧。

## 二、绘写心中的太阳

师：现在你也是一个小画家，你心中的太阳是怎样的呢？

生：我想画一个粉红色的太阳，因为它可以把桃花姐姐变得更加漂亮！

生：我想画一个白色的太阳，这样它就不会把我堆的雪娃娃晒死了。

生：我想画一个香香的太阳，让太阳公公把我家门口的那条河变得香喷喷的。

生：我想画个红红的太阳，送给炎热的夏天，照进西瓜地里，让人们都吃上甜甜的大西瓜。

生：我想画个可爱的太阳，挂在游乐场的上空，小朋友开开心心地一起玩耍。

…………

师：小朋友们真了不起，老师真为你们感到骄傲，老师相信你们心中的太阳一定更加美丽。快把你们的画笔拿出来，画出你们心中最美的太阳，把你的心愿写在图画的旁边！老师希望你们的美好心愿都能实现！

（播放《种太阳》）

（生自由画画、写写）

（展示学生的绘写作品）

**案例分析：**

在课堂教学中，老师要时刻明确自己该扮演的角色。课程标准指出：学生是语文学习的主体，教师是学习活动的组织者和引导者。阅读教学是学生、教师、教科书编者、文本之间的对话过程。因此，老师要充分信任学生，要给学生自主阅读探究的时间，要让学生与文本充分交流之后，再与老师、同学集体交流。

在教学中，我从激发学生阅读兴趣入手，点拨学生想象画面，组织学生进行交流、体验、感悟，最后鼓励学生朗读、感悟。每个学生对文本的理解不一样，借助小画家画出的四个太阳，体会小画家美好的心愿，感受四季的美丽，以及对美好生活的向往。我深谙这样一个道理，那就是学生是阅读真正的主人，阅读是学生的个性化行为，要让学生在积极的思维和情感活动中加深理解和体验。

课程标准对第一学段写话的要求是："对写话有兴趣，留心周围的事物，写自己想说的话，写想象中的事物。在写话中乐于运用阅读和生活中学到的词语。"学习了《四个太阳》这篇课文后，小画家的童心让同龄的学生们惊叹不已，激发了他们表达的兴趣，课堂上一个个争先恐后地发言，他们也产生了自己动手来画画的想法。这时我就顺势引导学生自己来画一画，画出心中最想拥有的一个太阳，把美好的心愿画进自己的画里。因为有了说话练习做铺垫，学生写起来也得心应手。

整个课堂上气氛非常活跃，四十分钟悄悄地溜走了。学生学得轻松、学得快乐，学习力与创造力得到自由发挥，在不知不觉中提升了语文素养。

# 依据文本，聚焦主题
## ——部编版语文教材低段"1+X"主题阅读教学谈

在丰富多彩的"互联网+"时代，学生受到的诱惑越来越多，对纸质阅读形成了一定的冲击，传统的出版物阅读量相应下降。书籍是人类进步的阶梯，让学生多读书，是刻不容缓的大事。部编版教材总主编温儒敏教授更是指出："最好的阅读课是往外延伸的，部编版教材重视将阅读往课外延拓。"他建议中小学采取"1+X"的办法，即讲一篇课文，附加若干篇课外阅读的文章，将课外阅读纳入教学计划，鼓励学生根据兴趣自由挑选，进行个性化阅读。因此，在低年级阅读教学中教师要有主题阅读教学的意识，引导学生自主阅读，提高语文学习能力，提升语文综合素养。

以下，我将结合日常教学实践，谈谈如何在小学低段落实"1+X"主题阅读教学的要求。

### 一、钻研教材，依据学情定主题

一千个读者就有一千个哈姆雷特，这是见仁见智的事情。同一篇课文，可能有很多值得挖掘的主题。

主题阅读教学要想取得实效，就要以教材为起点，在深读教材的基础上，最大限度地开发可以利用的一切课程资源，达到教材解读的深度与高度，拓展教学内容的广度，充分发挥集体智慧，形成合力，使教学目标与教学内容的设定尽可能地趋于合理，使师生在教与学的过程中共同成长。基于这样的目标来确定主题，同一篇课文在不同学段不同班级能教的主题也不一样。以部编版教材二年级语文上册《狐假虎威》为例，短短的一篇课文，非常经典，值得挖掘的主题也很多，可以从文章体裁角度开发寓言主题，可以从故事内容角度开发"本领"主题，可以从朗读角度学习演课本剧，等等。我在备课时发现这篇课文的对话很多，结合班里学生写日记时经常出现的对话不会写、对话中标点不会用的实际情况，开发了学写对话主题。围绕老虎抓住狐狸时的三段对话（第二、三、四自然段），引导学生发现提示语的位置变化，学习分段。

依据学情确定主题，在上课之前教师就要从总体上考虑，做到心中有数，这就对备课提出了更高的要求：深度解读教材、精心设计教学过程。没有这样的过程，主题选择、教学内容的挖掘与组合无法深入，主题的统领作用、整合作用也就无法发挥。

### 二、立足课堂，细读文本悟主题

一个主题，就是一种思想，就是一种情感，就是学生的智慧世界。主题阅读是依托教材的有效拓展，在整合教材选文内容、活动内容、习作主题及丰富的课外课程资源的基础上，进行全盘考虑的单元整体备课和实施方略。教学的艺术，不在于告诉学生知道什么，而在于引导学生感知什么、体悟什么。细读就是仔细地读，慢慢地读。细读文本就是为了更好地引导学生立足文本，感悟文本，对文本所蕴含的丰富内涵进行充分挖掘。尊重文本，从文本出发，注重细节的解读和结构的分析，通过细致和反复的阅读，对文本蕴含的丰厚意蕴做出充分的阐释。特级教师于永正说："课文读懂了，方法也随之就有了。"把细读文本得到的感悟比作一粒粒珍珠，那么串在一起，形成课堂清晰的脉络和结构，就是主题了。面对部编版教材二年级语文上册《坐井观天》，我引导学生进行多种形式的朗读，自由读、指名读、男女生赛读、分角色朗读，学生几乎都能背诵了。通过各种朗读，学生发现文章中的对话很有特点，在交流反馈环节中，呈现了这样的课堂：

"老师，这篇文章中其实就是小鸟和青蛙的三次对话，但是三次对话的前提都不一样，第一句是问答，第二句是直接说，第三句是先笑再说。"

"老师，我现在知道了我在日记里只要遇到'说'这个字就会加冒号和双引号是错的，其实说后面如果没有说话内容是不需要加这个标点的。"

"我今天总算知道双引号的用法了，一个人说的话要全部放在双引号里，不能丢了。"

### 三、补充阅读，自主探究拓主题

清华附小窦桂梅校长认为，教学一节语文课，最需要厘清的问题是"教什么"和"怎么教"。"教什么"决定了语文课堂的"灵魂"，"怎么教"决定了语文课堂的"品质"。主题阅读教学旨在开阔儿童阅读视野，提升阅读审美。探索主题阅读的教学策略，目的就是"要重视培养学生广泛的阅读兴趣，扩大阅读面，增加阅读量，提高阅读品位。提倡少做题，多读书，好读书，读好书，读整本的书"，提升学生的语文核心素养。所以，教师在备课时要依托主题，从中清楚地捕捉到学生最想了解什么以及最需要了解什么。教师在此基础上精心挑选适合的阅读文本，能促进学生自我求知、自我探索、自我发展。教学时一篇课文的阅读元素有很多，如果教师能掌握这些元素，就会让学生产生强烈的阅读期待，并由一篇课文顺利过渡到整本书的阅读。学了部编版教材二年级语文上册《妈妈睡了》，围绕母爱的主题，我推荐学生再次阅读绘本《我妈妈》《猜猜我有多爱你》《妈妈的红沙发》，学生会发现妈妈无所不能的原因是因为爱孩子，在日常生活中，自己的妈妈也就是这样做的，让学生与课文中的小朋友产生共鸣：孩子爱妈妈，妈妈爱孩子。我们所做的主题阅读不同于"课外阅读"，它拓展的内容必须以主题为出发点，是教学内容的补充和延续。值得注意的是拓展阅读的内容终究是为了服务课堂教学，突出教学主题，不能为了拓展而拓展。

### 四、以读助写，读写结合炼主题

课程标准指出："语文课程致力于培养学生的语言文字运用能力，提升学生的综合素养""注重听说读写之间的有机联系""应该让学生多读多写，日积月累，在大量的语文实践中体会、把握运用语文的规律"。读书动笔，能够帮助记忆，加深理解，透彻把握书中精髓。主题阅读教学就是力图在一个主题的引领下，把多篇文章放在一起阅读，形成一个大语境，让学生学会在理解中运用，在运用中理解。

古人云："不动笔墨不读书。"刘勰《文心雕龙》讲"情动而辞发""披文以入情"，通过入情入境的文本阅读，激发学生的表达冲动，让学生有了表达的欲望，这时候再动笔，水到渠成。例如，教学部编版教材二年级语文上册《坐井观天》，引导学生关注文中精彩的人物对话，发现小鸟和青蛙各自说话的特点，厘清他们争论的原因：站的位置不同，视角也不一样。之后推荐学生阅读童话《五指争功》，让学生对各具性格特点的人物对话有了更深的认识。这时候再让他们写写青蛙跳出井口之后和小鸟的对话，他们能一气呵成。比如有个学生这样写：

青蛙从井里跳了出来。

小鸟说："看，天有这么大！"

青蛙张大嘴巴，说："啊，天比我想象得还要美。"

小鸟说："还有陆地上的花花草草和小动物。"

青蛙说："我要永远在这里待着。"

也有学生这样写：

青蛙跳出井，小鸟带它去其他地方。

小鸟带青蛙坐车去了城市，那里有许多高楼，青蛙说："真美！难道还有比这儿更美的地方吗？"

小鸟说："当然有啊，我带你去看看。"它们又去了公园，青蛙看见了许多花和草。

青蛙说："我好喜欢这里啊！"

通过学习课文，阅读课外例文，让学生对对话的主题认识更清晰，感悟更深刻。以读助写，通过写话练习，把知识内化为学生自己的语文素养，加深对主题的认识和理解。这正是主题阅读教学所追求的。

# 让"主题阅读"点亮语文课堂

几十年前，叶圣陶先生提出了精读、略读和参读相互配合的语文学习模式，强调无论是精读，还是略读，都要与参读这个环节相互配合。精读的文章只是个例子，数量有限，所以很有必要在学生学习精读文章之后，让他们再读一些与之相关的文章。这种参读的观点，实际上就是主题阅读意识，对我们当前的语文教学依然有十分重要的指导意义。清华附小窦桂梅老师一直高举主题教学的旗帜。部编版教材总主编温儒敏教授也建议教师采用"1+X"的办法，即讲一篇课文，阅读若干篇课外阅读的文章，目的就是拓展阅读面，增加阅读量。

语文课程致力于学生语文素养的形成与发展，而阅读是提升学生语文素养的基石。课程标准指出："要重视培养学生广泛的阅读兴趣，扩大阅读面，增加阅读量，提高阅读品味。提倡少做题，多读书，好读书，读好书，读整本的书。"当前我们使用的部编版语文教材选文精美，意蕴丰富，是需要精读，即"细磨细琢"的。但是课本选文毕竟很有限，这时候就需要采用主题阅读教学形式，以期达到教学效果事半功倍的目的。

## 一、让主题阅读促进理解感悟

过去有人曾说："数学是清清楚楚一条线，语文是模模糊糊一大片。"确实如此，如果只孤零零地进行一篇又一篇的阅读教学，就很难形成学生系统的知识结构，而主题阅读教学却可以弥补这方面的缺憾。

朱永新教授说："一个人的精神发育史就是他的阅读史，一个民族的精神境界取决于这个民族的阅读水平。"课堂中的精读教学主要教给学生阅读理解的基本技能和方法，而更全面地提升学生的阅读素养、理解能力则需通过开展广泛阅读来实现。主题阅读活动以主题为核心组织阅读材料，开展互动交流，体现合作学习、促进理解等理念，是提升学生阅读素养的有效方法。我在执教部编版教材二年级语文下册《大象的耳朵》一课时，设计了这样的教学环节。

师：大象为什么说"人家是人家，我是我"？

（生谈自己的理解，理解不是很透彻。）

师：每个人都有和别人不一样的地方。请你们再读读另外两篇文章《特别闹钟》《东施效颦》，也许会有所启发。

（学生阅读拓展材料，完成学习任务单。）

交流：特别闹钟"特别"表现在哪？阿笨猫为什么不能像小乌龟一样用特别闹钟？同样的走路姿势，为什么大家夸赞西施，却讨厌东施呢？请你劝劝东施。

通过补充阅读大量的课外材料，解答问题，使学生开阔视野、积聚知识，用更多的辅助事例来帮助学生理解本课的难点"人家是人家，我是我"，让不同能力层次的学生在相同的时间内都能获得不同的体验，逐渐形成自己独到的理解，效果明显。

## 二、让主题阅读增强阅读能力

主题阅读是一种高品质的阅读形态，旨在提高学生阅读的速度和质量，改变和优化人的思维方式，使阅读者享受阅读的快乐。主题阅读的内容非常丰富，所有适合儿童阅读的都可以读，既包括连续性文本，也包括非连续性文本。所以主题阅读教学立足于读，每节课阅读的量都很大，不仅是数量多，读得时间长，而且是有层次地阅读，根据不同的训练目标，设置不同的教学内容，教学效果也比较好。在这样的阅读训练中，学生的阅读能力可以得到不同程度的提升。例如教学老舍先生的《猫》，不单是要让学生抓住"老实""贪玩""尽职"几个词语去体会猫的性格特点，更要通过阅读文章，了解老舍先生作为一代人民艺术家，他的文学成就、他的语言风格。这时候可以适时引出老舍先生的《养花》《北京的春节》等散文名篇，在先生的文字中感受通俗雅致、朴实幽默的语言风格。对很多学有余力的学生还可以推荐阅读《骆驼祥子》《茶馆》等，书读得多了，语文素养自然会提升上去。

在大量的主题阅读中，学生运用语言文字的能力得到加强，听说读写的语文能力得到提升。

### 三、让主题阅读提高阅读兴趣

孔子曰："知之者不如好之者，好之者不如乐之者。"即兴趣是学习最好的老师。学生有了阅读兴趣，才能将"要我读"转化为"我要读"；学生有了阅读兴趣，才能从内心深处产生阅读的主动性；学生有了阅读兴趣，才会努力寻求阅读机会，从中获得阅读满足，产生愉悦的情感体验。因此，学生的阅读兴趣直接影响着阅读能力。因此，教师要想方设法培养孩子的阅读兴趣。主题阅读教学以兴趣为先，只有激发学生的阅读兴趣，使学生喜欢阅读，才能保证持续阅读的动力。课外阅读包含了很多方面的知识，对学生的知识储备有着很好的补充，并且还能提高学生语文学习的兴趣和热情，增加学生对语言文字的热爱，进一步丰富学生的知识储备，净化学生的心灵，这对学生语文素养、人文素养的提升与发展具有促进作用。

教学《蟋蟀的住宅》一文时，不仅要让学生了解蟋蟀洞穴的特点和修建过程，品味蟋蟀不随遇而安的执着、不辞辛苦的品质，还要引导学生认识法布尔，了解他创作《昆虫记》的经历，引读部分有趣的章节，激发学生阅读《昆虫记》原著的兴趣。只要阅读了整本《昆虫记》，不需要老师喋喋不休的分析和讲解，学生也能感受到法布尔在科学观察研究方面的才能，感受到他的人文精神以及对生命的无比热爱。

## 四、让主题阅读促成生本课堂

传统语文教学中，以教师讲解为主，学生只是被动地接受知识，导致部分学生觉得语文学科很枯燥。学生是学习的主人，课程标准强调："语文课程是实践性课程，应着重培养学生的语文实践能力，而培养这种能力的主要途径也应是语文实践。"因此，教育教学应该以每个学生的发展为本。主题阅读恰好可以改变传统的师生关系，改变课程结构，促成学生自主学习的生本课堂。因为在主题阅读的课堂中，每个学生都要花大量的时间进行有目的的阅读思考，一边读一边想，一边划线一边批注，掌握阅读的主动权，真正成为语文学习的主人。这样，学生成为语文课堂上的"主体"，主人翁意识得到提高，便于学生转换角色，带着兴趣与求知的欲望，主动去学习语文。接下来还要在老师的引导下有指向性地聊书，继续把讨论的发言权还给学生，老师在和同学聊书的过程中，可以适时的、有层次地引导学生，越聊越深入，越聊越逼近训练目标。教学时不拔高要求，不操之过急，静静地读，默默地想，师生一起享受阅读过程，呈现交流思考过程，实现意义建构过程，体现生本课堂的理念。

当然，主题阅读只是丰富多样的阅读形态中的一种，不是全部，不是唯一。主题阅读教学不能代替阅读教学，更不能覆盖语文教学，所以主题阅读不能取代教科书的教学，也不能取代讲读教学，但主题阅读是对教科书阅读的有益补充。

我们语文教师要持续推进儿童阅读，包括主题阅读，让学生能够在教科书之外阅读实践多一点，阅读能力强一点，阅读兴趣浓一点，既做教科书学习的引路人，又做儿童阅读、主题阅读的点灯人，让主题阅读点亮语文课堂。

►►► **分层学习　勤思善问**

## 从"悦读"到"阅读"

　　我们小组的很多活动都是依托课题"小学中低年级语文'1+X'主题阅读教学实践研究"来展开的，在查阅相关书籍时，我注意到"阅读"一词在某些场合被一个谐音的新词"悦读"所取代，尤其是随着自媒体的蓬勃发展，一些报刊、网站甚至宣传栏都将阅读专栏演变成了"悦读"栏目，例如"悦派书吧""悦读之星""悦读悦乐"，到了非"悦"不能读的地步。"悦读"的流行，究其原因，既有读者对阅读的一种新期待，又有从读中感受休闲娱乐的滋味。于是作者揣测着读者的心情写，媒体迎合着大众的口味编，"悦读"变成了一种消遣。在学校里，悦读也是迎合。为了让学生多阅读，老师可谓使尽浑身解数。阅读，似乎已经成了语文老师的单相思，你情他不愿。

　　书籍是智慧，阅读无疑是打开这扇智慧之门的钥匙。阅读对提高学生的表达能力、理解能力都有至关重要的作用。教师都意识到了阅读的价值，他们殚精竭虑地为学生挑选最合适、最营养、最有趣的书，绞尽脑汁地选择时机推荐给学生，然后还要领着读、看着读、赛着读，让家长陪着读，时刻注意调动学生的兴趣。他们所做的一切努力，美其名曰"悦读"。的确，在这样的氛围中，学生确实是读得很有劲，把共读的那本书也读得比较透彻了，可是共读的书毕竟数量有限，共读以外的书呢？

　　我认为，以外在激励为动力的阅读，不是真阅读。热热闹闹的悦读，各种新颖的读法，各种精巧的读书卡，"乱花渐欲迷人眼"，太多的妙招只会乱了学生的心思。真正的阅读是一个静下来的过程。阅读本身就能让人静下来，静下来才能潜心阅读。真正的阅读，给一本书就好，一页一页地翻，静静地读，慢慢地品。看完这一本，再看第二本、第三本……不需要精心设计，不需要物质或精神的刺激，静下来，一切都会好。

诚然，在学生阅读的起始阶段，外在的推动、刺激很重要，"悦读"确实是一种调动积极性的方法，但只是权宜之计，不宜长期使用。"悦读"依靠外在力量的推动，就不是自发的，没有内驱力，可以解一时之渴，不能解一世之乏。赛读也好，展示也罢，渐渐都会失去吸引力，也就没法刺激阅读了。教师要有源源不断的新点子，层出不穷的新花招，这个很难。所以，归根结底，"悦读"只是手段，学生自主阅读才是目的，可以从"悦读"开始，但终究还是要回归真正的阅读，那才是成长的过程。

朱永新教授说："一个人的读书史，就是他的精神发育史。"学生不仅要快乐地读米小圈，一本接一本地读马小跳，还应该读读小王子，读读小豆豆，想想故事后面蕴藏的道理。阅读不只是好玩的消遣，经常思考才能有收获。阅读不仅在于读，更在于思。越是感觉到艰难的阅读，收获越大。"学而不思则罔，思而不学则殆。"学生读书的过程必须是思考的过程。

不管怎样，阅读赏文始终是一件好事情，任何时候我们都要用一种虔诚而愉快的心情去接触、去品读，并争取读出一种赏心悦目的效果来，发自内心地享受读书赏文的真正之乐，让阅读变成一种生活方式。

## 背书引起的思考

翻翻崭新的部编版语文教材，发现不少课文都很熟悉，《比尾巴》《乌鸦喝水》都是耳熟能详的老课文，于是就想当然地照着"老皇历"教起来。我喜欢叫学生背书，尤其是低年级的学生，几乎每篇课文都要求背诵。我认为现在的学生比较浮躁，学习上缺乏主动性，只有要求背诵，才会认真拿起课本读课文，熟读成诵，既能巩固识字，也能培养他们的语感。可能有一些学生背不下来，我也不会强求，因为在练习背诵的过程中，至少会多读几遍课文。倘若不要求背诵，他们可能就更不愿意读课文了。我一直觉得这样做挺好，所以乐此不疲，直到那一晚，我翻看班级群里家长发的背书视频，才开始反思自己的做法。

一篇课文，大部分学生都能流利地背诵了，只是有些学生的语速语气还是不理想。正想着第二天上课时去纠正，我看见了小贝妈妈发的视频。视频里小贝正紧锁着眉头，气嘟嘟地背着课文，结结巴巴，偶尔还要停顿下来思考，圆圆的小脸上依稀还挂着泪珠。小贝背课文为什么会一脸委屈的模样呢？发生了什么，让她这样可怜兮兮的？我不禁思索起来。小贝妈妈发视频的时间是晚上九点四十分，孩子们学习了一天，早就应该休息了。小贝的妈妈我见过，是个很精明能干的女子。就像每个望子成龙的母亲一样，她对孩子的教育非常重视，有时可能也急于求成。我几乎可以想象得到小贝家那晚的场景：小贝在完成了其他作业后，时间已经不早了，却总是背不出这篇课文。她的妈妈在旁边陪着，一遍一遍检查仍不见效果，而班级群里其他家长不断发着背诵完成的视频。小贝妈妈越来越不耐烦，小贝还是磨磨蹭蹭的。妈妈开始责备了，于是就有了视频里梨花带雨的小贝。

小贝本是个活泼开朗的小女生，她会不会因为背不下来课文而不喜欢我这个老师，进而不喜欢语文这门课？因为学语文总是要背书，总是让她觉得压力大、不快乐。而这样辛苦的背诵到底能让她收获多少呢？还有多少像小贝这样的孩子呢？这样一想，我的心情在整个夜晚都格外沉重。

不久，我在上派中心学校参加了语文部编版教材的网络培训会，意外地解开了我的困惑。培训会上，专家不仅介绍了语文部编版教材的体系结构、内容编排、教学目标、主要特点，还给出了很多实用的建议。在最后的交流答疑环节，培训专家强调，课标在每个学段都对朗读做了具体的要求，到底怎么细化，怎么落实，需要我们一线老师去琢磨。大量的机械背诵极有可能抹杀孩子学习的积极性。孩子仅仅是为了完成作业，为了背课文而背课文，而不是真想记住，即使暂时记住了，过了作业那一关也很快就忘了。其实我们可以依照课后练习题的指向，引导孩子有针对性地去读，去记，去内化。要求朗读课文的，与其花费大量精力去背诵，不如琢磨怎样把课文读生动。比如《四个太阳》，课文语言很美，也有内在的规律，课堂上可以领着孩子反复朗读，读出画面感。然后结合课后习题，陪着孩子说说他想为每个季节画什么颜色的太阳，原因何在。在这样的交流中拓展孩子的思维，升华孩子阅读的体验，还能留出时间让他们画一画。这样的教学效果可能会比单纯的背诵更加让人满意。

小贝虽然背诵了课文，但是她抽泣的小脸一直让我内疚，留下的思考也是无尽的。培训过后，我们第三小组在交流群里彻夜长谈，交换对新教材的理解和感受，以及心得。在今后的教学中，我一定要认真领悟新教材的深刻内涵，将专家的建议与平时的教学实际相结合，关注学生的语文素养，切实用好这套崭新的部编版语文教科书。

## 宝剑锋从磨砺出
### ——读吴忠豪教授《关于磨课的几点思考》有感

我们工作室日常开展次数最多的集体活动就是磨课，磨课在反复的试教、推翻、再试教、再推翻中进行，既是一个学习、研究、实践的过程，更是提升业务水平、专业素养的过程，这过程痛并快乐着。虽说"条条大道通罗马"，但磨课却是教师专业成长的必经之路。每一次工作室有参赛或者送教任务时，大家都会在网上先约好时间，齐聚一堂，各抒己见，思路不断延伸，思维不断碰撞，教学环节越磨越清晰，课也越上越精彩。为了让磨课更有效，工作室设计了专门的《磨课记录表》《课堂观察表》，便于有针对性地观察和记录。读了吴忠豪教授的文章《关于磨课的几点思考》，让我对磨课有了更多的认识。那么，我们在磨课时磨什么？

### 一、要磨教学目标

设计一节课，首先要设计好教学目标，即这节课要教什么。在一篇课文中教什么语文知识，学习哪些方法，培养什么能力，需要教师依据学生的实际情况，自行选择并确定下来。如果课文有什么就教什么，不加取舍，面面俱到，必然是囫囵吞枣。因此，教学目标是磨课时必须仔细考虑的。对于不同的课例、不同的文体，要设计切合实际的教学目标。比如邹晨晨老师初次设计《彩色的梦》时把教学目标拟定为："理解课文，指导朗读；仿照课文第二、三节，采用比喻、排比等修辞手法，描绘一幅自己的梦境。"试教时老师讲得多，学生想得少，课堂节奏比较松散，仿照课文说话只能浅尝辄止，练写也没有足够的时间。课后，磨课小组的老师建议采用以读助写的形式，减少对文本内容的细致解析，增加朗读的时间，把目标调整为"指导朗读课文二、三节，仿写一个语段"。在后来的试教中，老师能把更多的时间留给学生说和写，学生呈现的作品也更多彩。由此，我知道了一堂课的教学目标不能设置过多，关键性的教学目标完成了，其他的教学目标也会水到渠成，力争让每一个学生在每一节课上都能有所收获。李老师经常说的"一课一得"也是这个道理。

## 二、要磨教学过程

一堂课有了明确的教学目标，接下来要解决的问题就是怎么教了。"怎么教"就是教学过程。课堂是一个充满活力的生命整体，面对的是一个个思维敏捷的个体。这个时候要处理好预设和生成的关系，课前要仔细地分析学情，做好预设，才能抓住课堂中精彩的生成。

关注课堂中的每个细节，力争为教学服务。课件是现在公开课教学中不可缺少的部分，优秀的课件有利于辅助教学，能更好地激发学生的学习兴趣。教学绘本《好饿的小蛇》时采用幕布遮挡的方法让学生猜猜后面的情节，激发阅读绘本的兴趣；教学《彩虹》时利用PPT自由路径功能创设搭起彩虹桥的情境，增加学生识字的乐趣。这些都起到了很好的教学效果。

通过磨课，我们可以发现自己在课堂上的一些无效提问，教态上的随意，环节处理上的草率等问题，所有的努力最终都是为了让学生受益，让自己的业务水平更快提升。

## 三、要磨课的语文味

语文课要关注学生语文素养的提升，着眼于学生语文能力的增强，不能上成了品德课、科学课。这就得让课堂有语文味。一节课要想做到语文味十足，必须在课前钻研教材、吃透教材，要有语文的要素，即字、词、句、段、篇，听、说、读、写、书。这是磨课的关键。吴忠豪教授在《关于磨课的几点思考》中写道："用课文来教学生学习语文，才能真正体现语文课程的性质，体现语文工具性与人文性统一的特点。"丁向鸣老师教部编版一年级语文下册"语文园地六"，经过集体磨课，他把重点落在培养学生的核心素养，加强对听说读写能力的训练上。首先创设情境，学习生字词语，再由"牵牛""织女"和小女孩听奶奶讲故事的插图，引入民间故事《牛郎织女》，在识字教学中渗透阅读能力的培养，体现着温儒敏教授"1+X"拓展阅读的新理念，也符合吴忠豪教授"用课文来教学生学语文"的理念。

磨课，一个"磨"字体现了其中的反反复复和字斟句酌，道出了其中的艰辛和汗水，每一次磨课之后总是能有收获的，教师就是在这样一次次磨炼中成熟起来的。一次次地试教，一次次地推翻，一次次地反思，一次次地收获，我们正是在"磨课"的过程中，在困苦与彷徨中，在希望与欣赏中，去经历，去收获，去成长。

# 习作有多难

据说有位作家专门写了一副对联，形容孩子们写作时的情景，上联：苦坐苦等苦思苦想苦茶入口苦不堪言；下联：愁纲愁线愁情愁理愁眉苦脸愁断肝肠；横批：写不出来。对孩子们而言，作文有多难，由此可见一斑。

其实，被习作整得愁肠百结的又岂止孩子们呢？大部分的语文老师也是如此，为教作文发愁，为改作文发愁。我们办公室里都是语文老师，每个人的办公桌上总是压了一座又一座的大山，每天愁眉苦脸地批阅，犹如愚公移山，搬山不止，日复一日。大家总是抱怨，作文难，难于上青天！这样苦恼的事情摊到自己头上，真是苦不堪言。

正当我愁眉不展的时候，工作室的分层作业出来了，推荐我们阅读名家谈作文集锦《如何走出小学作文教学的误区》，拜读数遍后虽不能领略全部的精髓，但是也有了醍醐灌顶的感觉，仿佛暗夜里的一点星光，又似沙漠里的一泓清泉。原来习作本身不是恶狼猛虎，之所以人人生畏，还是因为没有摆正心态，没有寻到良方。

福建师范大学文学院潘新和教授认为，只要恰当处理好三对矛盾的关系，帮助孩子们形成正确的写作观念，养成良好的写作习惯，作文教学必然会成为老师、学生喜闻乐见的趣事，而不再是头疼的老大难问题了。

首先是"真写"与"假写"的矛盾。潘教授在文章里提出了很多新颖的观点，直接指出了我们在习作教学中的种种弊端，其实我们深知这些弊端，有时候却无能为力，或者说是懒得改变。他认为写作不需要命题，不需要审题，长期以来语文教学中的言语表现基本上都是"假"表现。确实如此！课程标准指出，"加强平时练笔指导，改进作文命题方式，提倡学生自主选题"。初读到此，我很不以为然，我以为我们的学生还是在应试教育的背景下，他们要考试，家长要分数，万一习惯了天马行空的写作方式，不审题，信马由缰，出了问题谁负责？仔细研读，才慢慢明白，学生写作能力是语文素养的综合体现，一个孩子写作能力很强，那么他的阅读能力和思维能力也会很出色。

其次是"放胆"与"小心"的矛盾。小学生初学写作，重要的是培养兴趣和树立信心，要让他们从写作中感受到运用语言表达的乐趣，使他们热爱写作。要做到这些，最好的办法就是为他们创造一个尽可能宽松舒畅的写作环境，让他们写"天性之文""禀赋之文""随心所欲之文"，写自己真话、实话、心里话。对比一下，平时我们总是在学生习作之前就已经找好范文、写好"下水文"，甚至把习作框架抄在黑板上，留几条横线。学生写作文就是顺着老师的思路想些素材和句子，填在空里，其结果是千人一面。学生很烦，我们很累。诚然，细致的写作指导或仿写，对初学写作的低段学生练基本功很有好处，但是培养写作兴趣，锻炼写作能力，还需写放胆文。

最后是"习作"与"发表"的矛盾。写作是运用语言文字进行表达和交流的重要方式，本质上是为了交流。特级教师管建刚认为绝大部分学生写作时是缺乏读者意识的，即"无读者写作"。在这样的读写观下，学生既失去了能动介入解读的思想的乐趣，也没能品尝到写作中创设情境的喜悦。我想起了小时候发表一篇作文时的快乐。那是一篇写母亲的小练笔，发表在《作文报》上，我至今记忆犹新。也是那篇练笔，激起了我对语文的热爱，对文字的热情，甚至后来还学了汉语言专业，当了语文老师。而现在，我深深地感到惭愧，走上讲台以后，自己只是拼命让孩子们写，单元习作、日记、周记、作文的苦难如影随形。孩子们搜肠刮肚，我也疲于应付，多不应该啊！一次发表的机会，带给孩子的鼓励会超出想象。夏丏尊先生认为，读者意识就是最大的写作技巧。如果学生写作时能有读者意识，写作技巧问题也就迎刃而解。我想，我知道以后自己在习作教学中应该努力的方向了。

世上无难事，只怕有心人。无论是教师，还是学生，慢慢想，坚持写，写作也没有想象中那么难，静下心来，一切都会好。

# 向青草更青处漫溯
## ——我的习作教学之路

都说"得作文者得语文"，习作教学是每个语文老师都避不开、绕不过的坎，比如我自己，想做好，却总是达不到，心有余而力不足，常暗自嗟叹。回顾加入工作室以来的作文教学之路，跟随李老师，跟随团队研修习作教学，并在教学实践中摸爬滚打，虽然一路坎坷崎岖，跌跌撞撞，到底因领衔人的悉心引领不曾迷失了方向。

### 一、黑云压城城欲摧

初入教坛时我是踌躇满志的。那时候我刚刚从学校毕业，还是个喜欢写几个字的文艺小青年，对新工作充满热情，充满期待，每天一遍遍翻看教参，阅读文本，在教本上密密麻麻地记下重要的知识点，读文识字，品词析句，面面俱到，乐此不疲。当时我接手的是四年级，孩子们个头都挺高，让我忽视了他们只是四年级的孩子，各种能力都是有限的，需要我不断引导和训练。这个疏忽让我在教完第一单元后就大受打击。在学完了《观潮》《雅鲁藏布大峡谷》等几篇描写自然奇观的写景文章后，教材安排了相关的任务：写一篇习作，介绍自己游览过或了解的一处自然景观。在我简单地描述写作要求后，学生就开始动笔了。我以为这是水到渠成的事情：刚刚才学了几篇写景文章，也详细讲解了作者的写作手法和技巧，写这样一篇文章难道还是难事吗？然而，孩子们交上来的习作让我大惊失色：干瘪空洞的几句话，没有景物，没有情感。

后来我学会了"范文引路"。学生都配有一本《同步作文》，我让孩子们多读读里面的例文，学学人家的写法。结果，习作是写得长了，辞藻优美了，然而四十多本作文却长着一样的面孔。

我尴尬极了，自以为教得够细致，够具体，孩子们的反馈却给我当头一棒。是啊，我当时所在的学校是实实在在的乡下，孩子们几乎都没有跨出过我们生活的小村庄，没有游览过自然景观，阅读面很狭窄，能阅读到的课外书少之又少。这样的情况下，我没有带着他们观察身边的田园风光，没有领着他们感悟乡间的清幽乐趣，出现这样的结果，我羞愧难当。一时间，我束手无策，心里却倍感压力。原来的雄心勃勃变成了一腔忧愁，化不掉，理不开。

## 二、也傍桑阴学种瓜

开始跟随李老师学习时，其实并不知道她是作文教学方面的专家。走进了工作室的大家庭，才明白自己是误打误撞走对了路。李老师一直倡导简简单单教语文，扎扎实实教写作，并且有许多非常成熟的课例可供参考，比如，我欣赏过余姐老师执教的《记一次体验活动》，课堂上让孩子做一做独臂穿衣的游戏，说一说观察到的有趣镜头，然后才动笔去写游戏的过程，真正是做到了让学生"易于动笔，乐于表达"。还有余姐老师执教的《颜色词是彩笔》，李敏老师的《看新闻，写报道》，程晖云老师的《我喜欢的水果》等课例，都给我留下了深刻的印象。我开始依葫芦画瓢，仿照独臂穿衣的做法，我带着孩子们做了蒙眼画鼻子的游戏，孩子们亲自体验，现场观察，及时交流，写出来的习作言之有物，确实生动不少。我还模仿着工作室"以说助写"的习作模式设计了《妈妈的爱》《奇妙的动物世界》等习作课，效果也都不错。

现在我教一年级，又开始翻阅李老师的空间，模仿她读写画的训练方法，挖掘阅读课的写话训练点，培养学生的写话能力。比如学习了《四个太阳》，我们就在课堂上展开讨论：你想画个什么样子的太阳？送给谁？有了语言表达的铺垫后，孩子们当堂就完成了自己的大作，孩子们写道："我画了红红的太阳，送给高山、大树、小草，到处都很温暖。""我画了个可爱的太阳，挂在游乐场的上空，小朋友们开开心心地一起玩耍。"

### 三、千磨万击还坚韧

我深知探索习作教学的路漫长又曲折，不是我模仿就能走远的，唯有不断学习，不断反思，逐步充实自己，才能走得更远一些，才能走得更稳一些。有人说，要给学生一碗水，教师要有一桶水，我想，教写作也是如此。让学生学写作文，教师要自己能写"下水文"，体会写作的甘苦，发现问题，及时指导学生。在习作讲评时对教师的要求更高，教师的知识面要尽可能地开阔，思维要敏捷，善于捕捉学生习作中的闪光点，及时给学生正确积极的反馈。如此看来，教师有一桶水都不够了，应该要有一潭水，一潭清清的活水。

如今虽然日常的教学工作还是很忙，家里的杂事也不少，但是我跟随工作室学习的决心不曾受到半点影响。在这个团队中，大家都有共同的信念，"小语情怀，分享共进"的理念不仅挂在工作室的墙上，更萦绕在每个人的心头。携一支粉笔作篙，向着青草更青处漫溯，但愿能在习作教学这条路上，"千淘万漉虽辛苦，吹尽狂沙始到金"吧。

## 一个了不起的人
### ——读《一路走来，春暖花开》有感

李老师的又一新作《一路走来，春暖花开》出版了，我欣喜若狂，赶紧取来拜读。首先映入眼帘的是这本书的封面，浅浅的绿和灰相伴，三支粉色的花浅浅地开放，不觉间仿佛暗香涌动，清新淡雅，就如李老师平日和蔼可亲的笑容；而沉甸甸的分量，恰似李老师厚实的人生、扎实又渊博的学识，需我倾尽一生去读去体味。翻开封面，有李老师的肖像，下面是李老师的简介，每一种称谓都让人羡慕不已，每一种称谓都来之不易。骄人的成绩背后，是李老师十年如一日的艰辛付出。李老师的新作《一路走

来，春暖花开》，八个篇章，一百一十二篇美文，篇篇发自肺腑，字字引人入胜。掩卷沉思，我才明白李老师能从千千万万小学教师中脱颖而出，成为耀眼的特级教师，成为闻名遐迩的江淮名师，是那么理所当然，那么实至名归。

## 一、她有咬定青山不放松的韧劲

《竹石》中那株"咬定青山不放松，立根原在破岩中"的翠竹，既顽强又执着，正是李老师的真实写照。翻看书中李老师求学的经历，就是一部励志向上的人生指南，看着看着就热血沸腾，刷新了我对李老师的认识。我身边有很多比我略年长的同事，参加工作后通过自考或函授，取得大专学历，也有许多年轻一点的还会考个本科证书，这样当个小学老师就足够了。李老师是师范中专出身，也曾走过和大多数老师一样的学历提升之路，只是在别人都自以为非常圆满之后，她并不止步，而是选择了继续深造——考硕士。这时候的李老师是上有老、下有小，是教了十多年的语文老师，还是一个学校的校长，里里外外都有理不清、做不完的事情牵绊着她。但是李老师依旧认准了方向，坚持不懈地为此而努力。李老师说自己是零起点学英语考硕士，这个我相信，且不说他们那时候的师范生不要求学英语，就是我这个曾勉强通过四六级考试的人在当了几年小学语文老师后，也把曾经背过的单词、语法统统忘个一干二净，现在若说考英语，真是想都不敢想。而李老师通过了，考上了，毕业了，李老师吃的苦可想而知，我仿佛看见无数个夜晚，她在结束一天繁重的工作后匆匆回到家，安顿好孩子，处理完家务，已是夜深人静，才拖着疲惫不堪的身子坐到书桌前，学英语，做试卷。

做一件事不难，难的是坚持不懈地把一件平凡的事情做好，继而成为不平凡。以前我看李老师的博客，几乎日日更新，不是转载，而是一字一字敲出来的原创，有对课堂生成的记录，有对师生日常的描写，也有备课学习的反思，还有许许多多学生的作品。后来，李老师与时俱进，把战场转移到QQ空间、微信朋友圈，不管在哪里，读李老师的文字都是一种享受，不知不觉中获得真切的启发。

李老师做的事情看起来很平凡、很普通，身边很多人都做过，但往往是兴之所至，浅尝辄止，如李老师这样无论酷暑严寒，年复一年，日复一日，坚持到底的人少之又少，她在序言中自谦地说自己是"太较真、太教条"，我想正是这"较真"成就了李老师的辉煌。

## 二、她有呕心沥血育新苗的坚守

我们办公室的老师常常聚在一起"倒苦水"，抱怨班主任工作累，不胜其烦。读着李老师的这本新书，想想李老师的那些朋友圈，对孩子们满是欣赏，满是自豪的言语，真是不得不暗自惭愧。现在李老师已经是远近闻名的名师了，邀请她讲学做报告的比比皆是，还要参加各种研讨会、报告会，她自己还要做研究、做课题，带着学校里的团队、学校外的徒弟，事情繁杂。按理说她是可以申请减少一些工作的，但是她一直坚持带一个班的语文课和班主任。她一直在这所城乡接合部的学校，家长文化程度不高，班里的孩子要么是爸妈托管在小饭桌的，要么是爷爷奶奶带的留守儿童，甚至也有一些爹不疼妈不爱的特殊孩子。李老师正是在这样的环境下，采用了很多方法，注重培养孩子良好的学习习惯，引导家长参与到孩子的教育中。他们班孩子的每日晨练、抽签调位、作文评改，都是我效仿的目标。她会在假期里一家一家的家访，看看孩子们的学习环境，看看小书桌、小书架；会在工作之余给家长写信，给家长最关心、最苦恼的育儿问题支招。她真心的付出，温暖着家长的心。

在她的眼中，每个孩子都是一朵待开的花，都值得关注呵护。李老师的眼睛从不忽视任何一个孩子的进步，也不放过任何一个掉队的娃娃，书中写到的卫杰、多多，还有我在她朋友圈里认识的熙熙，都属于问题家庭产生的问题儿童，身上有着这样那样的坏习惯，简直到了不可救药的地步。李老师不抛弃不放弃，她知道摇头叹息是没有意义的，而是耐心地引导，悉心地照料，渐渐唤醒孩子积极向上的心。就说熙熙吧，李老师像妈妈一样，给她洗手洗头，修剪指甲，督促写作业，即便是外出开会，无论多晚多远，李老师也尽力争取赶回办公室，只为检查一下熙熙的作业。两年来，熙熙的字越写越工整，脸上的笑容越来越灿烂，李老师也很高兴。

在李老师的"一亩三分地"里，她会为杭大小姐的文章发表而激动兴奋，会为多多妈的粗暴冷漠而忧伤无奈，会为即将转学的孩子忧心忡忡，化成文字，写成篇章，我读到了她的真心与坚持，悟到了她对教育的热情和坚守，她的文字留给我很多思考，更多的是感动。

### 三、她有化作春泥更护花的情怀

以前我以为，当个小学老师，只要评过"小高"就可以高枕无忧，坐等退休了，上班批批作业教教书，下班看看小说散散步，那时身边的不少老同事也确实是这样说这样做的，日子过得也惬意。但李老师刷新了我的认识。还没认识李老师的时候，就听说李老师是本县小学老师里的"中高"了，后来李老师接连评上了特级教师、正高级教师，成为小语界令人瞩目的明星。但是李老师仍然没有停下来，她依旧活力满满地投入到每一项工作中。

她把先进的教学理念应用到教学中，关注学生的个体差异，关注学生的多元发展，培养学生听说读写的核心素养，让自己班的五十多个孩子快乐学习健康成长。她经常组织同年级组老师集体备课，组织绘本社团，让更多的孩子受益。她带着团队搞教研做课题，为每一节研讨课出谋划策，为每一次活动殚精竭虑，为每一位老师的进步由衷高兴。有时候她甚至不是课题负责人，却义不容辞地担任着负责人的角色，低调做事，默默奉献，这可不就是一种化作春泥更护花的教育情怀吗?

我是因加入李老师的工作室才和李老师结缘的。回想当初，我误打误撞地结识了李老师，那时候我是绝对的"菜鸟"，没有接触过单位以外的老师，和李老师这样的名师讲话都脸红，犯哆嗦，课堂教学更是一塌糊涂。但是李老师没有嫌弃我。去送教时，即便我漏洞百出，她仍然是和颜悦色地鼓励我，提出中肯的建议，希望我能有进步。去年我评职称时，李老师带着我对照评选标准一条一条分析，帮我整理材料，深夜还为我找材料补充。我感激得不知怎么表达，她却微微一笑："没什么，咱们工作室都是一家人。"当时还有其他学科的老师也慕名前来，请她指导，她都耐心细致地一一解答，从不厌烦。如今工作室里有了更多的新面孔，有的不是她学校的，她也毫无保留地指导，关心着大家的专业成长，督促着大家的专业发展。"小语情怀，分享共进"，一直是她孜孜不倦的追求。

### 四、她有为君洗手做羹汤的心境

李老师是我们这个二十多人大团队的领衔人，指导着团队中每位青年教师的专业发展；她是学校的骨干力量，带着学校教研组开展着如火如荼的教研活动；她是一个班级五十多个孩子的班主任和语文老师，无微不至地关注着每个孩子的成长。刚认识李老师的时候，她还是一位贴心妈妈，每日驱车八十公里，往返数趟，只为让读高中的女儿吃上妈妈牌午餐。我当时很惊讶，从放学到赶回家，准备几样饭菜，还要给孩子留出午休的时间，这是什么样的超人才能完成的呀？李老师只是微笑。我想她不仅是做事麻利，合理统筹时间也是一个秘诀。

如今李老师经常会分享一些生活日常，如一顿荤素搭配的午餐、一场合家观看的影片，写写与公婆的相处之道、与女儿的温馨日常、陪先生小酌两杯的情调，每一张照片都透出她作为主妇的快乐，每一段文字都蕴含生活的哲理。既能挽袖剪花枝，又愿洗手做羹汤，这才是李老师这位特级教师的真实迷人风采。李老师总是告诫我们，工作要做好，家庭也要照顾好，每一个角色都要做到最好。她自己就是这样的，每个角色都演绎得几近完美。

《道德经》中说，"上善若水，水善利万物而不争"。最善的人好像水一样，能够滋润万物而不图回报。李老师就是如此。人生是一场旅行，"一路走来，春暖花开"，很幸福，因为读完的不仅是一本书，还有李老师的谆谆教诲。

## ▶▶▶ 分层展示　且悟且进

## 高店送教记事

自从担任我们小组的小组长，我就觉得任重道远，压力山大。承担了任务，就不能像原先那样，必须得脚踏实地地干事情了。我们小组以前承担过一次送教任务，在肥光小学开展一次活动。当时我懵懵懂懂，那时候李老师即便远在淮南，也不辞辛苦地远程提携着我做事。我们小组马上又有两次送教任务，每次都是一节课加微讲座，两次活动的间隔时间很短，所以我们把两节课放在一起打磨。

清明假期，我们分头准备各自的教学设计，假期结束就开始网上研讨。邹晨晨选的课是部编版二年级语文下册《彩色的梦》。晨晨对读写结合这种模式还不是很熟悉，起先是感觉无从下手，但是她特别勤奋，又聪明，在群里虚心地请教其他老师，很快写出了自己的教学设计。最了不起的是杨丽，我原以为她会用刚刚打磨过的识字课《中国美食》来完成送教的任务，因为那节课是李老师携全体成员一起磨的课，是极具设计感的一节课。可是，她希望不断地挑战自我，突破自我。于是她又在小组群里上传了部编版二年级语文下册的写话课《半个鸡蛋壳》的设计，诚恳地请大家给她出出主意。

当我们风尘仆仆地赶到高店中心学校时，偌大的崭新的校园，静悄悄的，电子屏上赫然滚动着热情的标语："热烈欢迎李亚玲名师工作室莅临我校指导工作！"高店老师的热情已然扑面而来。

果然下午的活动很隆重，很充实，不仅他们本校的语文老师参与，还有村小老师、家长代表，教室后面听课的人挤得满满当当的。高店学校的李德兵老师首先执教了部编版教材二年级语文下册的一首古诗《村居》。李老师准备得很精心，上课前我陪杨丽老师去教室试课件时，就隐约看见黑板上留下的印记，恰与课上李老师呈现的板书是一致的，才恍然大悟。像这样反复斟酌板书的事情，一般是我这样初出茅庐心里没底的新手才干的事情，李老师据说"中高"都评过了，还如此用心，确实是对活动非常重视。给我留下深刻印象的是，他在识字环节介绍了"五味识字法"，我在网上查了一下，没有相关词条，可是李老师讲得颇有意思，孩子们听得也很有兴趣，应该是很费了心思的探索，让人敬佩。杨丽老师的课非常沉着稳重，不疾不徐，是她一贯的风格。当时，两节公开课在同一个班级上，又是下午，明显觉得孩子们是有些疲惫的。所以当杨丽老师在课堂上卖力地引导孩子观察第一幅插图时，孩子处于启而不发的状态，且杨丽老师在前一天晚上还对课上的环节进行了微调，没有试上过，有些提问抛下去没有回应。好在杨丽老师沉稳，依旧慢慢引导，逐渐有了些好转。当然这个过程也耗费了不少时间，导致后来留给孩子们写的时间比较少，展示评议也只好浅尝辄止。每一节课即便精心准备，也总有一些缺憾，想来这样才恰如我们平常真实的课堂吧。

两节课后，我们转到会议室，我完成了读写绘的微讲座，大约十五分钟，这却是我准备了很多天的结果。这学期我开始学习李老师，让孩子们在学习课文后既话又画，不少孩子还处于迷糊的状态，不过也有不少作品能让我眼前一亮，这次恰好能用在微讲座的PPT上。为了丰富种类，丁向鸣老师也给我提供了很多资料，总算是完成了任务。

回程的路途上，大家的心情都格外轻松。闲聊着路边的风景，讨论着下次的活动安排，杨丽老师还一遍一遍地要求大家再说说她那节课的缺点，全然忘记了辛苦。真是一群越工作越快乐的人啊！

## 轻叩部编版教材读写结合之门

伴着酷暑来袭，暑假也如期而至。回想这一个学期，我在耕作班级的一亩三分地以外，有幸被李老师委以重任，担任工作室第三小组的组长，给我学习和锻炼的机会。虽然忙碌了一些，心中有时也会惶恐不安，但是感触非常深刻，可谓是收获颇丰。

### 一、团队协作共成长

本学期我们小组承担了三次县内送教任务，每次送教都是采用工作室常用模式 —— 一节研讨课+微讲座+评议课的形式。虽然有李老师大力支持，但是具体筹备每一次活动，都有许多事情需要逐个击破。好在小组五个伙伴都非常支持，非常同心，任何问题都能迎刃而解。年轻的邹晨晨老师要去防虎学校送教，她选的课是部编版二年级语文下册《彩色的梦》。王飞老师细心地提醒道："李老师刚刚上过，你可以在她空间里学学她的设计和心得。"晨晨很快写出了自己的教学设计。还记得那天我们约在桃花二小磨课，因为当天突然下雨，二小临时改了作息时间，导致我们上完两节课，已经十一点多了，我们忘记了吃饭，忘记了回家。几位小伙伴都坦诚相待，说者头头是道，听者也不介意，反而认真记录。后来这节课送到防虎学校，紧凑的教学环节设计、有效的课堂说话指导、积极的学生当堂反馈，都受到当地老师的欢迎。

## 二、严格要求促提升

我们小组共有五位小伙伴，来了任务，大家从不推诿，反而很珍惜每一次的锻炼机会。从接受任务开始，就提前构思，精心选课，设计教学环节，在网上集体打磨教案，现场磨课，磨讲座，不断修改、完善，严格要求自己，争取做到胸有成竹、突破自我。最敢挑战自我的是丁向鸣老师，他选了部编版一年级语文下册的"语文园地六"，这是教材中很基础的单元知识点归纳，很重要，但是怎么教却很少有老师关注，一般老师都不会在公开课教学时挑战。但是丁向鸣老师独辟蹊径，践行主题教学的理念，把"识字加油站"和"展示台"作为一课时的教学内容，创设了"美丽的夏夜"情境，词串教学更加灵动，由夏天的美食过渡到食品包装袋认字，让学生把识字和说话训练联系了起来，学得轻松又扎实。丁向鸣老师在西校区执教这一课时镇定自若，完全不见最初磨课时的忐忑不安，受到了听课老师的一致好评。

三轮送教之后，伙伴们都如释重负，毕竟一番摸爬滚打，心中对部编版教材读写说结合的教学法也有了许多新的认识和理解。

## 三、站稳课堂求实效

我们组几个小伙伴都很年轻，在工作中兢兢业业，力求迅速站稳讲台，成为孩子喜欢、家长认可的好老师。毕竟公开课教学展示的是成果，是集体智慧，每一节课例都精心打磨，每一个细节都是反复推敲的。在日常教学中，我们要立足课堂，站稳讲台，就要深入备课，多思考，多尝试，积累教学经验，在日常教学中磨砺基本功，让日常教学成为公开展示课的

"源头活水"。每次磨课聚到一起，我们都不舍得浪费一点时间，在等待上课的间隙，小伙伴们往往会交流带班的心得：杨丽老师的禾苗班互帮互助，共同进步，良好的班风成为我们学习的楷模；丁向鸣老师推行的班级绘本阅读、喜马拉雅App打卡讲故事也给了我很大启发。如今我班级的孩子每日都能读一个故事，写一句心里话，读写绘也越做越有模有样了。

### 四、课题开路谋发展

我们小组半年来都围绕工作室设定的方向——部编版教材读写说结合的训练，不断研读教材，力争把这一目标落实到课堂实践中。一个个课例都按照"选课—备课—上课—评课—改进"的程序，循环往复，我们集思广益，收获着，充实着，但是我们并不满足。我们小组递交了"小学中低年级语文'1+X'主题阅读教学实践研究"的课题申请书，并顺利立项，至此我们小组的研究方向更加明确，研究内容更加具体。今后将以课题为抓手，不断阅读相关书籍，提高教育理论的水平，在日常教学实践中，常反思，勤动笔，为课题研究积累素材。希望能通过做好这个课题，带动小组内每一位老师的专业发展，让更多的孩子从中受益。

接触语文部编版教材一年，在团队中学习有收获，但仍有很多不足，希望今后能和小伙伴们一起把读写结合做得更得心应手，为提升孩子们的语文素养助力加油。

## 用好课后练习，让读写说训练有的放矢

这学期，我们一年级都用上了崭新的部编版语文教材，这套教材守正、创新，不仅选文精美，编排独具匠心，更是聚焦"语用"，增强了语文学习的趣味性、实用性，突出了语文课程的核心目标——学习语言文字运用，提升学生语文素养。部编版教材重新确定语文教学的知识体系，落实那些体现语文核心素养的知识点、能力点，让课程内容目标体现的线索清晰，各个学段、年级、单元的教学要点清晰。这样一本教材，值得钻研、挖掘

的训练点特别多，该如何去落实呢？部编版教材总主编温儒敏教授给语文老师开出了三剂良方：一是重新学习研究语文课程标准，了解掌握其中对各个学段内容目标的要求，特别是知识和能力的要求。二是参考教师用书所建议的语文知识点和能力点，与课标要求相对照，互为补充。三是仔细研究这些"要点"如何分布到各个单元和每一课，并且有梯度、螺旋式提升的。顺着温先生的指引，我们第三小组在备课时注意到，课后练习题是教材编者针对篇、章、节特点设置的知识要点、能力训练点和教学的重难点，是学生学习过程中落实基础、提升能力的前沿阵地，也是教师备课时的指南针。我们认为在教学中充分利用课后练习来设计教学，能达到提升学生读、写、说能力的目标。

**一、钻研课后练习，精准定位"读"**

课程标准对朗读教学非常重视，四个学段目标的阅读部分都率先强调："能用普通话正确、流利、有感情地朗读课文"。在教学建议部分也提出："各个学段的阅读教学都要重视朗读和默读"。在评价建议中还强调："评价学生的朗读，可从语音、语调和语气等方面进行综合考查，评价"有感情地朗读"，要以对内容的理解与把握为基础，要防止矫情做作。"可见，朗读被认为是贯穿于整个义务教育阶段的最重要的教学方法，与理解、把握、体验、领悟等密不可分，是从属于感悟、积累和运用语言的语文实践活动。

1.体现学段目标，读得有梯度。

"读"是理解课文的有效手段。"书读百遍，其义自见"，是亘古不变的读书方法。朗读还有一种作用就是培养语感，崔峦教授明确地提出："在朗读中培养语感，在默读中培养提出问题的能力。"部编版教材对"读"的训练安排非常有梯度和层次，针对不同课文的特点，提出不同的读书要求。这在课后练习题中体现得特别明显。我们小组在研究这套新的教材时专门对课后练习中朗读这方面的要求做了梳理。如一年级上册第1课《秋天》在一篇课文中出现了"一"字的三种读音，于是这一课的课后练习就有针对性地提出"朗读课文，注意'一'字的不同读音"，将"读好课文"的重点放在根据语境读准"一"字的变调。依据这项练习，我们在教学时就能准确把握这节课朗读指导的重点。

进入后面的课文学习，对朗读训练的安排也体现着梯度和层次，朗读要求逐步提高，从要求"朗读课文，读准字音"（第5课《影子》）到"读句子，注意读好停顿"（第8课《雨点儿》）再到提出"分角色朗读课文"（第8课《雨点儿》），"对照图画，读一读课文"（第14课《小蜗牛》）。总结一下，就可以把一年级上册对"读"的要求细化为四个要点：注意读准每个字，能整篇读准字音，注意标点的停顿，能分角色朗读课文。要求清晰，循序渐进。

进入一年级下册后，"读好课文"的训练在上册要求的基础上，着重分为两个层次。第一层次是指导读好句子。如第2课《我多想去看看》提出，"朗读课文，注意读好带感叹号的句子"；第10课《端午节》和第11课《彩虹》两课都提出，"朗读课文，注意读好长句子"。第二层次是指导分角色朗读。课本最后三个单元安排得很集中，每单元一篇，第14课《要下雨了》、第17课《动物王国开大会》、第19课《棉花姑娘》，重点练习"朗读课文，读好文中的对话"或"分角色朗读课文"。在读好对话、分角色朗读的基础上，最后一篇《小壁虎借尾巴》安排了分角色演一演。朗读要求循序渐进，体现层次，教学目标明确、有章可循、操作性强。

从小学低年级起抓好扎实的朗读基础，才能逐步提高朗读水平。为了读正确、读流利、读出感情，丁向鸣老师教学《小书包》时从生字到词语，再到句子，步步为营，反复练习、巩固；杨丽老师执教《比尾巴》时重点指导疑问句的读法，采用了多种形式练读，指名读、自由读、范读、齐读、一问一答读、强化朗读训练，让学生在读中理解语言文字，在读中体会感情，在读中了解运用语言文字的方式。

2.重视阅读方法，读得有效率。

部编版教材重视读，重视多种阅读方法的教学。那么，如何引导一年级学生学习阅读方法，培养阅读能力呢？我们还是从课后练习着手，引导学生带着问题阅读课文，能根据要求和问题，从课文中找到相关的内容。到后阶段的课文学习时就连续进行重点训练，如第11课《项链》，说一说"大海的项链是什么"；第12课《雪地里的小画家》，说一说"雪地里来了哪些小画家，它们画了什么"；第13课《乌鸦喝水》，说一说"乌鸦是用什么办法喝着水的"。从圈词到画句，从圈画明显信息进行直接简单的运用到寻找关键信息进行选择、灵活运用，引导学生通过从课文中提取相关信息来促进阅读理解。跟着课后练习的节奏，我们能更好地把握教材重难点，领会教材设计编写的意图，明确训练的要求与层次，逐步培养学生从文本中提取信息的能力，真正让阅读教学成为学生、教师、教科书编者、文本之间的对话。

## 二、深挖课后练习，强化整合"说""写"

叶圣陶先生说："阅读是吸收，写作是倾吐。"阅读是输入的过程，表达就是输出的过程。小学语文学习的核心就是培养学生的听说读写能力。其中阅读活动与语言表达活动是最基本也是最重要的元素。因而在阅读教学中，应十分注意培养学生的语感，抓住学生语言内化与输出的关键期，在培养阅读能力的同时，注重语言的运用和表达。如果说"表达能力"是一个人在语文方面最具标志性、最核心的素养，相信没有人会反对。自古以来，我们就有"以文取仕""以文会友"的传统。表达，在高年级我们关注的更多的是作文，"得作文者得语文"，但是在低段，我们更关注口语表达，就是"说"的训练。李亚玲老师常常告诫我们，只有孩子口头表达能力好了，书面表达好了，课才是真的好了。

学生下笔成文、出口成章并非一日功夫，必须经过常年积累。部编版教材非常关注"说"，重视语言的积累，在课后练习中有很多体现。如一年级语文上册《小小的船》中"读一读，照样子说一说"，在比较中读，让学生感受到加上形容词，写出了事物的颜色、大小、形态等，表达更具体了。由此引导学生交流，加强词句训练，打开学生的思路，引导孩子说完整的话、写完整的句子。学生的说话能力和写话能力互相促进，协调发展。

一年级下册的课后练习依旧指向读写说。有的是引导学生基于文本语境，联系生活实际进行表达的题目，如《一个接一个》中"想一想你有没有和'我'相似的经历，和同学说一说"；有的是要调动语言积累和知识储备进行表达的题目，如《端午粽》中"你知道端午节或粽子的故事吗"；有的是让学生尝试进行书面表达的题目，如《我多想去看看》课后布置学生以"我多想……"开头，写下自己的愿望。

我们利用课后练习，注重将语文与生活实际相联系，将学生平时的真实生活顺利地向说话迁移。例如，教学《大还是小》这一课时，我们围绕课后练习展开讨论。

师：是呀，小作者就是感觉自己有时候大，有时候小，那么你感觉自己是大还是小呢？

生：我感觉我很大，因为我能帮着妈妈洗衣服了，我还能给妈妈盛饭。

生：我感觉我很大，因为我能帮助妈妈带弟弟了，我在弟弟面前就很大。

生：我感觉我自己很小，晚上我一个人在家的时候，我就很害怕。

生：我感觉我自己很小，因为妈妈总是不放心我一个人上学放学。

生：我跟妈妈站在一起的时候就感觉很小，跟弟弟站在一起的时候就感觉很大。

师：你们能够模仿小作者的说法说这么多心里话，真不错。孩子们，小作者遇到困难了，他呀，又怕自己长大，又希望自己长大，你们读一读书上是怎么说的，再说说你是怎么想的。

生：我想自己快点长大，因为那样爸爸妈妈就不用那么辛苦，我就可以孝顺他们了。

生：我希望自己快点长大，因为妈妈身体不好，那样我就能照顾她了。

有了课后练习的指引，明确了教学指向、教学目标，教学内容才能相对集中，我们才能在教学时聚焦"语用"，一课一得，才能让学生学有所获。

教材是我们最好的老师，教材的每一册课本、每个单元、每篇课文要落实哪些知识点、训练点，很大程度上体现在课后练习题的设计中，需要我们教师在解读文本的同时吃透这些练习设计的意图，明确不同阶段的不同教学要点，为学生开辟说话和写话的环境，营造一个有利于发展语言的氛围，从而有效地展开教学，落实读说写目标。

# 等花开

## ——由写话到习作过渡阶段方法谈

飞机起飞要助跑，花儿吐芳先含苞，大抵事物发展都有个循序渐进的过程。学生的书面表达能力提升也是如此，从一、二年级的写话到三年级开始习作，不可能一蹴而就，需要教师细心引导，在日复一日的教学过程中，有意识地、慢慢地培养。那么在这个过程中我们该从哪些方面入手，或者说要注意哪些问题呢？我们在做"1+X"主题阅读教学的课题时做了一些尝试。

## 一、研读写话与习作的异同

写话和习作都是写作，都是运用语言文字表达和交流的一种方式，是认识世界、认识自我、创造性表述的过程。关于写作的目标，第一学段定位于"写话"，第二学段开始"习作"，目的在于降低写作起始阶段的难度。在写话和习作教学中，都要"注重培养学生观察、思考、表达和创造的能力，要求学生说真话、实话、心里话，不说假话、空话、套话"，"鼓励自由表达和有创意的表达，鼓励写想象中的事物"；都要关注读写结合，都要关注学生汉字书写的情况，都要增加展示交流和互相评改的机会。在教学中，还要关注写话与习作的不同之处，有的放矢。课程标准关于第一学段写话的目标是对写话有兴趣，留心周围事物，写自己想说的话，写想象中的事物。第二学段习作的目标为乐于书面表达，增强习作的自信心，愿意与他人分享习作的快乐。写话和习作的目标不同，评价标准也不一样。"写作的评价，应按照不同学段的目标要求，综合考查学生写作水平的发展状况。第一学段主要评价学生的写话兴趣；第二学段是习作的起始阶段，要鼓励学生大胆习作"。

## 二、缩短写话到习作的距离

很多小学生喜欢上语文课，但是怕写作文，因为从小就被灌输了作文难写的思想。尤其是二年级升三年级刚接触习作的时候，如果没有引导学生积极地认识习作，学生畏惧写作的现象会格外突出。在低段写话的阶段，很多老师都能正视学生的书面表达，注重培养学生写话的兴趣，基本不提出明确的写作要求，以鼓励为主。学生也很受用，大多数学生都能用平常心对待写话，对写话也很有兴趣。一旦学生升入三年级，教师顿时上纲上线地提要求：必须达到三百字，必须首尾呼应，必须有三段式总分总结构，一下子把习作包装得"高大上"起来，殊不知这样会让学生不明所以，手足无措。

在初教习作时弱化写话和习作的区别，告诉学生能达到"语句通顺、叙述清楚"就是好作文，帮助学生克服"作文猛于虎"的消极心理。以后逐渐提高要求，慢慢达到中段的课标要求。每一朵花开都需要含苞吐蕊的过程，要耐心等待。学生学习写作也是如此，教师要有等花开的心境。

### 三、探索写话到习作的策略

学生克服了畏惧习作的心理，对习作有兴趣了，教师就要因势利导，教给学生学习习作的方法。

1.海量阅读，让语言积累更丰富。

俗话说："读书破万卷，下笔如有神""熟读唐诗三百首，不会作诗也会吟"都说明了阅读的重要性。教学中我也发现喜欢阅读、会阅读、读书多的学生，思维能力和表达能力明显好于平时阅读少的学生。温儒敏教授建议学生"海量阅读"，使每一个学生都轻轻松松达到课程标准关于阅读量的要求。要学好语文，必须通过大量的阅读，形成足够的积累，才能在运用时得心应手。

2.观察记录，让写作素材更鲜活。

叶圣陶先生曾说："生活如泉源，文章犹如溪水，泉源丰富而不竭，溪水自然活泼地流个不歇。"这就告诉我们，写作的素材来源于生活。当代学生的生活丰富多彩，每天接收的信息量都非常大。教师所要做的就是引导学生用自己的眼睛留心观察生活，用心去感受生活，从生活中提炼写作的素材。我尝试让学生坚持每天写一句话作文，即每天用一句话记录下当天发生的一件事情，或当时的所思所想，目的在于促使学生随时随地留心观察周围事物，做生活的有心人，养成良好的观察习惯。写作素材丰富了，写作技巧也会逐渐提高起来。

3.细化步骤，让习作指导更有效。

学生初学写作，离不开有效的写作步骤指导，即说一说、写一写、改一改。写作之前先说一说习作的要求，要写什么内容。这时，教师及时指导，引导他们打开思路。学生在听和说的过程中及时调整思路，取长补短。而且说的过程也是修正语言的过程，既锻炼了口语表达能力，又能避免语句不通顺的现象。说后要及时动笔写作。写完之后可以用多种形式修改，如自读自改、互读互改。在修改时教师要给出明确的要求，如看错别字，看标点，看卷面书写，等等。学生对照要求修改习作，把习作的要求也铭记于心，潜移默化地运用到自己的习作中，提高自己的写作能力。

### 四、永葆写话到习作的热情

课程标准第一学段要求学生"对写话有兴趣"，第二学段则提出"乐于书面表达，增强习作的自信心，愿意与他人分享习作的快乐"。说明作文教学重在激发兴趣，要让学生感受到习作的快乐，让学生体会到习作可以是生活的一部分。要培养学生写话、习作的兴趣，教师要把作文课上得有意思而不是有意义。作文课有意思必定有意义，而有意义未必有意思。对于小学生来说，作文课一定要使他们感到非常有意思。

一定要让每个同学都体会到成功的喜悦。某个同学作文写得不好，只要他有一句话写好了，老师应该立刻在这句话下划上波浪线，批注："这句话写得非常精彩。"老师把他的这个优点放大，哪怕只写好一个开头，哪怕只写好一个结尾，哪怕这篇作文没写错别字，老师也应该表扬学生，因为学生做到这一点是很不容易的。学生写作的积极性是被表扬出来的，是被鼓励出来的。

俗话说：一口吃不成胖子。写作也是如此，必须由浅入深、循序渐进，我们只有根据学生心理发展规律，一点一点积累，有意识地去做准备，每一步都为学生后来的写作打下坚实的基础，才能顺利地帮助学生渡过从

"写话"到"习作"这一难关。

# 不多不少，"三"正好

无论是车牌号还是电话号码，大多数人都对"八"或者"六"情有独钟，其实，还有一个数字也受到大家的青睐，处处都有它的身影，那就是"三"。道家讲究"道生一，一生二，二生三，三生万物"，即三为万物之基，万物之始。刘备拜访诸葛亮是三顾茅庐，美猴王三打白骨精、三调芭蕉扇，思念太殷切是一日三秋，做事情考虑周全是三思而行，还有三足鼎立、三缄其口、三省吾身、三生有幸等，都离不开"三"字。"三"，在中国人的文化观里，是极为神圣的数字。那么在写作中，"三"能否大显身手呢？当然可以！我在日常的习作教学中，总结出"三"字诀，让习作有据可依，给学生可以支撑的杠杆，降低习作难度。

## 一、三段式结构谋篇布局

总分总结构是最常见的解析文章的一种结构方式，最明显的标志就是三段式。所谓三段式就是将一篇习作按三段的写作模式谋篇布局。就整体篇章结构而言，可以安排为总分总的结构，这样比较容易把握写作大方向。三段式结构通常为：第一段总写，开门见山，写一个短小的开头，可以是下文分述内容的总说，也可以是分述内容的起因，一般用概括性的语言呈现。第二段分写，把事情发展的经过详细写出来。分写有两种情况：一是拼盘式，内容彼此之间互相并列，没有明显的时间推移痕迹，如人物的几个不同性格特点，同一主题下的几件不同的事情；二是连续式，彼此之间有很明显的时间推移痕迹，如事情发展的不同阶段，连续几天里发生的不同事情。这一段还可以根据需要，灵活处理，分成若干自然段，让习作看上去更有条理。最后一段是尾声，可以呼应开头，也可以做总结，得出结论。运用总分总结构写成的习作，简练而清新，既有每个部分的特色，又有整体美感。这种结构还有两种变形：总分、分总，可以根据表达需要，灵活选用。

## 二、三要素展开记叙情节

　　文章写具体，主题才突出。把一件事情写具体，就要搞清记叙文的六要素，一般指时间、地点、人物，以及事情的起因、经过、结果。其中事情的起因、经过和结果是构成叙事性文章的基本要素。要写清楚一件事，就要把事情的发展过程交代得完整、清晰。先说起因。起因是事件的逻辑源头。举个例子，有一个同学写自己第一次学做饭，开头就说，爸爸妈妈不在家，嘱咐"我"照顾好妹妹。可是妹妹不吃泡面，饿得眼泪汪汪，于是我决定自己动手做饭。接下来记叙做饭的过程：因为第一次做饭，"我"手忙脚乱，状况不断，狼狈不堪……这篇文章开头就揭示了事件的起因，把"做饭"这件事置于不得不做的境地。人们常说"顺理成章"，把事件的起因交代明白，下文才能"顺理"。需要注意的是，事件的起因可以是文章的开头，但文章的开头不一定是事件的起因。写事件的经过要具体，要描绘生活中生动、具体的细节以及自己真实的感受，不能只停留在一般的泛泛描述上。所谓具体，就是将事件中的感人动情处细细刻画，将事情的高潮大肆铺染，让读者如临其境。比如，一位同学写自己打扫卫生的事情，初稿写得干巴巴的，写刚进卫生间的情况，只有一句话："卫生间又脏、又乱，我很不想扫。"后来，在老师启发下，她把这句话扩写成了下面的一段："家里的卫生间又脏、又乱，一进门，就有股怪味儿往鼻子里钻，我不禁皱起了眉头，想扭头就走……"修改后的文字比原来的具体、丰富，显得更真实。叙述事情要有头有尾才完整，而且事情的结果往往还蕴含着主题。比如上面的例子，饭做好了，颇不容易，这个结果可以引出做饭菜很不简单，劳动很艰难，要学会感恩和理解。因此，恰当的结果有助于突出主题。

　　若是想把一件事写得精彩，让文章更有吸引力，动笔之前就必须想好思路，先怎样，后怎样，再怎样，一波三折，有这样一条线索，写起来方便，读起来明白。还可以适当调整叙述顺序，选用顺叙、倒叙、插叙、补叙等，设置悬念吸引读者。

### 三、三种描写方法刻画人物

想让文章中的人物鲜活起来，人人皆有个性，就要抓住人物的特点。我们写人时要突出人物的特点，一定要用心观察人物的神态、语言、动作等，并选取他们最具个性的侧面进行描写，这样的人物形象将会是独一无二的，一定会给读者留下难以磨灭的印象。如一个学生的周记："早晨，妈妈又喊我起床，哎，我只好把衣服穿好。"虽然一句话把事情说清楚了，但是很无趣。若是加上神态、动作、语言的描写，就会很不一样。老师提醒后，学生又做了补充："早晨，妈妈走进我的房间，一边挥着胳膊拉开窗帘，一边温和地说：'快起床了，都七点多了。'我拉了拉被子，把自己裹得更严实，懒洋洋地申请：'妈妈，就让我多睡一会儿嘛！'妈妈的脸立即晴转阴，音调提高八度：'太阳都晒屁股啦！还不起来，你想迟到吧？'迫于妈妈的压力，我只好乖乖起床，慢腾腾地挪出被窝，套上衣服。"修改后的习作就比较立体了，读者仿佛能看见一对母子真实的日常生活。

刻画栩栩如生的人物，离不开这三种描写方法，但不仅仅是这三种，需要学生去不断体会，学习运用，才能熟能生巧，应用自如。

我在写作教学中总是给初学写作的学生讲以上三种方法，让学生觉得写作不难，技巧很好掌握，从而建立写作的自信。当然写作方法技巧还有千千万，三言两语叙述不清，需要我们再三琢磨，举一反三。

## 读读，画画，学写话

孩子们天生喜欢听故事，读故事。我初次教一年级时很苦恼，无可奈何。他们没有形成学习习惯：上课铃响过好久了，教室里还是乱哄哄的；好不容易整顿好了才开始上课，又有学生站起来要上厕所或者翻书包找东西。后来机缘巧合，有一节课前我给他们读了一本绘本《敌人派》，没想到一直到故事读完，教室里都安安静静，这正是我一直想要的"专心致志"听讲的场景。可见，孩子们喜欢听故事，尤其是生动有趣的绘本故事。于是，我在每天课间操结束后都要给孩子们朗读一个绘本故事，让他们领略到课本以外的精彩世界。为了吊足他们的胃口，有时候我不把故事一口气读完，故意在关键之处停下来，让学生猜一猜后面的故事，比如阅读《鳄鱼爱上长颈鹿》，鳄鱼为了引起长颈鹿的注意，他想了一个又一个办法。我请学生来猜想后面会发生什么状况，他们会脑洞大开，蹦出各种奇思妙想。猜对了，他们会觉得自己像大作家一样，很有成就感；猜错了，他们会迫不及待地想投入后面的教学环节。这样的设计，一举多得，让学生有了思维的空间，想象力尽情驰骋，活跃了课堂气氛，增强了听课效果；同时让教学形式有所变化，消除学生的课堂倦怠感。读的多了，猜的多了，学生的阅读能力和创作能力就会迅速提高。

有时候，我因为杂事耽误了课间阅读，他们会自己手捧一本绘本，仔仔细细地翻看里面的图画，跟随故事的情节，小手指一页一页地往后翻阅，真是乐在其中。绘本里的图画都非常精彩，有惟妙惟肖的人物形象，有纯净明快的色彩，有幽默夸张的动作表情，与文本默契地配合着，读文与读图并进。即使有些故事是听过的，他们仍然读得津津有味，时不时会露出会心的微笑，仿佛一条小鱼畅游在清澈的河水中，好一派温馨和谐的美景！

几乎所有的孩子都喜欢涂涂画画，课桌上、课本上，只要有可能，都会成为他们的涂鸦墙。儿童的天性决定了他们能用丰富多彩的图画，表达更加丰富多彩的生活，这些内容中自然少不了故事的元素，因为故事已经通过聆听、阅读，贮存在儿童的意识里。画画更有开放性，给了学生自主的空间，把学生的创造性发挥得淋漓尽致，也会呈现出精彩的课堂、生动的儿童世界。例如读完《好饿的小蛇》，孩子们都忍不住想画画这条见什么吞什么的小蛇，大家在一张张白纸上发挥着自己的想象，不加限制，想怎么画就怎么画。吞香蕉，吞榴梿，甚至是吞了一头大象，都是他们的创造。

对于儿童来说，涂鸦即是创作。通过图画让故事得以继续或延续，是重新创编故事的过程。学生在画图时虽然没有用语言完整地描述故事，但是头脑中一定是经过思考的。接下来要做的，就是把图片转化为文字。课程标准对低段写话的要求是"对写话有兴趣"，"写自己想说的话，写想象中的事物"。因此，可以对学生写话加以指导，但不要限制太多、要求太高，只要表达的是自己心里想的，别人没有的，就是创作。写一句话，写一段话，都是值得鼓励的。

林黛玉教香菱写诗，先叫她细心揣摩几百首王维、李白、杜甫的诗做底子，"熟读唐诗三百首，不会作诗也会吟"。同样的道理，鼓励学生快乐阅读，有大量的童书阅读经验，恰如源头之活水，为学习写话奠定了基础。